웹 개발자를 위한 웹 보안

웹 개발자를 위한 웹 보안

실제 해킹 공격에서 적용할 수 있는 웹 보안 가이드

말콤 맥도널드 지음 장지나 옮김

i!i
에이콘

에이콘출판의 기틀을 마련하신 故 정완재 선생님 (1935-2004)

책을 쓰는 동안 주말이면 외로웠을 아내 모니카Monica와
키보드 위를 걸어다니며 참견해준 고양이 해기스Haggis에게 이 책을 바친다.

| 지은이 소개 |

말콤 맥도널드^{Malcolm McDonald}

인터넷에서 웹 개발을 위한 가장 인기 있는 보안 훈련 리소스 중 하나인 hacksplaining.com을 만들었다. 금융 회사와 스타트업을 위한 코드를 작성했고, 팀을 이끌었던 경험을 바탕으로 보안 취약점과 보호하는 방법을 간단하고 이해하기 쉬운 튜토리얼로 제작했다. 아내, 고양이와 함께 캘리포니아 오클랜드^{Oakland}에 산다.

| 감사의 글 |

내 말을 읽기 쉬운 형태로 자극해 준 노스타치 출판사의 카트리나Katrina, 로렐Laurel, 바바라Barbara, 다핀더Dapinder, 메그Meg, 리즈Liz, 매튜Matthew, 애니Annie, 얀Jan, 타일러Tyler, 빌Bill에게 감사하고 싶다.

내 동료 드미트리Dmitri, 에이드리안Adrian, 댄Dan, JJ, 팔라비Pallavi, 마리암Mariam, 레이첼Rachel, 메러디스Meredith, 조Zo, 샬롯Charlotte이 끊임없이 "아직 안 끝났어?"라고 물어 본 덕분이다. 첫 장을 교정해 준 힐러리Hilary에게 감사한다.

웹사이트 후원을 해준 넷스파커NetSparker의 로버트아벨라Robert Abela에게 감사하다. 웹사이트에서 오타를 지적해 준 빈니Vinney, 제레미Jeremy, 코넬Cornel, 요하네스Johannes, 데부이Devui, 코너Connor, 로난스Ronans, 히스Heath, 트렁Trung, 데릭Derek, 스튜어트Stuart, 팀Tim, 제이슨Jason, 스콧Scott, 다니엘Daniel, 란하우Lanhowe, 보얀Bojan, 코디Cody, 프라빈Pravin, 가우랑Gaurang, 아드릭Adrik, 로만Roman, 마커스Markus, 토미Tommy, 다리아Daria, 데이비드David, T, 알리Alli, 크라이제닉CryOgenic, 오마르Omar, 젭Zeb, 세르게이Sergey, 에반스Evans, 마크Marc에게 감사하다. 여러분은 진정한 영웅이다. 빈니Vinney, 제레미Jeremy, 코넬Cornel, 요하네스Johannes, 데부이Devui, 코너Connor, 로난스Ronans, 히스Heath, 트렁Trung, 데릭Derek, 스튜어트Stuart, 팀Tim, 제이슨Jason, 스콧Scott, 다니엘Daniel, 란하우Lanhowe, 보얀Bojan, 코디Cody, 프라빈Pravin, 가우랑Gaurang, 아드릭Adrik, 로만Roman, 마커스Markus, 토미Tommy, 다리아Daria, 데이비드David, T, 알리Alli, 크라이제닉CryOgenic, 오마르Omar, 젭Zeb, 세르게이Sergey, 에반스Evans, 마크Marc.

단지 '컴퓨터로 뭔가를 하는 것'이 아니라는 것을 엄마와 아빠가 마침내 알아주신 덕분에 나는 책을 써 진짜 직업을 갖게 됐고, 화려한 박사 학위에도 불구하고 슬프게도 출판되지 않은 작가들, 나의 형제 스콧Scott과 알리Ali에게 감사하다. 마지막으로, 책 쓰는 내내 인내심을 발휘해주고 힘이 돼 준 아내 모니카에게 감사하다고 전하고 싶다. 그리고 대부분 키보드를 멀리하고 가끔 소파에서 토할 뿐이었던 고양이 해기스에게도 감사하다.

클리프 잔젠 Cliff Janzen

Commodore PET과 VIC-20의 초기부터 기술은 오랜 동반자다. 말콤과 노스타치 출판사의 훌륭한 사람들을 포함해 업계 최고의 사람들 중 몇 명과 함께 일하고 배울 수 있는 기회를 가질 수 있어 감사하다고 여긴다. 보안 전문가 팀을 관리하고 멘토링하는 데 많은 시간을 쏟는 동시에 보안 정책 검토에서부터 침투 테스트에 이르기까지 모든 것을 다루려고 노력한다. 가장 좋아하는 취미가 직업인 점과 이 직업을 지지해주는 아내가 있어 행운이라 생각한다.

| 옮긴이 소개 |

장지나(bello.study@gmail.com)

대학교에서 정보보안학과를 전공했으며, 현재 정보보안 컨설턴트로 활동 중이다.

차례

1부: 기초

2부: 위협

웹은 야생과도 같다. 인터넷은 전문가들이 의도적으로 설계한 것이며 모두가 다 그럴듯하게 동작한다는 인상을 받기 쉽다. 인터넷의 진화는 빠르고 무모하며 오늘날 네트워크에서 하는 일은 기존의 발명가들이 상상했던 것을 뛰어넘는다.

웹사이트를 보호하는 것은 어렵게 느껴질 수 있다. 웹사이트는 적극적인 해커 커뮤니티를 포함해 수백만 명의 유저가 즉시 사용할 수 있는 독특한 유형의 소프트웨어다. 대기업들은 일상적으로 보안 장애를 겪고 있으며 매주 새로운 데이터 침해 사례가 발표되고 있다. 웹 개발자는 이런 상황에서 어떻게 보호해야 할까?

이 책에 관해

웹 보안의 가장 큰 장점은 웹 취약점의 수가 한 권의 책에 담길 정도로 적은 편이라는 것이다. 그리고 그 취약점은 크게 바뀌지 않는다. 이 책은 여러분이 알아야 할 모든 주요 위협을 알려주며 웹사이트를 방어하기 위해 취해야 할 실질적인 조치들을 쉽게 이해하게 돕는다.

이 책의 대상 독자

이제 막 일을 시작하는 웹 개발자라면 이 책이 인터넷 보안에 대한 이상적인 안내서가 될 것이다. 컴퓨터 과학 관련 자격증을 취득했거나 부트캠프를 갓 수료한 사람, 독학한 사람 모두 이 책을 읽어볼 것을 권한다. 모든 필수 지식을 명확한 예시와 함께 설명한다. 위협을 미리 대비한다면 앞으로 다가올 많은 문제를 해결할 수 있다.

경험이 많은 프로그래머에게도 유용하다. 보안 지식이 있다면 일을 할 때 도움이 되므로 이 책을 통해 부족한 부분을 보충할 수 있다. 참고서처럼 생각하고 흥미로워 보이는 장을 파고들어라. 사람들은 자신이 무엇을 모르는지 항상 알 수 없다! 노련한 프로그래머들은 팀을 이끌어야 할 책임이 있으며 웹 개발자들은 보안의 모범 사례를 따라야 한다.

이 책은 특정 프로그래밍 언어에 국한해 설명하지 않는다(주요 언어는 필요에 따라 다양한 보안 권고를 한다). 어떤 언어로 프로그래밍하든 간에 웹 보안을 이해하는 것은 무조건 도움이 될 것이다. 많은 프로그래머가 경력 전반에 걸쳐 다양한 언어를 사용하기 때문에 개별 라이브러리에 지나치게 집중하는 것보다 웹 보안의 원리를 아는 것이 좋다.

인터넷의 간단한 역사

먼저 인터넷이 어떻게 현재 상태에 도달하게 됐는지 다시 한번 요약해보는 것이 유용할 것이다. 많은 영리한 엔지니어가 인터넷의 폭발적인 성장에 기여했지만, 대부분의 소프트웨어 프로젝트와 마찬가지로 기능이 추가되는 동안 보안은 고려하지 않은 적이 많았다. 보안 취약점이 어떻게 침투했는지 이해하면 보안 취약점을 해결하는 방법을 배울 때 필요한 맥락을 파악할 수 있다.

월드 와이드 웹World Wide Web은 팀 버너스 리Tim Berners-Lee가 유럽원자핵공동연구소CERN, European Organization for Nuclear Research에서 일하면서 발명했다. CERN에서 수행된 연구는 아원자 입자가 더 작은 아원자 입자로 쪼개지기를 바라며 함께 부순 것으로 구성돼 있으며, 해당 연구가 바로 여기 지구상에 블랙홀black hole을 만들 가능성이 있다는 것을 이해하면서 우주의 본질적인 구조를 드러낸다.

동료들보다 우주 종말을 가져오는 데 관심이 적은 버너스 리는 오늘날 여러분이 알고 있는 것처럼 대학들 사이에 발견에 대한 데이터를 공유하는 수단으로 CERN에서 시간을 보냈다. 그는 최초의 웹 브라우저와 최초의 웹 서버를 만들었고, HTMLHyperText Markup Language과 HTTPHyperText Transfer Protocol를 발명했다. 세계 최초의 웹사이트는 1993년 온라인에 접속했다.

초기 웹 페이지는 텍스트 전용이었다. 인라인 이미지를 표시할 수 있는 첫 번째 브라우저는 국립 슈퍼컴퓨팅 애플리케이션 센터National Center for Supercomputing Applications에서 만든 모자이크Mosaic였다. 모자이크의 창작자들은 결국 넷스케이프 커뮤니케이션Netscape Communications에 합류했고, 널리 사용되는 최초의 웹 브라우저인 넷스케이프 내비게이터Netscape Navigator를 만드는 것을 도왔다. 초기 웹에서는 대부분의 페이지가 정적이었고, 암호화 없이 트래픽이 전송됐다. 오늘날보다는 더 간단했다.

브라우저에서 스크립팅

1995년에 넷스케이프 커뮤니케이션 브렌던 아이크[Brendan Eich]를 고용했으며, 그는 웹 페이지에 내장된 자바스크립트를 10일만에 만들었다. 개발 과정에서 언어는 모카[Mocha]라고 불렸다가 라이브스크립트[LiveScript]로 이름이 바뀌었으며, 자바스크립트[JavaScript]로 다시 바꾸었다가 결국 에크마스크립트[ECMAScript]로 공식화됐다. 아무도 에크마스크립트라는 이름을 좋아하지 않았고, 특히 아이크는 그 이름이 피부병처럼 들린다고 주장했다. 그래서 모든 사람은 공식 설정을 제외하고는 계속해서 자바스크립트라고 불렀다.

자바스크립트는 원래 자바 프로그래밍 언어의 부족한 명명 규칙(그렇지 않으면 관련이 없는), C의 구조화된 프로그래밍 구문, 모호한 프로토타입 기반 셀프 상속, 아이크 자신의 고안에 대한 악몽 같은 유형 전환 논리의 산물이다. 웹 페이지는 상호작용적인 것이 됐고, 보안 취약점 전체 클래스가 나타났다. 해커들은 크로스 사이트 스크립팅[XSS, Cross-Site Scripting] 공격으로 자바스크립트 코드를 페이지에 주입하는 방법을 찾았으며, 인터넷은 훨씬 더 위험한 장소가 됐다.

경기장에 들어선 새로운 도전자

넷스케이프 내비게이터의 첫 번째 실제 경쟁자는 마이크로소프트의 인터넷 익스플로러[Internet Explorer]였다. 인터넷 익스플로러는 몇 가지 경쟁적 이점을 갖고 있었다. 무료였고 마이크로소프트 윈도우[Microsoft Windows]에 미리 설치돼 있었다. 익스플로러는 빠르게 세계에서 가장 인기 있는 브라우저가 됐고, 익스플로러 아이콘은 웹을 탐색하는 방법을 배우는 한 세대의 사용자들에게 '인터넷 버튼'이 됐다.

마이크로소프트는 웹을 '소유'하려는 시도로 액티브X[ActiveX]와 같은 독점 기술을 브라우저에 도입했다. 불행히도 액티브X 때문에 멀웨어[malware]가 증가했는데 이는 사용자의 기계를 감염시키는 악성 소프트웨어다. 윈도우는 컴퓨터 바이러스의 주요 표적이었고, 인터넷은 효과적인 전달 메커니즘을 증명했다.

모질라[Mozilla]의 파이어폭스[Firefox]가 출시되기 전까지는 인터넷 익스플로러의 우세에 어떤 브라우저도 수년 동안 도전하지 않았고, 이후에는 용감하고 젊은 서치스타트업 회사인 구글Google이 만든 새로운 브라우저 크롬Chrome이 그 자리를 차지했다. 새로운 브라우저인 크롬은 인터넷 표준의 성장과 혁신을 가속화했다. 그러나 해킹은 수익성 있는 사업이 됐으며 보안상의 결함은 발견되자마자 악용되고 있다. 브라우저를 확보하는 것이 판매업자들에게 우선순위가 됐고, 웹사이트 소유주들은 사용자들을 보호하기 위해 최신 보안 뉴스를 계속 알고 있어야 했다.

HTML 작성용 컴퓨터

웹 서버는 브라우저 기술과 같은 빠른 클립으로 진화했다. 인터넷이 등장한 초기에 웹사이트 호스팅은 학자들의 취미 중 하나였다. 대부분의 대학은 오픈소스 운영체제 리눅스Linux를 운영했다. 1993년 리눅스 커뮤니티는 CGICommon Gateway Interface를 구현해 웹 마스터가 상호 연결된 정적static HTML 페이지로 구성된 웹사이트를 쉽게 만들 수 있도록 했다.

　더욱 흥미로운 것은 CGI가 펄Perl 또는 PHP와 같은 스크립트 언어로 HTML을 생성할 수 있도록 허용해 사이트 소유자는 데이터베이스에 저장된 콘텐츠에서 페이지를 동적으로 만들 수 있었다. PHP는 Personal Home Page의 약자로, 미덥지 못한 데이터 개인 정보 보호 정책을 가진 거대한 소셜 미디어에 본인의 개인 정보를 업로드하기보다는 자신의 웹 서버를 운영하는 것이 꿈이었던 시절로 거슬러 올라간다.

　PHP는 PHP 런타임 엔진으로 공급될 수 있는 임베디드 처리 태그가 있는 HTML이라는 템플릿 파일의 개념을 대중화했다. 동적dynamic PHP 웹사이트(페이스북의 초기 화신처럼)는 인터넷으로 번창했다. 그러나 동적 서버 코드는 완전히 새로운 보안 취약 범주를 도입했다. 해커들은 인젝션injection 공격을 이용해서 서버에 악성 코드를 실행하거나 디렉터리 접근 공격을 사용해서 서버의 파일 시스템을 탐색하는 새로운 방법을 발견했다.

일련의 튜브

웹 기술이 지속해서 혁신된다는 것은 오늘날 인터넷의 많은 부분이 '구식'이라고 여기는 기술로 작동된다는 것을 의미한다. 소프트웨어는 유용할 만큼 충분히 작동하는 지점에 도달한 다음 절대적으로 필요할 때에만 변경이 이뤄지는 '유지 관리' 모드에 빠지는 경향이 있다. 특히 24시간 온라인이 필요한 웹 서버가 그렇다. 해커들은 종종 보안의 허점을 보기 때문에 오래된 기술로 실행 중인 취약한 사이트를 웹에서 검색한다. 여전히 10년 전에 처음 발견된 보안 문제를 해결하고 있으며, 그렇기 때문에 이 책에서는 웹사이트에 영향을 미칠 수 있는 모든 주요 보안 결함을 설명한다.

동시에 인터넷은 그 어느 때보다도 더 빠르게 성장하고 있다! 자동차, 초인종, 냉장고, 전구, 고양이 쟁반과 같은 인터넷을 활성화하는 일상 기기의 추세는 공격의 새로운 벡터를 열었다. 사물인터넷에 연결하는 어플라이언스^{appliance}가 간단할수록 보안 기능이 자동으로 업데이트되지 않는다. 이로 인해 안전하지 않은 수많은 인터넷 노드가 도입돼 해커가 원격으로 설치하고 제어할 수 있는 악성 소프트웨어 에이전트인 봇넷^{botnet}에 풍부한 호스팅 환경을 제공한다. 공격자는 사이트를 공격 대상으로 삼아 많은 잠재적인 공격력을 얻는다.

가장 먼저 걱정해야 할 것

웹 개발자는 웹사이트를 제대로 보호하는 데 수반되는 어려움으로 인해 쉽게 낙담할 수 있다. 하지만 여러분에게는 희망이 있다. 보안 연구자들이 용감하게 보안 결함을 발견해 문서화하며 고치고 있다. 사이트를 보호하는 데 필요한 도구는 자유롭게 사용할 수 있으며 일반적으로 사용하기 쉽다.

가장 일반적인 보안 취약점을 배워 차단하는 방법을 안다면 99%의 공격에서 시스템을 보호할 수 있다. 기술적인 해커들은 시스템을 손상시킬 수 있는 방법을 항상 갖고 있다. 하지만 여러분이 이란 원자로나 미국의 정치 캠페인을 벌이지 않는 한 이런 생각으로 밤잠을 설칠 필요는 없다.

이 책의 구성

이 책은 두 부분으로 나뉜다. 1부는 인터넷이 어떻게 작동하는지에 대한 기본 사항을 다룬다. 2부는 여러분이 보호해야 할 특정한 취약점을 탐구한다.

1장: 웹사이트를 해킹하다

웹사이트를 해킹하는 것이 얼마나 쉬운지를 살펴본다.

2장: 인터넷 작동 방식

인터넷의 '튜브 tube'는 전 세계의 컴퓨터가 원활하게 통신할 수 있도록 하는 일련의 네트워크 기술인 인터넷 프로토콜에서 실행된다. TCP, IP 주소, 도메인 이름, HTTP를 검토하고 네트워크에서 데이터를 안전하게 전달할 수 있는 방법을 확인한다.

3장: 브라우저 작동 방식

사용자가 브라우저로 웹사이트와 상호작용하는 과정에서 많은 보안 취약점이 나타난다. 브라우저가 웹 페이지를 렌더링하는 방법과 브라우저 보안 모델에서 자바스크립트 코드가 실행되는 방법을 배우게 된다.

4장: 웹 서버 작동 방식

웹사이트에 쓸 코드의 대부분은 웹 서버 환경에서 실행되며 웹 서버는 해커의 주요 대상이다. 4장에서는 정적 콘텐츠를 제공하는 방법과 템플릿과 같은 동적 콘텐츠를 사용해서 데이터베이스 및 기타 시스템의 데이터를 통합하는 방법을 설명한다. 또한 웹 프로그래밍에 사용되는 주요 프로그래밍 언어를 입력하고 각 언어의 보안 고려 사항을 검토한다.

5장: 프로그래머 작동 방식

웹사이트 코드를 작성하는 과정과 버그 및 보안 취약점의 위험을 줄이는 개발 습관을 알려준다.

6장: 인젝션 공격

여러분이 직면하게 될 가장 끔찍한 위협 중 하나인 해커가 코드를 주입해 서버에서 실행하는 것을 살펴봄으로써 웹사이트 취약점에 대한 조사를 시작할 것이다. 종종 코드가 SQL 데이터베이스 또는 운영체제와 연결될 때 발생한다. 또는 공격이 웹 서버 프로세스 자체에 주입된 원격 코드로 구성될 수 있다. 또한 파일 업로드 기능으로 해커가 악의적인 스크립트를 주입할 수 있는 방법도 볼 수 있다.

7장: 크로스 사이트 스크립팅 공격

악의적인 자바스크립트 코드를 브라우저 환경에 몰래 반입하는 데 사용되는 공격과 그 공격으로부터 보호하는 방법을 검토한다. 크로스 사이트 스크립팅[XSS] 공격은 세 가지 뚜렷한 방법(스토어드, 리플렉티드, DOM 기반)이 있으며 각 공격을 보호하는 방법을 배운다.

8장: 사이트 간 요청 위조 공격

해커들이 사용자를 속여서 바람직하지 않은 행동을 하도록 사이트 간 요청 위조[CSRF, Cross-Site Request Forgery] 공격을 하는 방법을 소개한다. 인터넷에서 흔히 볼 수 있는 성가신 일이며 그에 따라 사용자를 보호해야 한다.

9장: 인증 손상

만약 사용자가 여러분의 웹사이트에 가입했다면, 사용자의 계정을 안전하게 취급해야 한다. 암호의 무작위 대입 공격에서부터 사용자 목록에 이르기까지, 로그인 화면을 회피하고자 해커들이 사용하는 다양한 방법을 알아본다. 또한 데이터베이스에 사용자 자격 증명을 안전하게 저장하는 방법을 살펴본다.

10장: 세션 하이재킹

사용자들이 로그인한 후에 계정을 어떻게 탈취할 수 있는지 볼 수 있다. 웹사이트를 구축하고 쿠키를 안전하게 처리해 위험을 완화하는 방법을 배운다.

11장: 권한

악의적인 행위자가 권한 상승을 이용해 사이트의 금지된 영역에 액세스하는 것을 방지할 수 있는 방법을 알아본다. 특히 URL에서 파일을 참조하면 해커는 디렉터리 접근 공격을 사용해서 파일 시스템을 탐색한다.

12장: 정보 누출

정보를 누출함으로써 웹사이트의 취약점을 광고하고 있을 수 있다. 해당 취약점을 즉시 멈추는 방법을 알려 준다.

13장: 암호화

암호화를 적절하게 사용하는 방법을 보여 주고 인터넷상에서 암호화가 중요한 이유를 설명한다. 기본적인 수학이 나올 수 있으니 대비하는 것이 좋다.

14장: 서드 파티

다른 사람의 코드에서 취약점을 관리하는 방법을 배우게 된다. 실행하는 코드의 대부분은 다른 사람이 작성한 것이며, 그러므로 그것을 보호하는 방법을 알아야 한다.

15장: XML 공격

웹 서버는 XML을 구문 분석하며 XML 공격에 취약할 수 있다. XML 공격은 지난 수십 년 동안 해커들 사이에서 지속적으로 인기 있는 공격 벡터였으니 조심해야 한다!

16장: 부속품이 되지 마라

자신도 모르게 다른 사람을 해킹하는 시도의 부속품 역할을 하고 있을지도 모른다. 보안 허점을 해결함으로써 좋은 인터넷 시민이 될 수 있다.

17장: 서비스 거부 공격

서비스 거부 공격의 일환으로 얼마나 많은 양의 네트워크 트래픽이 웹사이트를 오프라인으로 전환시킬 수 있는지를 보여 준다.

18장: 마치며

책에서 배운 보안의 핵심 요소들을 복습하고, 보안 의식을 가질 때 적용해야 할 높은 수준의 원칙을 복습하는 치트 시트 cheat sheet다. 매일 밤 잠들기 전에 외우고 교훈을 되새겨 보자.

문의

한국어판의 정오표는 에이콘출판사의 도서정보 페이지 http://www.acornpub.co.kr/book/web-security에서 찾아볼 수 있다.

한국어판에 관한 질문이 있다면 에이콘출판사 편집 팀(editor@acornpub.co.kr)이나 옮긴이의 이메일로 문의하길 바란다.

1

웹사이트를 해킹하다

이 책은 효율적인 웹 개발자가 되기 위해 필요한 필수적인 보안 지식을 가르쳐 준다. 시작하기 전에 웹사이트 공격을 어떻게 하는지 보는 것은 유용한 연습이다. 적의 입장이 돼서 여러분이 무엇과 맞닥뜨리게 될 지 알아보자. 1장에서는 해커들이 어떻게 공격하는지 그리고 해킹을 시작하는 것이 얼마나 쉬운지를 보여 준다.

소프트웨어 익스플로잇 및 다크 웹

해커들은 웹사이트와 같은 소프트웨어의 보안 허점을 이용한다. 해킹 커뮤니티에서는 보안 결함을 이용하는 코드 조각fragment을 익스플로잇exploit이라고 부른다. 화이트 해커white hacker라고 불리는 좋은 해커들은 재미로 보안 허점을 찾으려고 노력하며, 소프트웨어 판매업자와 웹사이트 소유자들에게 익스플로잇을 공개하기 전에 취약점들을 알려 준다. 화이트 해커들은 발견한 취약점을 금전적으로 보상받는다.

책임 있는 소프트웨어 벤더 사는 제로 데이 익스플로잇zero-day exploit(공개된 지 하루도 안 되거나 아예 공개되지 않은 익스플로잇)을 위한 패치patch를 가능한 한 빨리 만들어 내려고 한다. 그러나 소프트웨어 벤더가 소프트웨어 취약점을 해결하려고 패치를 릴리스

release하더라도 취약한 소프트웨어의 많은 인스턴스는 한동안 패치하지 않은 상태로 남아 있다.

윤리 의식이 낮은 블랙 해커들은 취약점을 이용할 수 있는 시간대를 극대화하려고 익스플로잇 코드를 쌓거나 비트코인 블랙마켓에서 익스플로잇 코드를 팔기도 한다. 오늘날 인터넷에서 익스플로잇은 빠르게 무기화되고 해킹 커뮤니티에서 널리 사용되는 명령줄command line 도구에 통합된다.

이러한 공격 도구를 사용하는 블랙 해커에게는 확실한 재정적인 인센티브가 존재한다. 도난당한 신용카드 세부 정보, 해킹된 사용자 계정, 제로 데이 악용에 대한 블랙마켓이 다크 웹dark web에 존재하며, 수신 IP 주소를 익명화하는 특수 네트워크 노드를 통해서만 이용할 수 있는 웹사이트가 있다. 그림 1-1에 나온 것과 같은 다크 웹들은 도난당한 정보와 손상된 서버들에서 활발히 거래한다.

그림 1-1 안녕. 네가 고도의 러시아 해커일 뿐 함정 수사의 일환으로 다크 웹에 매달려 있는 FBI 요원이 아니기 때문에 도난 당한 신용카드 번호를 좀 사고 싶다.

최신 익스플로잇을 활용할 수 있는 해킹 도구는 자유롭게 사용할 수 있고 설치가 쉽다. 다크 웹을 방문할 필요도 없고, 필요한 것은 구글 검색을 빨리하는 것이다. 어떻게 하는지 살펴보자.

웹사이트 해킹하는 방법

해킹을 시작하는 것은 매우 쉽다. 다음 절차를 따른다.

1. 구글에서 **칼리 리눅스 다운로드**kali linux download를 검색한다. 칼리 리눅스는 해커들을 위해 특별히 제작된 리눅스 운영체제 버전이다. 600개 이상의 보안과 해킹 도구가 미리 설치돼 있다. 완전히 무료이며 공격 보안의 전문 보안 연구팀이 유지한다.

2. 컴퓨터에 가상 컨테이너를 설치한다. 가상 컨테이너는 현재 운영체제를 덮어쓰지 않고 컴퓨터에 다른 운영체제를 설치할 수 있는 호스트 환경이다. 오라클의 VirtualBox는 무료로 사용할 수 있으며 윈도우, 맥OS 또는 리눅스에 설치할 수 있다. 이렇게 하면 구성이 너무 많지 않고 컴퓨터에서 칼리 리눅스를 실행할 수 있다.

3. 가상 컨테이너에 칼리 리눅스를 설치하고 설치 프로그램을 다운로드한 후 두 번 클릭해서 시작한다.

4. 칼리 리눅스를 시작하고 메타스플로잇Metasploit 프레임워크를 연다. 그림 1-2에서 볼 수 있듯이 메타스플로잇은 웹사이트의 보안을 테스트하고 취약점을 확인하는 가장 인기 있는 명령줄 도구다.

그림 1-2 해킹은 ASCII-art 소로만 달성할 수 있다.

5. 대상 웹사이트에서 메타스플로잇 명령줄에서 WMAP 유틸리티를 실행하고 취약점을 찾을 수 있는지 확인한다. 결과는 그림 1-3과 비슷하게 보일 것이다. WMAP 유틸리티는 웹 서버에 보안 결함이 있는지 여부를 테스트하려고 URL 목록을 스캔한다. 유틸리티를 소유한 웹사이트에서만 실행해야 한다!

```
                                        Terminal                              _ □ x
File  Edit  View  Search  Terminal  Help
+      =[ Free Metasploit Pro trial: http://r-7.co/trymsp ]

msf > load wmap


|  |  |  |  |  |  |  | |  | |  | |  |
[WMAP 1.5.1] ===   et [  ] metasploit.com 2012
[*] Successfully loaded plugin: wmap
msf > wmap sites -a https://50.63.202.8
[*] Site created.
msf > wmap targets -t https://50.63.202.8
msf > set DOMAIN hacksplaining.com
DOMAIN => hacksplaining.com
msf > wmap run -e /root/.wmap
[*] Using profile /root/.wmap.
[-] NO WMAP NODES DEFINED. Executing local modules
[*] Testing target:
[*]     Site: 50.63.202.8 (50.63.202.8)
[*]     Port: 443 SSL: true

[*] Testing started. 2018-03-25 05:17:34  -0400
[*] Loading wmap modules...
```

그림 1-3 해킹 관련 즉시 법 집행 기관의 방문을 예상한다.

6. 메타스플로잇 데이터베이스에서 취약점을 이용할 수 있는 익스플로잇을 선택한다.

이 시점에서 해킹 튜토리얼을 중단해야 한다. 왜냐하면 다음 단계는 중죄가 될 것이기 때문이다. 그러나 주요 요점은 분명해야 한다. 웹사이트를 해킹하기 시작하는 것은 정말 쉽다! 메타스플로잇과 칼리 리눅스는 실제 해커들이 사용하며 몇 분 안에 설치할 수 있다. 해커들은 어떤 전문지식도 필요로 하지 않지만 웹사이트에서 취약점을 파악하고 취약점을 이용하는 데 놀랍게도 능숙하다.

이는 오늘날 웹 개발자로서 다루고 있는 현실이다. 여러분이 만든 웹사이트는 인터넷 연결이 있는 사람이라면 누구나 이용할 수 있으며, 이를 목표로 삼는 데 사용될 수 있는 해킹 도구도 있다. 하지만 당황할 필요 없다! 책이 끝날 때쯤이면 해커들만큼 보안을 많이 알게 될 것이고, 해커들이 여러분의 사이트를 공격할 때 충분히 대비할 수 있다. 자, 이제 인터넷 프로토콜 스위트의 구성 요소를 논의하는 것으로 시작해 본다.

1부

기초

2

인터넷 작동 방식

웹 보안 전문가가 되려면 인터넷의 기본 웹 기술과 프로토콜을 확실히 파악해야 한다. 2장에서는 컴퓨터가 웹으로 데이터 교환하는 방법을 지시하는 인터넷 프로토콜 스위트^{Internet Protocol Suite}를 알아본다. 또한 현대 웹의 핵심 요소인 상태적 연결과 암호화도 배운다. 도중에 보안 허점이 나타나는 곳을 강조하겠다.

인터넷 프로토콜 스위트

인터넷 초기에는 데이터 교환에 신뢰성이 없었다. 인터넷의 이전 모델인 ARPANET ^{Advanced Research Projects Agency Network}으로 전송된 첫 번째 메시지는 스탠퍼드 대학교^{Stanford University}의 원격 컴퓨터를 목표로 하는 LOGIN 명령어였다. 네트워크는 처음 두 글자 LO를 보내고 나서 끊겼다. 이는 소련의 핵 공격으로 오프라인 상태가 돼도 네트워크의 여러 부분의 정보를 계속 교환할 수 있도록 원격 컴퓨터를 연결할 수 있는 방법을 찾고 있던 미군으로서는 문제였다.

문제를 해결하기 위해 네트워크 엔지니어들은 컴퓨터들 간의 신뢰할 수 있는 정보 교환을 보장하는 전송 제어 프로토콜^{TCP, Transmission Control Protocol}을 개발했다. TCP는 인터넷 프로토콜 스위트라고 총칭되는 약 20개의 네트워크 프로토콜 중 하나다. 컴퓨터가 TCP로 다른 기계에 메시지를 보낼 때 메시지는 목적지 주소와 함께 최종 목적지를 향해 전송되는 데이터 패킷packet으로 분할된다. 인터넷을 구성하는 컴퓨터들은 전체 메시지를 처리할 필요 없이 각 패킷을 목적지 쪽으로 밀어넣는다.

일단 수신 시스템이 패킷을 받으면 프로토콜은 각 패킷의 순서 번호에 따라 패킷들을 재사용할 수 있는 순서로 조립한다. 수신자가 패킷을 받을 때마다 수신을 보낸다. 수신자가 패킷의 수신을 승인하지 못하면 송신자는 다른 네트워크 경로를 따라 해당 패킷을 재전송한다. 이런 식으로 TCP는 컴퓨터가 신뢰할 수 없을 것으로 예상되는 네트워크로 데이터를 전송할 수 있게 한다.

인터넷이 성장함에 따라 TCP는 상당히 개선됐다. 이제 패킷은 수신자가 데이터 손상을 감지하고 패킷을 재전송해야 하는지 여부를 결정할 수 있는 체크섬checksum과 함께 전송된다. 송신자도 데이터 전송 속도를 소비 속도에 따라 우선적으로 조정한다(인터넷 서버는 보통 메시지를 받는 클라이언트보다 더 커다란 크기여서 클라이언트의 용량을 압도하지 않도록 주의해야 한다).

노트 | TCP는 전달 보증 때문에 가장 일반적인 프로토콜로 남아 있지만, 오늘날에는 인터넷으로 몇 가지 다른 프로토콜이 사용되고 있다. 예를 들어 UDP(User Datagram Protocol)는 데이터가 일정한 속도로 스트리밍될 수 있도록 패킷을 의도적으로 삭제하는 새로운 프로토콜이다. UDP는 소비자들이 네트워크가 혼잡해질 때 피드(feed) 지연보다 몇 개의 프레임을 떨어뜨리는 것을 선호하기 때문에 라이브 비디오 스트리밍에 흔히 사용된다.

인터넷 프로토콜 주소

인터넷상의 데이터 패킷은 인터넷 프로토콜IP, Internet Protocol 주소로 전송되며, 개별 인터넷에 연결된 컴퓨터에 할당된 번호로 전송한다. 각 IP 주소는 고유해야 하므로 새로운 IP 주소는 구조화된 방식으로 발급한다.

국제도메인관리기구ICANN, Internet Corporation for Assigned Names and Number는 가장 높은 수준에서 지역 당국에 IP 주소의 블록을 할당한다. 지역 당국은 인터넷 서비스 제공업체ISP,

Internet Service Provider와 해당 지역 내 호스팅 회사에 주소 블록을 부여한다. 브라우저를 인터 넷에 연결하면 ISP는 몇 달 동안 고정된 상태를 유지하는 IP 주소를 컴퓨터에 할당한다 (ISP는 주기적으로 클라이언트의 IP 주소를 순환시키는 경향이 있다). 마찬가지로 인터넷에서 콘텐츠를 호스팅하는 회사들은 네트워크에 접속하는 각 서버의 IP 주소를 할당받는다.

IP 주소는 이진수로 일반적으로 2^{32}(4294,967,296) 주소를 허용하는 IP 버전 4(IPv4) 구문으로 작성되며, 예를 들어 구글의 도메인 네임 서버는 주소가 8.8.8.8이다. IPv4 주소 가 지속 가능하지 않은 속도로 사용되고 있기 때문에 콜론으로 구분된 4개의 16진수 숫 자의 8개 그룹(예: 2001:0db8:00:00:0042:00:00:00:8a2e:0370:7334)으로 대표되는 더 많은 연 결 장치를 허용하려고 인터넷이 IP 버전 6(IPv6) 주소로 이동하고 있다.

도메인 네임 시스템

브라우저와 다른 인터넷 연결 소프트웨어는 트래픽을 인식하고 IP 주소로 라우팅할 수 있지만 IP 주소는 사람들에게 기억에 특별히 남지는 않는다. 웹사이트 주소를 사 용자에게 더 친근하게 만들려고 example.com과 같은 사람이 읽을 수 있는 도메인을 93.184.216.119과 같은 IP 주소로 변환하는 DNS^{Domain Name System}라는 글로벌 디렉터리를 사용한다. 도메인 이름은 IP 주소의 자리 표시자일 뿐이다. 도메인명은 IP 주소와 마찬가 지로 고유하며 도메인 네임 등록 대행자^{domain name registrar}라 불리는 민간단체에 사용하기 전에 등록해야 한다.

브라우저가 도메인 이름을 처음 접하게 되면 로컬 도메인 네임 서버(일반적으로 ISP가 호스팅하는 서버)를 사용해 검색한 다음, 결과를 캐시^{cache}해 향후에 시간이 많이 걸리는 검색을 방지한다. 캐싱 동작은 새로운 도메인이나 기존 도메인의 변경 사항이 인터넷에 전파되는 데 시간이 걸린다는 것을 의미한다. 전파에 걸리는 정확한 시간은 DNS 레코드 에 설정되고 레코드 만료 시기를 지시하는 TTL^{Time To Live} 변수로 제어된다. DNS 캐싱은 DNS 캐시 포이즈닝이라는 유형의 공격을 가능하게 하며, 로컬 DNS 캐시가 의도적으로 손상돼 공격자가 제어되는 서버로 데이터를 라우팅한다.

도메인 네임 서버는 특정 도메인의 IP 주소를 반환하는 것 외에도 여러 도메인 이름이 동일한 IP 주소를 가리키는 표준 이름^{CNAME, Canonical Name} 레코드로 도메인 별칭을 설명할 수 있는 레코드를 호스트한다. DNS는 또한 메일 교환^{MX, Mail Exchange} 레코드를 사용해 이메일을 라우트하는 데 도움을 줄 수 있다. DNS 레코드가 요청되지 않은 이메일(스팸)과 싸우는 데 어떻게 도움이 되는지 16장에서 살펴본다.

애플리케이션 계층 프로토콜

TCP는 두 대의 컴퓨터가 인터넷에서 안정적으로 데이터를 교환할 수 있도록 허용하지만, 전송되는 데이터가 어떻게 해석돼야 하는지는 지시하지 않는다. 전송되는 데이터를 해석하려면 두 컴퓨터가 스위트의 또 다른 상위 수준의 프로토콜로 정보를 교환하는 데 동의해야 한다. TCP(또는 UDP) 위에 구축되는 프로토콜을 애플리케이션 계층 프로토콜이라고 한다. 그림 2-1은 애플리케이션 계층 프로토콜이 인터넷 프로토콜 모음에서 TCP 위에 어떻게 위치하는지를 보여 준다.

인터넷 프로토콜 스위트의 하위 수준 프로토콜은 네트워크를 통한 기본적인 데이터 라우팅 기능을 제공하는 반면, 애플리케이션 계층의 상위 수준 프로토콜은 애플리케이션 데이터 교환을 위한 더 많은 구조를 제공한다. 많은 유형의 애플리케이션은 인터넷에서 TCP를 전송 메커니즘으로 사용한다. 예를 들어 이메일은 SMTP^{Simple Mail Transfer Protocol}, 인스턴트 메시징 소프트웨어는 XMPP^{Extensible Messaging and Presence Protocol}를 사용하는 경우가 많으며, 파일 서버는 FTP^{File Transfer Protocol}로 다운로드를 가능하게 하고, 웹 서버는 HTTP^{HyperText Transfer Protocol}를 사용한다. 웹이 주요 초점이기 때문에 HTTP를 좀 더 자세히 살펴본다.

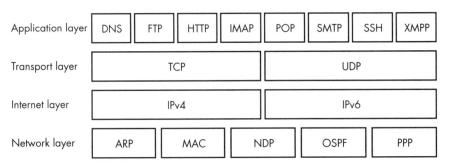

그림 2-1 인터넷 프로토콜 스위트를 구성하는 다양한 계층

하이퍼텍스트 전송 프로토콜

웹 서버는 HTTP를 사용해 웹 페이지와 웹 페이지의 자원을 웹 브라우저와 같은 사용자 에이전트로 전송한다. HTTP 통신에서 사용자 에이전트는 특정 자원에 대한 요청을 생성한다. 웹 서버는 자원에 대한 요청을 예상해 요청된 자원 또는 요청을 이행할 수 없는 때 오류 코드를 포함하는 응답을 반환한다. HTTP 요청과 응답 모두 일반 텍스트 메시지이지만, 압축되고 암호화된 형식으로 전송되는 경우가 많다. 책에서 설명한 모든 익스플로잇은 HTTP를 어떤 식으로든 사용하고 있기 때문에 HTTP 통신을 구성하는 요청과 응답이 어떻게 작동하는지 자세히 알 수 있다.

HTTP 요청

브라우저에서 보내는 HTTP 요청은 다음과 같은 요소로 구성된다.

Method 사용자 에이전트가 서버가 수행하기를 원하는 동작을 설명한다.

URL^Universal Resource Locator 조작하거나 가져오는 자원을 설명한다.

Headers 사용자 에이전트가 예상하는 콘텐츠 유형 또는 압축된 응답을 수신하는지 여부와 같은 메타데이터를 제공한다.

Body 선택적 구성 요소는 서버로 전송해야 하는 추가 데이터를 포함하고 있다.

목록 2-1은 HTTP 요청을 보여 준다.

```
GET❶ http://example.com/❷
❸ User-Agent: Mozilla/5.0 (Macintosh; Intel Mac OS X 10_13_6)
AppleWebKit/537.36 (KHTML, like Gecko) Chrome/67.0.3396.99 Safari/537.36
❹ Accept: text/html,application/xhtml+xml,application/xml; */*
Accept-Encoding: gzip, deflate
Accept-Language: en-GB,en-US;q=0.9,en;q=0.8
```

목록 2-1 간단한 HTTP 요청

메서드❶과 URL❷가 첫 번째 줄에 나타난다. 별도의 행에 HTTP 헤더가 뒤따른다. 사용자-에이전트 헤더❸이 웹사이트를 요청 중인 브라우저 유형으로 만든다. Accept 헤더 ❹는 브라우저가 예상하는 콘텐츠 유형을 웹사이트에 알려 준다.

GET 요청이라고 불리는 GET 메서드를 사용하는 요청은 인터넷에서 가장 일반적인 요청 유형이다. GET 요청은 특정 URL로 식별된 웹 서버의 특정 자원을 가져온다. GET 요청에 대한 응답에는 웹 페이지, 이미지 또는 검색 요청의 결과 등 자원이 포함될 수 있다. 목록 2-1의 예제 요청은 example.com의 홈 페이지를 로드하려고 시도하며, 사용자가 브라우저의 탐색 모음에서 example.com을 입력할 때 생성된다.

브라우저가 단순히 데이터를 가져오는 것이 아니라 서버로 정보를 보내야 하면 일반적으로 POST 요청을 사용한다. 웹 페이지에 양식을 작성해서 제출하면 브라우저는 POST 요청을 보낸다. POST 요청은 서버로 전송된 정보를 포함하므로 브라우저는 HTTP 헤더 뒤에 있는 요청 본문에 해당 정보를 전송한다.

8장에서 서버로 데이터를 전송할 때 GET 요청보다 POST 요청을 사용해야 하는 중요한 이유를 알아본다. GET 요청을 자원 회수 이외의 작업에 잘못 사용하는 웹사이트는 크로스 사이트 스크립팅XSS 공격에 취약하다.

웹사이트를 작성할 때 PUT, Patch, DELETE 요청이 발생할 수도 있다. 이들은 각각 서버의 자원을 업로드, 편집 또는 삭제하는 데 사용되며, 일반적으로 웹 페이지에 포함된 자바스크립트로 트리거trigger된다. 표 2-1은 알 만한 가치가 있는 몇 가지 다른 방법을 문서화한다.

표 2-1 덜 알려진 HTTP 메서드

HTTP 메서드	기능 및 구현
HEAD	HEAD 요청은 GET 요청과 동일한 정보를 검색하지만 본문(즉 유용한 부분) 없이 응답을 반환하도록 서버에 지시한다. 만약 웹 서버에 GET 메서드를 구현한다면 서버는 일반적으로 HEAD 요청에 자동으로 응답한다.
CONNECT	CONNECT는 양방향 통신을 개시한다. 프록시로 연결하면 HTTP 클라이언트 코드에 CONNECT를 사용한다.
OPTIONS	OPTIONS 요청을 전송하면 사용자 에이전트는 자원에서 지원되는 다른 방법을 요청할 수 있다. 웹 서버는 일반적으로 어떤 다른 방법을 구현했는지 유추해 OPTIONS 요청에 응답한다.
TRACE	TRACE 요청에 대한 응답은 원본 HTTP 요청의 사본을 포함하므로 클라이언트는 중간 서버로 변경된 내용을 확인할 수 있다. 일반적으로 웹 서버에서 TRACE 요청은 보안 허점 역할을 할 수 있기 때문에 해제하는 것이 좋다. 예를 들어, 페이지에 삽입된 악의적인 자바스크립트가 의도적으로 자바스크립트에 접근할 수 없게 만든 쿠키에 접근할 수 있도록 허용시킬 수 있다.

웹 서버는 일단 HTTP 요청을 받으면 HTTP 응답으로 사용자 에이전트에 회신한다. 응답의 구조화 방법을 세분화해 보자.

HTTP 응답

웹 서버에서 재전송되는 HTTP 응답은 프로토콜 설명, 세 자리 상태 코드 그리고 일반적으로 요청이 이행될 수 있는지 여부를 나타내는 상태 메시지로 시작한다. 응답에는 브라우저에서 콘텐츠 처리 방법을 지시하는 메타데이터를 제공하는 헤더가 포함돼 있다. 마지막으로 대부분의 응답은 요청된 자원을 포함하는 본문을 포함한다. 목록 2-2는 간단한 HTTP 응답의 내용을 보여 준다.

```
HTTP/1.1❶ 200❷ OK❸
❹ Content-Encoding: gzip
   Accept-Ranges: bytes
   Cache-Control: max-age=604800
   Content-Type: text/html
   Content-Length: 606

❺ <!doctype html>
   <html>
     <head>
         <title>Example Domain</title>
❻       <style type="text/css">
             body {
                 background-color: #f0f0f2;
                 font-family: "Open Sans", "Helvetica Neue", Helvetica, sans-serif;
             }
             div {
                 width: 600px;
                 padding: 50px;
                 background-color: #fff;
                 border-radius: 1em;
             }
         </style>
     </head>
❼   <body>
       <div>
         <h1>Example Domain</h1>
         <p>This domain is established to be used for illustrative examples.</p>
         <p>
           <a href="http://www.iana.org/domains/example">More information...</a>
```

```
            </p>
        </div>
    </body>
</html>
```

목록 2-2 세계에서 가장 흥미가 없는 웹사이트인 example.com의 HTTP

응답은 프로토콜 설명❶, 상태 코드❷, 상태 메시지❸으로 시작한다. 2xx로 포맷된 상태 코드는 해당 질문이 이해, 승인, 응답됐음을 나타낸다. 3xx로 포맷된 코드는 클라이언트를 다른 URL로 리다이렉트redirect한다. 4xx로 포맷된 코드는 브라우저가 명백히 잘못된 요청을 생성했을 때 클라이언트 오류를 나타낸다(이 유형의 가장 일반적인 오류는 HTTP 404 Not Found다). 5xx로 포맷된 코드는 요청은 유효했지만 서버는 요청을 이행할 수 없을 때 서버 오류를 나타낸다.

다음은 HTTP 헤더❹다. 거의 모든 HTTP 응답에는 반환되는 데이터의 종류를 나타내는 Content-Type 헤더가 포함돼 있다. GET 요청에 대한 응답에는 클라이언트가 대용량 자원(예: 이미지)을 로컬로 캐시해야 함을 나타내는 Cache-Control 헤더가 포함될 때가 많다.

HTTP 응답이 성공하면 본문은 클라이언트가 액세스하려고 했던 자원을 포함하며, 종종 요청된 웹 페이지의 구조를 설명하는 HTML^HyperText Markup Language❺를 포함한다. 이런 경우 응답에는 페이지 내용❼ 자체뿐만 아니라 스타일링 정보❻도 포함된다. 다른 유형의 응답은 HTML 스타일링에 사용되는 자바스크립트 코드, CSS^Cascading Style Sheet 또는 본문 내 이진 데이터를 반환할 수 있다.

상태 저장 연결

웹 서버는 일반적으로 많은 사용자 에이전트를 한 번에 처리하지만 HTTP는 어떤 사용자 에이전트에서 어떤 요청이 오는지 구분하지 못한다. 인터넷 초기에는 중요한 고려 사항이 아니었는데 그 이유는 웹 페이지가 대부분 읽기 전용이었기 때문이다. 그러나 현대의 웹사이트들은 사용자들이 로그인할 수 있도록 하며 사이트에 방문해 다른 페이지들과 상호작용하면서 사용자들의 활동을 추적한다. 이를 허용하려면 HTTP 통신의 상태가 지속적으로 유지돼야 한다. 클라이언트와 서버 간의 연결이나 통신은 당사자 중 한 명이 연결을 종료하기로 결정할 때까지 '핸드셰이크handshake'를 수행하고 패킷을 계속 주고받을 때 상태 저장된다.

웹 서버가 각 요청으로 응답하고 있는 사용자를 추적해 상태 저장 HTTP 통신을 달성하고자 하려면 후속 요청을 할 때 사용자 에이전트를 추적할 수 있는 메커니즘을 구축해야 한다. 특정 사용자 에이전트와 웹 서버 간의 전체 통신을 HTTP 세션session이라고 한다. 세션 추적의 가장 일반적인 방법은 서버가 초기 HTTP 응답에서 Set-Cookie 헤더를 다시 보낸다. 이는 특정 웹 도메인과 관련된 작은 텍스트 데이터 조각인 쿠키를 저장하기 위한 응답을 받는 사용자 에이전트에 요청한다. 그런 다음 사용자 에이전트는 후속 HTTP 요청의 쿠키 헤더에 있는 동일한 데이터를 웹 서버에 반환한다. 올바르게 구현되면 앞뒤로 전달되는 쿠키 내용이 사용자 에이전트를 고유하게 식별해 HTTP 세션을 설정한다.

쿠키에 포함된 세션 정보는 해커에게 매우 유용한 대상이다. 공격자가 다른 사용자의 쿠키를 훔치면 해커들은 웹사이트에서 그 사용자인 척할 수 있다. 마찬가지로 공격자가 웹사이트에 위조 쿠키를 받아들이게 한다면 공격자가 원하는 어떤 사용자라도 사칭할 수 있다. 10장에서 쿠키를 탈취하고 위조하는 다양한 방법을 살펴본다.

암호화

웹이 처음 발명됐을 때 HTTP 요청과 응답은 데이터 패킷을 가로채는 모든 사람이 읽을 수 있는 일반 텍스트 형태로 보내졌다. 이러한 종류의 가로채기는 중간 공격이라고 알려져 있다. 현대의 웹에서는 사적인 통신이나 온라인 거래가 일상적이기 때문에 웹 서버와 브라우저는 암호화를 이용해 공격으로부터 사용자를 보호하는데, 이는 전송 중에 메시지의 내용을 인코딩함으로써 훔쳐보는 눈으로부터 메시지 내용을 위장하는 방법이다.

웹 서버와 브라우저는 통신을 보호하려고 개인 정보 보호와 데이터 무결성을 모두 제공하는 암호화 방식인 TLSTransport Layer Security를 사용해 요청과 응답을 보낸다. TLS는 서드 파티가 가로챈 패킷이 적절한 암호화 키 없이 해독될 수 없도록 한다. 또한 패킷을 변조하려는 어떠한 시도도 탐지할 수 있도록 해 데이터 무결성을 보장한다.

TLS를 이용한 HTTP 통신을 HTTP SecureHTTPS라고 하는데, HTTPS는 클라이언트와 서버가 암호화 방식(암호)을 쌍방이 합의하고 암호화 키를 교환하는 TLS 핸드셰이크를 수행하도록 하고 있다. 일단 핸드셰이크가 완료되면 외부인에게 더 이상의 메시지(요청 및 응답 모두)가 불투명해진다.

암호화는 복잡한 주제이지만 웹사이트를 보호하는 열쇠가 된다. 13장에서 웹사이트에 대한 암호화를 활성화하는 방법을 살펴본다.

요약

2장에서는 인터넷의 동작을 배웠다. TCP는 각각 IP 주소를 갖고 있는 인터넷 접속 컴퓨터들 간의 신뢰할 수 있는 통신을 가능하게 한다. 도메인 네임 시스템은 IP 주소를 사람이 읽을 수 있는 별칭으로 제공한다. HTTP는 사용자 에이전트(예: 웹 브라우저)에서 웹 서버로 HTTP 요청을 전송하려고 TCP 위에 구축되며, 이는 다시 HTTP 응답으로 응답한다. 각각의 요청은 특정 URL로 전송되며 다양한 종류의 HTTP 방법을 배웠다. 웹 서버는 상태 코드로 응답하고 쿠키를 다시 보내 상태 저장 연결을 시작한다. 마지막으로 암호화(HTTPS 형식)를 사용해 사용자 에이전트와 웹 서버 간의 통신을 보호할 수 있다.

3장에서는 웹 브라우저가 HTTP 응답을 수신할 때 발생하는 현상, 즉 웹 페이지를 렌더링하는 방법, 사용자 작업이 더 많은 HTTP 요청을 생성하는 방법을 살펴본다.

3

브라우저 작동 방식

대부분의 인터넷 사용자들은 웹사이트와 상호작용을 한다. 브라우저로 보안 웹사이트를 구축하려면 화면에 보이는 대화형 시각적 표현으로 웹 페이지를 설명하는 데 사용되는 HTML을 변환하는 방법을 이해해야 한다. 3장에서는 현대 브라우저가 웹 페이지를 렌더링하는 방법을 설명하며, 사용자를 보호하려고 사용하는 보안 수단인 브라우저 보안을 강조한다. 또한 해커들이 보안 조치를 극복하려고 노력하는 다양한 방법들을 살펴본다.

웹 페이지 렌더링

웹 페이지의 HTML을 화면에 보이는 시각적 표현으로 변환하는 것을 담당하는 웹 브라우저의 소프트웨어 구성 요소를 렌더링 파이프라인^{rendering pipeline}이라고 한다. 렌더링 파이프라인은 페이지의 HTML 구문 분석, 문서의 구조와 내용 이해, 운영체제가 이해할 수 있는 일련의 도면 작업으로 변환하는 역할을 담당한다.

인터넷 초기 웹사이트는 렌더링 과정이 비교적 간단했다. 웹 페이지 HTML에는 스타일링 정보(색상, 글꼴, 글꼴 크기 등)가 거의 들어 있지 않아 렌더링은 대부분 텍스트와 이미지를 로드하고 HTML 문서에 나타나는 순서대로 화면에 그리는 문제였다. HTML은 마크업 언어로 구상됐는데, 이는 웹 페이지를 의미적 요소로 분해하고 정보가 어떻게 구성되는지에 주석을 달아서 웹 페이지를 묘사했다는 것을 의미한다. 초기 웹은 상당히 조잡해 보였지만 텍스트 콘텐츠를 중계하는 데는 매우 효율적이었다.

오늘날의 웹 디자인은 더욱 정교하고 시각적으로 매력적이다. 웹 개발자는 스타일링 정보를 별도의 CSS^{Cascading Style Sheets} 파일로 인코딩해 브라우저에 각 페이지 요소가 표시되는 방법을 정확하게 지시한다. 구글 크롬과 같은 현대적이고 최적화된 브라우저는 HTML을 올바르게 해석하고 렌더링하며, 충돌하는 스타일링 규칙을 빠르고 균일하게 처리하려고 수백만 줄의 코드를 포함하고 있다. 렌더링 파이프라인을 구성하는 다양한 단계를 이해하면 복잡성을 이해하는 데 도움이 된다.

렌더링 파이프라인: 개요

렌더링 파이프라인 각 단계를 자세히 알아보기 전에 높은 수준의 프로세스를 먼저 살펴본다.

브라우저가 HTTP 응답을 수신하면 응답 본문에 있는 HTML을 페이지 구성 방식에 대한 브라우저의 이해를 나타내는 메모리 내 데이터 구조 DOM^{Document Object Model}으로 구문 분석한다. DOM 생성은 HTML 구문을 구문 분석하는 것과 화면에 그리는 것의 중간 단계다. 현대의 HTML에서는 HTML의 태그 순서가 반드시 내용의 위치를 결정하는 것은 아니기 때문에 HTML 전체를 구문 분석할 때까지 페이지의 레이아웃을 결정할 수 없다.

일단 브라우저가 DOM을 생성하지만 화면에 어떤 것을 그리기 전에 스타일링 규칙을 각 DOM 요소에 적용해야 한다. 스타일링 규칙은 전경색과 배경색, 글꼴 스타일과 크기, 위치와 정렬 등 각 페이지 요소를 그리는 방법을 선언한다. 마지막으로 브라우저가 페이지 구조를 확정하고 스타일링 정보를 적용하는 방법을 세분화한 후 화면에 웹 페이지를 그린다. 이 모든 것은 순식간에 일어나며 사용자가 페이지와 상호작용을 할 때 반복된다.

브라우저는 또한 DOM을 구성할 때 우연히 발견되는 자바스크립트를 로드하고 실행한다. 자바스크립트 코드는 페이지가 렌더링되기 전이나 사용자 행동에 대응해 DOM과 스타일링 규칙을 동적으로 변경할 수 있다.

이제 각 단계를 좀 더 자세히 살펴본다.

Document Object 모델

브라우저가 HTML이 포함된 HTTP 응답을 처음 수신하면 HTML 문서를 DOM으로 구문 분석하는데 HTML 문서를 DOM 노드node라고 불리는 일련의 중첩 요소로 기술하는 데이터 구조다. DOM의 일부 노드는 입력 상자 및 텍스트 단락과 같이 화면에 렌더링되는 요소에 대응하며, 스크립트 및 스타일링 요소와 같은 다른 노드는 페이지의 동작과 레이아웃을 제어한다.

각 DOM 노드는 대략 원본 HTML 문서의 태그와 동일하다. DOM 노드는 HTML 태그가 서로 내포될 수 있는 방법과 유사하게 텍스트 내용을 포함하거나 다른 DOM 노드를 포함할 수 있다. 각 노드는 분기 방식으로 다른 노드를 포함할 수 있기 때문에 웹 개발자들은 DOM 트리tree를 설명한다.

<script>, <style>, <image>, <font>, <video> 태그와 같은 일부 HTML 태그는 속성의 외부 URL을 참조할 수 있다. 이러한 태그들이 DOM으로 구문 분석되면 브라우저가 외부 자원을 가져오게 되는데, 이는 브라우저가 추가 HTTP 요청을 시작해야 함을 의미한다. 현대의 브라우저는 페이지 로딩 시간을 단축하려고 페이지 렌더링과 병행해 요청을 수행한다.

HTML로부터 DOM의 구축은 가능한 한 견고하게 설계된다. 브라우저들은 잘못된 형식의 HTML을 넘어가고 있다. 브라우저는 닫히지 않은 태그를 닫고 누락된 태그를 삽입하고 필요에 따라 손상된 태그를 무시한다. 브라우저 벤더는 웹사이트의 오류로 웹 사용자를 벌하지 않는다.

스타일링 정보

브라우저가 DOM 트리를 구성했으면 화면 요소에 해당하는 DOM 노드, 서로 상대적인 요소를 배치하는 방법, 적용할 스타일링 정보를 결정해야 한다. 스타일링 규칙은 HTML 문서에서 인라인inline으로 정의될 수 있지만, 웹 개발자들은 별도의 CSS 파일에 스타일링 정보를 인코딩하는 것을 선호한다. 스타일링 정보를 HTML 콘텐츠에서 분리하면 기존 콘텐츠를 재작성하기 쉽고 HTML 콘텐츠를 최대한 깨끗하고 의미 있게 유지할 수 있다. 스크린 리더screen reader 등 대체 브라우징 기술에 대한 HTML 구문 분석도 쉽게 해준다.

CSS를 사용할 때 웹 개발자는 페이지의 요소를 렌더링하는 방법을 선언하려고 하나 이상의 스타일시트를 작성한다. HTML 문서는 스타일시트를 호스트하는 외부 URL을 참조하는 <style> 태그를 사용해 스타일시트를 가져온다. 각 스타일시트에는 HTML 문서에서 태그를 선택하고 글꼴 크기, 색상, 위치 등의 스타일링 정보를 각각에 할당하는 선택자selector가 들어 있다. 선택자는 간단할 수 있다. 예를 들어 <h1> 태그의 머리글 텍스트를 파란색으로 렌더링해야 한다고 명시할 수 있다. 더 복잡한 웹 페이지는 선택자가 더 복잡해진다. 선택자는 사용자가 마우스를 웹 페이지 위로 이동할 때 하이퍼링크의 색이 얼마나 빨리 변하는지를 설명할 수 있다.

렌더링 파이프라인은 스타일을 어떻게 적용하는가에 대한 엄격한 우선순위 규칙을 따라야 하기 때문에 최종 스타일링을 해석하려고 많은 논리를 구현한다. 각 선택자는 여러 페이지 요소에 적용할 수 있으며, 각 페이지 요소에는 여러 선택자로 제공되는 스타일링 정보가 있는 경우가 많다. 초기 인터넷의 성장통 중 하나는 다른 유형의 브라우저로 렌더링될 때 같아 보이는 웹사이트를 만드는 방법을 알아내는 것이었다. 현대의 브라우저는 일반적으로 웹 페이지를 렌더링하는 방식에 일관성이 있지만 여전히 다양하다. 웹 표준 준수에 대한 업계의 벤치마크는 그림 3-1과 같이 Acid3 시험이다. 일부 브라우저만 100점을 받는다. http://acid3.acidtests.org/을 방문해 Acid3 테스트를 시도해 볼 수 있다.

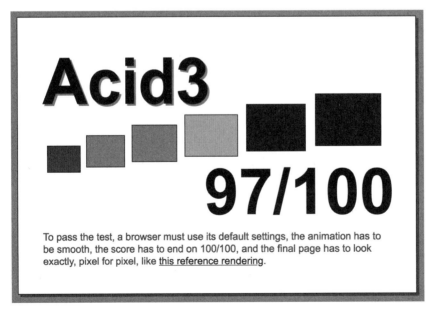

그림 3-1 Acid3, 2008년 이후 브라우저가 컬러 사각형을 올바르게 렌더링할 수 있는지 확인할 수 있다.

DOM 트리의 구성과 스타일링 규칙의 적용은 웹 페이지에 포함된 자바스크립트 코드의 처리와 병행해 발생한다. 자바스크립트 코드는 페이지의 구조와 레이아웃을 렌더링하기도 전에 변경할 수 있으므로 자바스크립트의 실행이 렌더링 파이프라인과 함께 어떻게 이뤄지는지 간단히 살펴본다.

자바스크립트

현대의 웹 페이지는 자바스크립트를 사용해 사용자 작업에 응답한다. 자바스크립트는 웹 페이지가 렌더링될 때 브라우저의 자바스크립트 엔진으로 실행되는 완전히 새로운 프로그래밍 언어다. 자바스크립트는 ‹script› 태그를 사용해 HTML 문서에 통합될 수 있다. 코드는 HTML 문서 내에 인라인으로 포함될 수 있거나 보다 일반적으로 ‹script› 태그는 외부 URL에서 로드할 자바스크립트 파일을 참조한다.

기본적으로 모든 자바스크립트 코드는 관련 ‹script› 태그를 DOM 노드로 구문 분석하는 즉시 브라우저로 실행된다. 외부 URL에서 로드된 자바스크립트 코드는 코드가 로드되는 즉시 실행됨을 의미한다.

이런 기본 동작은 렌더링 파이프라인이 HTML 문서 구문을 완료하지 않으면 문제를 일으키며, 자바스크립트 코드는 DOM에는 아직 존재하지 않을 수 있는 페이지 요소와 상호작용한다. 이를 허용하려고 ‹script› 태그는 지연 속성으로 표시되는 경우가 많다. 이로 인해 전체 DOM이 구성될 때만 자바스크립트가 실행된다.

여러분이 상상하는 것처럼 브라우저가 자바스크립트 코드를 실행한다는 사실이 보안에 영향을 미친다. 해커의 최종 목표는 종종 다른 사용자의 컴퓨터에서 코드를 원격으로 실행하는 것이고, 인터넷은 어떤 식으로든 네트워크에 연결되지 않은 컴퓨터를 찾는 경우가 드물기 때문에 목표를 훨씬 쉽게 만든다. 그래서 현대의 브라우저는 브라우저 보안 모델browser security model로 자바스크립트를 크게 제한한다. 자바스크립트 코드는 샌드박스sandbox 내에서 실행돼야 하며 여기서 다음 작업을 수행할 수 없음을 나타낸다.

- 새로운 프로세스를 시작하거나 다른 기존 프로세스에 액세스한다.
- 임의의 시스템 메모리를 읽는다. 자바스크립트는 관리되는 메모리 언어로서 샌드박스 밖에서 메모리를 읽을 수 없다.

- 로컬 디스크에 액세스한다. 현대 브라우저로 웹사이트는 소량의 데이터를 로컬에 저장할 수 있지만 이 스토리지는 파일 시스템 자체에서 추출된다.
- 운영체제의 네트워크 계층에 액세스한다.
- 운영체제 기능을 호출한다.

브라우저 샌드박스에서 실행되는 자바스크립트는 다음 작업을 수행할 수 있다.

- 현재 웹 페이지의 DOM을 읽고 조작한다.
- 이벤트 수신기를 등록해 현재 페이지의 사용자 행동을 청취하고 대응한다.
- 사용자를 대신해 HTTP를 호출한다.
- 사용자 작업에 대한 응답으로만 새 웹 페이지를 열거나 현재 페이지의 URL을 새로 고친다.
- 브라우저 기록에 새로운 항목을 작성하고 기록에서 앞뒤로 이동한다.
- 사용자의 위치를 요청한다. 예를 들어 "구글 맵스는 사용자의 위치를 사용하고자함"을 참조한다.
- 데스크톱 알림 전송 권한을 요청한다.

이러한 제한에도 악의적인 자바스크립트를 웹 페이지에 인젝션할 수 있는 공격자는 사용자가 입력하는 신용카드 세부 정보나 자격 증명을 읽으려고 크로스 사이트 스크립팅 공격을 사용함으로써 여전히 많은 해를 끼칠 수 있다. 인젝션된 코드는 DOM에 <script> 태그를 추가해 악성 페이로드를 로드할 수 있기 때문에 주입된 자바스크립트의 소량조차 위협을 가한다. 7장에서 이러한 유형의 크로스 사이트 스크립팅 공격을 어떻게 보호하는 지 살펴본다.

렌더링 전/후: 브라우저에서 수행하는 다른 모든 작업

브라우저는 렌더링 파이프라인과 자바스크립트 엔진보다 훨씬 더 많다. HTML 렌더링과 자바스크립트 실행 외에도 현대의 브라우저들은 많은 다른 책임에 대한 논리를 포함하고 있다. 브라우저는 운영체제와 연결해 DNS 주소를 확인 및 캐시하고, 보안 인증서를 해석 및 검증하며, 필요할 때 HTTPS로 요청을 인코딩하며, 웹 서버의 지시에 따라 쿠키를 저장하고 전송한다. 이런 과정들이 어떻게 조화를 이루는지 이해하고자 아마존에 로그인한 사용자의 뒷면을 살펴본다.

1. 사용자가 선호하는 브라우저로 www.amazon.com을 방문한다.

2. 브라우저는 도메인(amazon.com)을 IP 주소로 해결한다. 첫째, 브라우저는 운영체제의 DNS 캐시를 참조한다. 결과가 나오지 않으면 인터넷 서비스 공급자에게 제공자의 DNS 캐시를 찾아보라고 한다. ISP의 누구도 이전에 아마존 웹사이트를 방문한 적이 없는 드문 경우 ISP는 권위 있는 DNS 서버에서 도메인을 해결하게 된다.

3. 이제 IP 주소를 해결했으므로 브라우저는 보안 접속을 설정해 IP 주소에 해당하는 서버와 TCP 핸드셰이크를 개시하려고 한다.

4. TCP 세션이 설정되면 브라우저는 www.amazon.com에 HTTP GET 요청을 생성한다. TCP는 HTTP 요청을 패킷으로 분할해 재조립할 서버로 전송한다.

5. 이때 HTTP 통신은 HTTPS로 업그레이드해 보안 통신을 보장한다. 브라우저와 서버는 TLS 핸드셰이크를 수행하고, 암호화에 동의하며, 암호화 키를 교환한다.

6. 서버는 보안 채널을 이용해 아마존 1면의 HTML이 포함된 HTTP 응답을 회신한다. 브라우저는 페이지를 구문 분석하고 표시하며, 일반적으로 다른 많은 HTTP GET 요청을 트리거한다.

7. 사용자는 로그인 페이지로 이동해 로그인 자격 증명을 입력하고, 로그인 양식을 제출해 서버에 POST 요청을 생성한다.

8. 서버는 로그인 자격 증명을 확인하고 응답에 Set-Cookie 헤더를 반환해 세션을 설정한다. 브라우저는 정해진 시간 동안 쿠키를 저장하고, 이후 요청과 함께 다시 아마존으로 보낸다.

위의 과정이 일어난 후에 사용자는 아마존 계정에 접속할 수 있다.

요약

3장에서는 브라우저가 웹 페이지를 묘사하는 데 사용되는 HTML을 화면에 보이는 대화형 시각적 표현으로 변환하는 방법을 검토했다. 브라우저의 렌더링 파이프라인은 HTML 문서를 DOM에 구문 분석해 CSS 파일의 스타일링 정보를 적용한 다음 화면에 DOM 노드를 배치한다.

브라우저 보안 모델을 배웠다. 브라우저는 엄격한 보안 규칙에 따라 <script> 태그에 포함된 자바스크립트를 실행한다. 또한 페이지 렌더링 외에도 TCP 패킷에서 HTTP 재구성, 보안 인증서 확인 및 HTTPS를 사용한 통신 보안, 쿠키 저장 및 전송 등 브라우저의 많은 다른 책임을 보여 주는 간단한 HTTP 통신을 검토했다.

4장에서는 HTTP 통신의 다른 쪽 끝인 웹 서버를 살펴본다.

4

웹 서버 작동 방식

 3장에서는 브라우저가 인터넷으로 통신하는 방법과 웹사이트를 구성하는 HTML 페이지 및 기타 자원을 렌더링하는 방법을 배웠다. 4장에서는 동일한 HTML 페이지가 웹 서버로 어떻게 구성되는지 알아본다.

가장 간단한 정의에 따르면 웹 서버는 HTTP 요청에 대한 응답으로 HTML 페이지를 다시 보내는 컴퓨터 프로그램이다. 그러나 현대의 웹 서버는 시사하는 것보다 훨씬 더 광범위한 기능성을 포괄한다. 브라우저가 HTTP 요청을 할 때, 현대의 웹 서버는 웹 페이지 HTML을 동적으로 생성하려고 코드가 실행되도록 허용하며, 종종 데이터베이스의 콘텐츠를 통합한다. 웹 개발자는 대부분의 시간을 이런 종류의 코드를 쓰고 테스트하는 데 보낸다.

4장에서는 개발자가 웹 서버 내에서 코드와 자원을 구성하는 방법을 다룬다. 또한 보안 취약점이 발생할 수 있는 웹 서버의 일반적인 약점을 찾아내고 이러한 함정을 피할 수 있는 방법을 알아본다.

정적 자원 및 동적 자원

웹 서버는 HTTP 요청에 대응해 정적 자원static resource과 동적 자원dynamic resource의 두 가지 유형의 콘텐츠를 제공한다. 정적 자원은 HTML 파일, 이미지 파일 또는 웹 서버가 HTTP 응답에서 변경되지 않고 반환하는 다른 유형의 파일이다. 동적 자원은 웹 서버가 HTTP 요청에 대응해 실행하거나 해석하는 코드, 스크립트 또는 템플릿template이다. 현대의 웹 서버는 정적 자원과 동적 자원을 모두 호스팅할 수 있다. 서버가 실행하거나 반환하는 자원은 HTTP 요청의 URL에 따라 달라진다. 웹 서버는 URL 패턴을 특정 자원에 매핑하는 구성 파일에 따라 URL을 해결한다.

웹 서버가 정적 및 동적 자원을 처리하는 방법을 살펴본다.

정적 자원

인터넷 초기에는 웹사이트가 주로 정적 자원static resource으로 구성됐다. 개발자들은 손으로 HTML 파일을 코드화했고, 웹사이트는 웹 서버에 배포된 개별 HTML 파일로 구성됐다. 웹사이트의 '배포deployment'는 개발자가 모든 HTML 파일을 웹 서버에 복사하고 서버 프로세스를 재시작해야 했다. 사용자가 웹사이트를 방문하고 싶을 때 사용자는 웹사이트의 URL을 브라우저에 입력했다. 브라우저는 웹사이트를 호스팅하는 웹 서버에 HTTP 요청을 할 것이고, 이는 수신 URL을 디스크의 파일에 대한 요청으로 해석한다. 마지막으로 웹 서버는 HTTP 응답에 있는 HTML 파일을 반환한다.

한 예시로 1996년 영화 〈스페이스 잼Space Jam〉의 웹사이트가 있다. 해당 웹사이트는 전적으로 정적 자원으로 구성돼 있고, spacejam.com의 사이트는 여전히 온라인에 존재한다. 사이트를 클릭하면 보다 단순하고 미적으로 정교하지 않게 돌아간다. 웹사이트를 방문하면 https://www.spacejamanewlegacy.net/과 같은 URL이 각각 .html 접미사로 끝나는 것을 알 수 있으며, 각 웹 페이지가 서버의 HTML 파일에 해당함을 나타낸다.

팀 버너스 리의 웹에 대한 원래 비전은 세계의 모든 정보를 담고 있는 웹 서버에 호스팅되는 정적 파일들의 네트워크인 스페이스 잼 웹사이트와 많이 유사하다.

URL 결정

현대의 웹 서버는 이전의 웹 서버들과 동일한 방식으로 정적 자원을 처리한다. 브라우저의 자원에 액세스하려면 URL의 자원 이름 및 웹 서버는 요청된 대로 디스크에서 자원 파일을 반환한다. 그림 4-1에 나온 그림을 표시하려고 URL에는 /images/hedgehog_in_ spagetti.png 자원 이름이 포함되며 웹 서버는 디스크에서 적절한 파일을 반환한다.

그림 4-1 정적 자원의 예

현대의 웹 서버들은 추가적으로 속임수를 갖고 있다. 현대적인 웹 서버는 어떤 URL 도 특정 정적 자원에 매핑할 수 있도록 한다. 여러분은 hedgehog_in_spagetti.png 자원 이 웹 서버의 /images 디렉터리에 있는 파일일 것으로 예상하지만, 사실 개발자는 어떤 곳이라도 해당 자원을 호출할 수 있다. 파일 경로에서 URL의 연결을 해제함으로써 웹 서 버는 개발자들에게 코드를 구성할 수 있는 자유를 제공한다. 이를 통해 각 사용자는 서로 다른 프로필 이미지를 가질 수 있지만 동일한 경로를 사용할 수도 있다.

정적 자원을 반환할 때 현대의 웹 서버는 종종 데이터를 HTTP 응답에 추가하거나 정적 자원을 반환하기 전에 처리한다. 웹 서버는 응답에 사용되는 대역폭을 줄이려 gzip 알고리듬을 사용해 대용량 자원 파일을 동적으로 압축하거나 사용자가 정의된 시간 내 에 다시 볼 때 정적 자원의 로컬 복사본을 캐시하고 사용하도록 브라우저에 지시하려고 HTTP 응답에 캐시 헤더를 추가하는 경우가 많다. 이는 웹사이트가 사용자를 잘 응답하 도록 만들고 서버가 처리해야 하는 부하를 감소시킨다.

정적 자원은 단순히 한 가지 형태 또는 다른 형태의 파일이기 때문에 보안 취약점 측 면에서는 별로 표현되지 않는다. 그러나 파일의 URL을 해결하는 프로세스는 취약점을 도입할 수 있다. 사용자가 특정 유형의 파일(예: 업로드한 이미지)을 비공개로 지정하면 웹 서버에 접근 제어 규칙access control rule을 정의해야 한다. 11장에서 해커들이 접근 제어 규칙을 회피하려고 시도하는 다양한 방법을 살펴본다.

콘텐츠 전송 네트워크

정적 파일의 전송 속도를 향상시키려고 고안된 현대적인 혁신은 콘텐츠 전송 네트워크 CDN, Content Delivery Network로, 정적 자원의 중복된 복사본을 전 세계 데이터 센터에 저장하고 가장 가까운 물리적 위치에서 브라우저로 신속하게 전달한다. 클라우드플레어Cloudflare, 아카마이Akamai 또는 아마존 클라우드프런트CloudFront와 같은 CDN은 이미지와 같은 대용 량 자원 파일을 서드 파티에게 제공하는 부담을 덜어 준다. 소규모 기업이라도 대규모의 대응 웹사이트를 만들 수 있도록 허용하고 있다. 서버 지출 CDN을 사이트에 통합하는 것은 일반적으로 간단하며, CDN 서비스는 배포하는 자원의 양에 따라 월별 수수료를 부 과한다.

CDN을 사용하는 것 또한 보안 문제를 야기한다. CDN과 통합하면 서드 파티가 사용 자의 보안 인증서에 따라 콘텐츠를 효과적으로 서비스할 수 있으므로 CDN 통합을 안전 하게 설정해야 한다. 14장에서 CDN과 같은 서드 파티 서비스를 안전하게 통합하는 방법 을 조사한다.

콘텐츠 관리 시스템

여전히 많은 웹사이트가 대부분 정적 콘텐츠로 구성돼 있다. 정적 콘텐츠로 구성된 사이 트는 손으로 코딩하기보다는 콘텐츠 작성에 필요한 기술적 지식이 거의 또는 전혀 필요 하지 않은 제작 도구를 제공하는 콘텐츠 관리 시스템CMS, Content Management System을 사용해 일반적으로 구축된다. CMS는 일반적으로 페이지에 통일된 스타일을 부여하고 관리자가 브라우저에서 직접 콘텐츠를 업데이트할 수 있도록 한다.

또한 CMS 플러그인은 방문자를 추적하고, 예약 관리 또는 고객 지원 기능을 추가하 며, 심지어 온라인 상점을 만들 수 있는 분석 기능을 제공할 수 있다. CMS 플러그인 접 근법은 맞춤 기능을 구축하려고 서드 파티로부터 전문화된 서비스를 사용하는 웹사이트의 큰 흐름의 일부다. 예를 들어 사이트는 일반적으로 고객 추적을 위해 구글 애널리틱스^{Google Analytics}를, 인증 확인을 위해 페이스북 로그인^{Facebook Login}을, 고객 지원을 위해 젠데스크^{Zendesk}를 사용한다. 코드 몇 줄과 애플리케이션 프로그래밍 인터페이스^{API, Application Programming Interface} 키로 각각의 기능을 추가할 수 있어 처음부터 기능이 풍부한 사이트를 훨씬 쉽게 구축할 수 있다.

CMS를 통합하거나 플러그인 서비스를 사용해 다른 사람의 코드로 사이트를 구축하면 이론적으로 보안 전문가를 고용하고 서비스를 보호할 동기를 부여받기 때문에 보안이 강화된다. 그러나 이러한 서비스와 플러그인의 보편성은 해커들의 표적이 되기도 한다. 예를 들어 가장 인기 있는 CMS인 워드프레스^{WordPress}의 자체 호스팅된 많은 인스턴스는 자주 패치한다. 그림 4-2와 같이 간단한 구글 검색으로 워드프레스 취약점을 쉽게 발견할 수 있다.

서드 파티 코드를 사용할 때는 보안 권고 사항을 준수하고 보안 패치를 사용할 수 있게 되는 즉시 배포해야 한다. 14장에서 서드 파티 코드 및 서비스의 리스크를 조사한다.

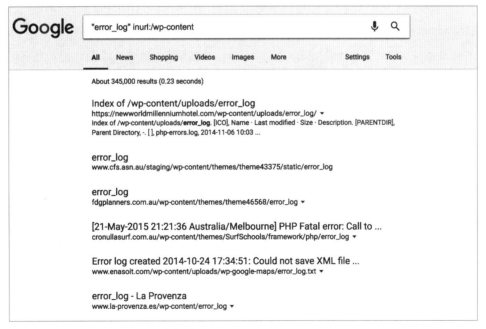

그림 4-2 취약한 워드프레스 인스턴스 가져오기

동적 자원

정적 자원을 사용하는 것이 더 간단하지만, 개별 HTML 파일을 손으로 작성하는 것은 시간이 많이 걸린다. 판매 웹사이트가 인벤토리inventory에 새 항목을 추가할 때마다 새로운 웹 페이지를 코드화해야 한다고 상상해 보자. 웹 개발자들에게 고용 안정성에 대한 보증을 제공하겠지만 모든 사람의 시간을 비효율적으로 낭비한다.

대부분의 현대 웹사이트는 동적 자원을 대신 사용한다. 동적 자원의 코드는 종종 HTTP 응답을 채우려고 데이터베이스에서 데이터를 로드한다. 일반적으로 동적 자원은 HTML을 출력하지만, 브라우저의 기대치에 따라 다른 콘텐츠 유형을 반환할 수 있다.

동적 자원은 판매 웹사이트가 많은 유형의 제품을 표시할 수 있는 단일 제품 웹 페이지를 구현할 수 있도록 한다. 사용자가 사이트에서 특정 제품을 볼 때마다 웹 페이지는 URL에서 제품 코드를 추출하고, 데이터베이스에서 제품 가격, 이미지, 설명을 로드하며, 데이터를 HTML에 채운다. 판매점의 인벤토리에 새로운 제품을 추가하는 것은 데이터베이스에 단순히 새로운 행을 입력하는 문제가 된다.

동적 자원에 대한 다른 많은 용도가 있다. 은행 웹사이트에 접속하면 계좌 내역을 조회해 HTML에 통합한다. 구글과 같은 검색엔진은 구글의 방대한 검색 색인에서 뽑은 일치한 항목을 반납하고 동적인 페이지로 돌려준다. 사용자가 로그인한 후 HTML을 동적으로 구성하기 때문에 소셜 미디어와 웹 메일 사이트를 포함한 많은 사이트는 사용자마다 다르게 보인다.

동적 자원은 유용하지만 새로운 보안 취약점을 만들어 낸다. HTML로 콘텐츠를 동적으로 채우는 것은 공격에 취약할 수 있다. 7장에서 악의적으로 주입된 자바스크립트로부터 보호하는 방법을 살펴보고, 8장에서 다른 웹사이트에서 생성된 HTTP 요청이 어떻게 악영향을 끼칠 수 있는지 살펴보기로 한다.

템플릿

첫 번째 동적 자원은 사용자가 특정 URL을 방문했을 때 웹 서버가 실행한 간단한 스크립트 파일이며, 펄Perl 언어로 작성되는 경우가 많았다. 스크립트 파일들은 특정 웹 페이지를 구성하는 HTML을 작성한다.

동적인 자원을 구성하는 코드는 읽기에는 직관적이지 않았다. 웹 페이지가 정적 자원으로 구성돼 있다면 정적 HTML 파일을 봤을 때 어떻게 구성돼 있는지 알 수 있지만, 펄 언어의 코드가 수천 줄인 동적 자원으로 동일한 작업을 하기는 더 어렵다. 기본적으로 다운스트림downstream에서 브라우저가 화면에 렌더링할 수 있는 다른 언어(펄 언어)로 콘텐츠를 작성한다. 궁극적으로 렌더링된 출력이 어떻게 보일지 염두에 두고 펄 코드를 변경하는 것은 어려운 작업이다.

이를 해결하려고 웹 개발자들은 종종 템플릿 파일을 사용해 동적 웹 페이지를 작성한다. 템플릿은 대부분 HTML이지만, 그 안에 웹 서버에 대한 지시 사항을 포함하는 프로그램적 로직을 갖고 있다. 로직은 일반적으로 간단하며 보통 세 가지 중 하나를 수행한다. 데이터베이스나 HTTP 요청에서 데이터를 끌어와 HTML에 보간하거나 HTML 템플릿의 섹션을 조건부로 렌더링하거나 데이터 구조(예: 항목 목록)를 루프해 HTML 블록을 반복적으로 렌더링한다. HTML에 코드 조각을 삽입하면 일반적으로 코드가 깨끗하고 읽기 쉽기 때문에 모든 최신 웹 프레임워크는 템플릿 파일(구문 변화 포함)을 사용한다.

데이터베이스

웹 서버는 동적 자원에서 코드를 실행할 때 종종 데이터베이스에서 데이터를 로드한다. 판매 웹사이트를 방문하면 웹 서버는 데이터베이스에서 제품 ID를 조회하고, 데이터베이스에 저장된 제품 정보를 사용해 페이지를 구성한다. 소셜 미디어 사이트에 로그인하면 웹 서버는 HTML을 쓰려고 기본 데이터베이스로부터 타임라인timeline과 알림을 로드한다. 대부분의 현대적인 웹사이트들은 사용자 정보를 저장하려고 데이터베이스를 사용하며, 웹 서버와 데이터베이스 사이의 인터페이스는 해커들의 목표 대상이 된다.

데이터베이스 기술은 웹의 발명보다 앞서 있다. 1960년대에 컴퓨터가 더 널리 보급되면서 회사들은 검색과 유지 보수를 더 쉽게 하려고 기록 보존을 디지털화하고 중앙 집중화하기 시작했다. 웹의 탄생과 함께, 제품 재고 데이터베이스 위에 웹 프론트엔드를 붙이는 것은 온라인 판매업에 진출하려는 기업들에게는 자연스러운 진전이었다.

데이터베이스도 인증의 핵심이다. 웹사이트가 복귀하는 사용자를 식별할 때 누가 사이트에 가입했는지 기록을 유지하고, 사용자들이 복귀할 때 저장된 자격 증명을 기준으로 로그인 정보를 확인하거나 인증해야 한다.

가장 일반적으로 사용되는 두 가지 유형의 데이터베이스는 SQL과 NoSQL이다. 두 가지를 살펴보도록 한다.

SQL 데이터베이스

오늘날 사용되는 가장 일반적인 데이터베이스는 데이터를 유지하고 가져오는 선언적 프로그래밍 언어인 구조화된 질의 언어^{SQL, Structured Query Language}를 구현하는 관계형 데이터베이스다.

노트 | SQL은 '에스큐엘' 또는 '세큐엘'로 발음할 수 있지만 데이터베이스 관리자가 불편하게 고민하는 것을 보려면 '스큐엘'로 발음한다.

SQL 데이터베이스는 관계형^{relational}이며, 공식적으로 규정된 방식이고, 서로 관련된 하나 이상의 테이블^{table}에 데이터를 저장한다는 것을 의미한다. 테이블은 행과 열이 있는 마이크로소프트 엑셀 스프레드시트와 유사하며, 각 행은 데이터 항목을 나타내고 각 열은 각 항목의 데이터 지점을 나타낸다. SQL 데이터베이스의 열에는 미리 정의된 데이터 유형, 일반적으로 텍스트 문자열(종종 고정 길이), 숫자 또는 날짜 등이 있다.

관계형 데이터베이스의 데이터베이스 테이블은 키를 통해 서로 관련돼 있다. 보통 테이블의 각 행에는 고유한 숫자 기본 키^{primary key}가 있으며, 테이블은 외래 키^{foreign key}로 서로의 행을 나타낼 수 있다. 예를 들어 데이터베이스 레코드로 사용자 순서를 저장하면 orders 테이블에는 사용자의 순서를 나타내는 user_id라는 외래 키 열이 있다. user_id 열은 orders 테이블에 사용자 정보를 직접 저장하는 대신 users 테이블에서 특정 행의 기본 키(id 열)를 참조하는 외래 키 값을 포함한다. 사용자를 저장하지 않고 데이터베이스에 순서를 저장할 수 없도록 하며, 각 사용자를 하나의 근원만 존재하도록 보장한다.

관계형 데이터베이스는 또한 데이터 손상을 방지하고 데이터베이스에 대한 통일된 쿼리^{query}를 가능하게 하는 데이터 무결성 제약 조건^{data integrity constraint}을 특징으로 한다. 외래 키와 마찬가지로 다른 유형의 데이터 무결성 제약 조건도 SQL에서 정의할 수 있다. 예를 들어 users 테이블의 email_address 열에 고유한 값만 포함하도록 요구해 데이터베이스의 각 사용자에게 다른 이메일 주소를 강제로 지정할 수 있다. 데이터베이스가 각 사용자에 대한 이메일 주소를 지정하도록 테이블에 널^{null}이 아닌 값을 요구할 수도 있다. SQL 데이터베이스는 트랜잭션^{transaction} 및 일관된 동작을 나타내기도 한다. 데이터베이스 트랜잭션은 일괄적으로 실행되는 SQL 문의 그룹이다. 데이터베이스는 각 트랜잭션이 '모 아니면 도'인 경우 트랜잭션이라고 한다. 즉 SQL 문이 일괄 처리 내에서 실행되지 않으면 전체 트랜잭션이 실패하고 데이터베이스 상태가 변경되지 않는다. 성공적인 트랜잭션은 데이터베이스를 하나의 유효한 상태에서 다른 상태로 가져오기 때문에 SQL 데이터베이스는 일관성이 있다. SQL 데이터베이스에 잘못된 데이터를 삽입하려고 하면 전체 트랜잭션이 실패하고 데이터베이스가 변경되지 않은 상태로 유지된다.

SQL 데이터베이스에 저장된 데이터는 종종 매우 민감하기 때문에 해커는 블랙마켓에서 콘텐츠를 판매하려고 데이터베이스를 타깃으로 삼는다. 또한 해커는 종종 안전하지 않게 구성된 SQL 문을 이용해 공격한다. 6장에서 방법을 살펴보겠다.

NoSQL 데이터베이스

SQL 데이터베이스는 종종 웹 애플리케이션 성능의 병목 현상이 발생한다. 만약 웹사이트에 접속하는 대부분의 HTTP 요청이 데이터베이스 호출을 발생시킨다면 데이터베이스 서버는 엄청난 부하를 경험할 것이고 모든 사용자에 대한 웹사이트의 성능을 저하시킨다.

성능 문제로 기존 SQL 데이터베이스의 데이터 무결성 요구 사항을 희생해 확장성을 높이는 데이터베이스인 NoSQL 데이터베이스의 인기가 높아지고 있다. NoSQL은 데이터 저장 및 액세스에 대한 다양한 접근 방식을 포괄하고 있지만, 그중에서도 몇 가지 트렌드가 나타났다.

NoSQL 데이터베이스는 종종 스키마^{schema}가 없으므로 데이터 구조를 업그레이드하지 않고도 새 레코드에 필드를 추가할 수 있다. 유연성을 얻기 위해 데이터는 키 값$^{key-value}$ 형식이나 자바스크립트 객체 표기법$^{JSON, JavaScript Object Notation}$에 저장되는 게 많다.

또한 NoSQL 데이터베이스 기술은 데이터의 대규모 복제를 절대적인 일관성보다 우선시하는 경향이 있다. SQL 데이터베이스는 서로 다른 클라이언트 프로그램에 의한 동시 쿼리가 동일한 결과를 볼 수 있도록 보장한다. NoSQL 데이터베이스는 종종 이러한 제약 조건을 완화시키고 궁극적인 일관성$^{eventual consistency}$만 보장한다.

NoSQL 데이터베이스도 비정형 또는 반정형 데이터 저장을 매우 쉽게 만든다. 데이터를 추출하고 질의하는 것은 조금 복잡한 경향이 있다. 일부 데이터베이스는 프로그래밍 방식의 인터페이스를 제공하는 반면, 다른 데이터베이스는 SQL과 같은 구문을 데이터 구조에 적응시키는 쿼리 언어를 구현한다. NoSQL 데이터베이스는 SQL 데이터베이스와 거의 동일한 방식으로 인젝션 공격에 취약하지만 공격을 성공적으로 시작하려면 데이터베이스 유형을 정확하게 추측해야 한다.

분산 캐시

동적 자원은 또한 메모리 내 분산 캐시^{distributed cache}에서 데이터를 로드할 수 있는데, 이는 대규모 웹사이트에서 요구하는 대규모 확장성을 달성하기 위한 또 다른 일반적인 접근 방식이다. 캐싱^{caching}이란 쉽게 검색할 수 있는 형태로 다른 곳에 보관된 데이터의 복사본을 저장해 데이터의 검색 속도를 높이는 과정을 말한다. 레디스^{Redis} 또는 멤캐시드 ^{Memcached}와 같은 분산 캐시로 데이터를 간편하게 캐싱할 수 있으며, 소프트웨어가 언어에 구애받지 않는 방식으로 서로 다른 서버와 프로세스에 걸쳐 데이터 구조를 공유할 수 있다. 분산 캐시는 웹 서버 간에 공유될 수 있으므로 데이터베이스로부터 검색해야 하는 자주 액세스하는 데이터를 저장하는 데 이상적이다.

대형 웹 회사는 일반적으로 하나의 동작을 온 디맨드^{on demand}로 수행하는 다양한 마이크로서비스^{microservice} 단순 모듈러 서비스로 기술 스택^{stack}을 구현하고 분산 캐시를 사용해 서로 통신한다. 서비스는 종종 분산 캐시에 저장된 대기열^{queue}로 통신한다. 수많은 작업자 프로세스로 한 번에 하나씩 완료될 수 있도록 대기 상태에 태스크를 넣을 수 있는 데이터 구조다. 서비스는 또한 많은 프로세스가 이벤트 유형에 대한 관심을 등록할 수 있는 게시 구독^{publish-subscribe} 채널을 사용할 수 있으며 이벤트가 발생할 때 이를 대량으로 통보할 수 있다.

분산 캐시는 데이터베이스와 같은 방식으로 해킹에 취약하다. 다행히도 레디스와 멤캐시드는 이러한 종류의 위협이 잘 알려진 시대에 개발됐으므로 캐시와 연결하려고 사용하는 코드 라이브러리인 소프트웨어 개발 키트^{SDK, Software Development Kit}의 모범 사례다.

웹 프로그래밍 언어

웹 서버는 동적 자원을 평가하는 과정에서 코드를 실행한다. 웹 서버 코드를 작성하는 데 엄청난 수의 프로그래밍 언어를 사용할 수 있으며 각각 다른 보안 고려 사항을 갖고 있다.

흔히 사용되는 언어들을 살펴본다. 아래 소개된 언어들은 다른 장에서 코드 샘플로 사용한다.

루비 온 레일즈

〈드래곤 볼 Z Dragon Ball Z〉나 톰 셀렉 Tom Selleck 영화 〈미스터 베이스볼 Mr.Baseball〉과 같이 루비 Ruby 프로그래밍 언어는 1990년대 중반 일본에서 발명됐다. 〈드래곤 볼 Z〉나 톰 셀렉과 달리 루비 온 레일즈 Ruby on Rails 플랫폼이 릴리스되기 전까지 10년 동안 인기를 끌지 못했다.

루비 온 레일즈는 대규모 웹 애플리케이션 구축을 위한 많은 모범 사례를 통합하고 최소한의 구성으로 구현이 용이하다. 레일즈 커뮤니티도 보안을 심각하게 받아들이고 있다. 레일즈는 크로스 사이트 스크립팅 공격을 보호로 통합한 최초의 웹 서버 스택 중 하나다. 그럼에도 레일즈의 편재성은 해커들의 공통적인 표적이 되고 있다. 최근 몇 년 동안 몇 가지 주요 보안 취약점이 발견됐다(그리고 서둘러 패치했다).

종종 마이크로프레임워크 microframeworks (예: Sinatra)로 묘사되는 단순한 루비 웹 서버는 최근 몇 년간 레일즈의 인기 있는 대안이 됐다. 마이크로프레임워크는 하나의 특정한 기능을 수행하는 개별 코드 라이브러리를 결합할 수 있도록 해주기 때문에 웹 서버는 의도적으로 크기가 최소화된다. 이는 레일즈의 '주방 싱크대를 포함한 모든 것' 배치 모델과 대비된다. 마이크로프레임워크를 사용하는 개발자들은 일반적으로 RubyGems 패키지 매니저를 사용해 필요한 추가 기능을 찾는다.

파이썬

파이썬 Python 언어는 1980년대 후반에 발명됐다. 깨끗한 구문, 유연한 프로그래밍 패러다임, 다양한 모듈들이 파이썬을 인기 있게 만들었다. 파이썬의 입문자는 공백과 들여쓰기가 의미를 갖는다는 것에 종종 놀라곤 하는데, 프로그래밍 언어 사이에서 흔치 않은 일이기 때문이다. 공백은 파이썬 커뮤니티에서 매우 중요해서 들여쓰기가 탭으로 이뤄져야 하는지 아니면 공간으로 이뤄져야 하는지를 놓고 성전 holy wars을 벌인다.

파이썬은 다양한 애플리케이션에 사용되며, 데이터 과학과 체계적인 컴퓨팅 프로젝트에 사용되는 언어다. 웹 개발자들은 적극적으로 유지되는 장고^{Django}나 플라스크^{Flask}와 같은 대중적인 웹 서버 중에서 선택할 수 있다. 해커들이 특정 플랫폼을 타깃으로 삼을 가능성이 적기 때문에 웹 서버의 다양성도 보안 기능으로 작용한다.

자바스크립트와 Node.js

자바스크립트는 브라우저 내에서 작은 스크립트를 실행하는 단순한 언어로 시작됐으나 웹 서버 코드 작성으로 인기를 끌었고 Node.js 런타임으로 빠르게 진화했다. Node.js는 V8 자바스크립트 엔진 위에서 실행되는데, 구글 크롬이 브라우저 내에서 자바스크립트를 해석하는 데 사용하는 소프트웨어 구성 요소와 동일하다. 자바스크립트는 여전히 많은 기발한 내용을 담고 있지만 클라이언트 측과 서버 측에서 동일한 언어를 사용할 수 있다는 전망으로 노드가 가장 빠르게 성장하는 웹 개발 플랫폼으로 자리 잡았다.

노드의 가장 큰 보안 위험은 노드의 급속한 성장에 기인한다. 즉 매일 수백 개의 모듈이 추가된다. 노드 애플리케이션에서 서드 파티 코드를 사용할 때는 각별히 주의해야 한다.

PHP

PHP 언어는 리눅스에서 동적 사이트를 구축하려고 사용되는 C 바이너리 집합에서 개발됐다. PHP는 계획되지 않은 언어의 진화가 체계적이지 않은 성격에서 명백하지만, 나중에 완전히 새로운 프로그래밍 언어로 발전했다. PHP는 많은 내장 기능을 일관성 없이 구현한다. 예를 들어 변수 이름은 대소문자를 구분하지만 함수 이름은 구분하지 않는다. 이러한 기발함에도 PHP는 여전히 인기 있으며 한때는 웹사이트의 10%를 차지했다.

PHP를 쓰고 있다면 레거시^{legacy} 시스템을 유지하는 경우가 많다. 오래된 PHP 프레임워크는 상상할 수 있는 가장 끔찍한 보안 취약점을 나타내기 때문에 기존의 PHP 시스템을 최신 라이브러리를 사용하도록 업데이트해야 한다. 명령 실행, 디렉터리 접근 공격, 버퍼 오버플로^{buffer overflow} 등 모든 유형의 취약점으로 PHP 프로그래머들은 밤잠을 이루지 못했다.

자바

자바와 JVM$^{Java\ Virtual\ Machine}$은 엔터프라이즈 공간에서 널리 사용되고 구현돼 여러 운영체제에서 자바의 컴파일된 바이트 코드를 실행할 수 있게 됐다. 일반적으로 성과가 걱정거리일 때는 좋은 일꾼 언어다.

개발자들은 로봇공학, 모바일 애플리케이션 개발, 빅데이터 애플리케이션, 임베디드기기 등 모든 것에 자바를 사용해 왔다. 웹 개발 언어로서 인기는 약해졌지만 수백만 줄의 자바 코드는 여전히 인터넷에 전원을 공급한다. 보안 관점에서 자바에는 과거의 인기에 시달린다. 레거시 애플리케이션에는 이전 버전의 언어와 프레임워크를 실행하는 많은 자바 코드가 포함돼 있다. 자바 개발자들은 해커들이 쉽게 잡을 수 있도록 시기 적절하게 버전을 업데이트해야 한다.

좀 더 모험적인 개발자라면 JVM에서 실행되는 다른 인기 언어들을 찾을 수 있을 것이고 자바의 거대한 서드 파티 라이브러리 생태계와의 호환성을 제공한다. 클로저^{Clojure}는 인기 있는 리스프^{Lisp} 언어이고, 스칼라^{Scala}는 정적 타이핑이 가능한 기능 언어이며, 코틀린^{Kotlin}은 스크립트를 더 쉽게 만들면서 자바와 역호환되도록 고안된 새로운 객체 지향 언어다.

C#

C#은 마이크로소프트가 .NET 이니셔티브의 일환으로 설계했다. C#(VB.NET과 같은 다른 .NET 언어)은 CLR$^{Common\ Language\ Runtime}$이라는 가상머신$^{virtual\ machine}$을 사용한다. C#은 자바보다 운영체제에서 덜 추상화돼 있으며 C#와 C++ 코드를 섞을 수 있다.

마이크로소프트는 말년에 오픈 소스$^{open\ source}$로 전환했고 C#의 참조 구현은 아직까지도 오픈 소스다. 모노 프로젝트$^{Mono\ project}$는 .NET 애플리케이션이 리눅스와 다른 운영체제에서 실행될 수 있도록 한다. 그럼에도 C#을 사용하는 대부분의 회사는 윈도우 서버와 일반적인 마이크로소프트 스택에 배포한다. 윈도우는 보안상 문제가 있는 역사를 갖고 있다. 예를 들어 바이러스에 대한 가장 일반적인 목표 플랫폼이 되기 때문에 플랫폼으로 .NET을 채택하려는 사람은 누구나 위험을 인식해야 한다.

클라이언트 측 자바스크립트

웹 개발자로서 웹 서버 코드 작성을 위한 언어를 선택할 수 있다. 그러나 브라우저에서 코드를 실행해야 할 때는 자바스크립트만 선택이 가능하다. 앞에서 언급했듯이 서버 측 언어로서의 자바스크립트의 인기는 부분적으로 클라이언트 측을 위해 글을 쓰는 것에서 웹 개발자들이 친숙해졌기 때문이기도 하다.

브라우저의 자바스크립트는 웹의 초기 단계에서 사용됐던 단순한 형태 검증 논리와 애니메이션 위젯을 훨씬 뛰어넘었다. 페이스북과 같은 복잡한 사이트는 사용자가 아이콘을 클릭할 때 메뉴를 렌더링하거나 사진을 클릭할 때 대화 상자를 여는 등 사용자가 상호작용할 때 자바스크립트를 사용해 페이지의 영역을 다시 그린다. 사이트는 백그라운드 이벤트가 발생할 때도 다른 사용자가 댓글을 남기거나 새로운 게시물을 작성할 때 알림 마커를 추가해 사용자 인터페이스를 업데이트하는 경우가 많다.

페이지 전체를 새로 고치고 사용자 경험을 방해하지 않고 동적 사용자 인터페이스를 달성하려면 클라이언트 쪽 자바스크립트가 있어야 메모리의 많은 상태를 관리할 수 있다. 메모리 상태를 구성하고 페이지를 효율적으로 렌더링하려고 여러 프레임워크가 개발됐다. 또한 사이트의 다양한 페이지에 걸쳐 자바스크립트 코드를 모듈식으로 재사용할 수 있으며, 관리할 수 있는 자바스크립트 라인이 수백만 개일 때 중요한 설계 고려 사항이다.

그러한 자바스크립트 프레임워크 중 하나는 구글이 오픈 소스 라이선스로 릴리스한 앵귤러^{Angular}다. 앵귤러는 서버 측 패러다임에서 빌리고 클라이언트 측 템플릿을 사용해 웹 페이지를 렌더링한다. 페이지가 로드될 때 브라우저에서 실행되는 앵귤러 템플릿 엔진은 서버가 제공하는 템플릿 HTML을 파싱^{parsing}하고 표시되는 대로 명령을 처리한다. 템플릿 엔진은 단순히 브라우저에서 실행되는 자바스크립트이기 때문에 DOM에 직접 쓰기도 하고 브라우저 렌더링 파이프라인 일부를 단락시킬 수도 있다. 메모리 상태가 변경되면 앵귤러는 자동으로 DOM을 다시 렌더링한다. 이런 분리는 더 깨끗한 코드와 더 유지 가능한 웹 애플리케이션을 만든다.

페이스북 개발팀이 공개한 오픈 소스 리액트^{React} 프레임워크는 앵귤러와는 조금 다른 접근 방식을 취한다. HTML 템플릿에서 코드를 인터스페싱^{interspersing}하는 대신 리액트는 개발자가 HTML과 같은 태그를 자바스크립트에 직접 쓰도록 장려한다. 리액트 개발자는 일반적으로 전처리기 프로그램으로 실행되는 자바스크립트 XML^{JSX, JavaScript XML} 파일을 생성하고 브라우저로 전송하기 전에 자바스크립트로 컴파일한다.

return <h1>Hello, {format(사용자)}</h1>과 같은 자바스크립트 코드를 처음 쓰는 것은 자바스크립트와 HTML 파일을 분리하는 데 익숙한 개발자들에게 낯설게 보일 수 있지만, HTML을 자바스크립트 구문의 일등급 요소로 만들어 리액트는 지원하기 어려운 유용한 기능(예: 구문 강조 및 코드 완성)을 가능하게 한다.

앵귤러 및 리액트와 같은 풍부한 클라이언트 측 자바스크립트 프레임워크는 복잡한 사이트를 구축하고 유지하는 데 매우 좋다. DOM을 직접 조작하는 자바스크립트 코드는 새로운 유형의 보안 취약점의 일부분이지만, DOM 기반 크로스 사이트 스크립팅 공격은 7장에서 자세히 살펴보기로 한다.

자바스크립트가 브라우저가 일반적으로 실행하는 유일한 언어이지만, 그렇다고 해서 모든 클라이언트 쪽 코드를 자바스크립트에 기록해야 하는 것은 아니라는 점에 유의해야 한다. 많은 개발자는 브라우저로 전송되기 전에 빌드 프로세스 중에 자바스크립트로 전송되는 커피스크립트^{CoffeeScript}나 타입스크립트^{TypeScript}와 같은 언어를 사용한다. 커피스크립트, 타입스크립트 언어는 실행 시 자바스크립트와 동일한 보안 취약점을 갖고 있기 때문에 이 책에서는 주로 평이한 자바스크립트로 논의를 제한하겠다.

요약

웹 서버는 HTTP 요청에 따라 두 가지 유형(이미지와 같은 정적 자원과 사용자 정의 코드를 실행하는 동적 자원)의 콘텐츠를 제공한다.

정적 자원은 사이트의 응답성을 높이려고 파일 시스템이나 콘텐츠 전달 네트워크에서 직접 서비스할 수 있는 자원이다. 웹사이트 소유자는 일반적으로 콘텐츠 관리 시스템에서 정적 자원으로 전적으로 구성된 웹사이트를 작성하는데, 웹사이트는 비기술적 관리자가 브라우저에서 직접 편집할 수 있도록 허용한다.

반면에 동적 자원은 종종 템플릿의 형태로 정의하고 있는 자원이며, HTML은 서버로 해석될 프로그램적인 지침과 함께 섞여 있다. 일반적으로 페이지가 렌더링되는 방법을 알려 주는 데이터베이스나 캐시에서 데이터를 읽는다. 데이터베이스의 가장 일반적인 형태는 표 형식으로 데이터를 저장하는 SQL 데이터베이스로서 데이터 구조에 대한 규칙이 엄격하게 정의돼 있다. 대규모 웹사이트에서는 확장성을 높이려고 기존 SQL 데이터베이스의 제약 조건을 일부 완화하는 새로운 종류의 데이터베이스인 NoSQL 데이터베이스를 사용하는 경우가 많다. 많은 웹 프로그래밍 언어로 동적 자원을 쓴다.

5장에서는 코드 작성 과정 자체를 살펴본다. 버그 없는 안전한 코드를 쓰기 위한 방법은 규율된 개발 과정이다. 어떻게 코드를 쓰고, 테스트하고, 만들고, 배치해야 하는지를 보여 준다.

5

프로그래머 작동 방식

웹사이트를 만들고 유지하는 것은 최종 목표가 아닌 반복적인 과정이다. 웹 개발자가 처음으로 사이트를 구축하고 모든 기능을 올바르게 수행하는 것은 드물다. 웹 개발에서 제품은 진화하고 코드베이스codebase는 더욱 복잡해져 개발자가 기능을 추가하고 버그bug를 수정하며 코드를 재구성해야 한다. 재설계는 당연히 일어난다.

웹 개발자로서 질서정연하고 규율 있는 방식으로 코드베이스에 대한 변화를 만들어 내야 한다. 보안 취약점과 버그는 마감 시간에 직면해 있는 지름길 때문에 시간이 흐르면 슬그머니 들어오는 것이 일반적이다. 대부분의 보안 취약점은 개발 지식의 부족이 아니라 세부 사항에 대한 주의 부족 때문에 도입된다.

5장에서는 새로운 웹사이트 기능을 설계, 코드 작성, 테스트, 변경 사항 추진 시 개발 팀이 따르는 프로세스를 소프트웨어 개발 수명 주기SDLC, Software Development Life Cycle에 따라 보안 코드를 작성하는 방법을 중점적으로 다룬다. 혼란스럽고 지저분한 SDLC는 실행 중인 코드와 취약점을 추적할 수 없게 만들며, 불가피하게 버그가 많고 불안정한 웹사이트로 이어진다. 그러나 잘 구성된 SDLC를 사용하면 프로세스 초기에 버그와 취약점을 근절해 최종 제품 사이트를 공격을 보호할 수 있다.

SDLC는 다섯 가지 단계, 즉 설계 및 분석, 코드 작성, 배포 전 테스트, 배포 후 테스트,

관찰을 거친다. 다섯 가지 단계뿐 아니라 웹사이트에서 사용하는 서드 파티 소프트웨어인 종속성^{dependency} 보안도 간략하게 설명한다.

1단계: 설계 및 분석

SDLC는 코드를 쓰는 것이 아니라 어떤 코드를 써야 하는지 생각하는 것으로 시작된다. 이를 1단계 설계 및 분석 단계라고 부르는데 구현을 추가하고 설계하는 데 필요한 특징을 분석한다. 프로젝트를 시작할 때 간단한 설계 목표를 스케치하는 것으로 구성될 수 있다. 그러나 사이트가 가동되고 실행될 때쯤에는 기존 사용자의 기능을 손상시키고 싶지 않기 때문에 변경 사항을 좀 더 숙고해야 한다.

1단계의 가장 중요한 목표는 코드가 다루려고 하는 요건을 식별하는 것이다. 개발팀이 코드를 완성하면 모든 사람이 새로운 코드가 요구 사항을 적절하게 충족시키는지 판단할 수 있어야 한다. 클라이언트를 위한 코드를 작성할 때 이해 당사자를 만나 목표 목록에 동의하도록 하는 것을 의미한다. 회사나 조직의 사내 개발에서 주로 구축하고 있는 것에 공유된 비전을 개발하고 문서화하는 것을 의미한다.

이슈 추적 소프트웨어^{issue-tracking software}는 특히 기존 사이트에서 버그를 진단하고 고칠 때 설계와 분석에 큰 도움이 된다(이러한 이유로 이슈 추적기를 버그 추적기^{bug tracker}라고도 한다). 이슈 추적자는 개별 개발 목표를 '고객 체크아웃 페이지 구축' 또는 '홈페이지의 맞춤법 오류 수정'과 같은 이슈로 설명한다. 그런 다음 개별 개발자에게 문제가 할당되고, 우선순위에 따라 문제를 순위를 매기고 해결하기 위한 코드를 작성할 수 있다. 그리고 이슈 추적자는 완전한 것으로 표시한다. 개발자는 버그를 수정하거나 이슈에 설명된 기능을 추가할 목적으로 특정 코드 변경 세트를 연결할 수 있다. 대형 팀의 관리자는 보고 목적으로 프로젝트 관리 소프트웨어 관련 문제를 스케줄링할 수 있다.

코드를 작성하기 전에 종이 위에서 작업해야 하는 시간은 다양하다. 펌웨어 장치나 원자로와 같은 중요한 시스템을 위한 소프트웨어를 작성하는 팀은 코드를 배치한 후 코드를 수정할 기회가 거의 없기 때문에 설계 단계에서 많은 시간을 보낸다. 웹 개발자들은 더 빨리 움직이는 경향이 있다.

2단계: 코드 작성

설계 및 분석을 완료한 후에는 SDLC의 두 번째 단계인 코드 작성으로 넘어갈 수 있다. 많은 도구로 코드를 작성할 수 있지만, 코드베이스의 백업 사본을 저장하고, 코드베이스의 이전 버전을 탐색하고, 변경 사항을 추적하고, 코드 변경 사항에 주석을 달 수 있는 소스 관리 소프트웨어^{source control software}(버전 관리라고도 함)에 일회성 스크립트가 아닌 코드를 항상 보관해야 한다. 변경 사항을 세상에 배포하기 전에 일반적으로 명령줄 도구 또는 플러그인으로 소스 저장소^{repository}에 코드 변경 사항을 적용해 나머지 팀과 공유할 수 있다. 코드 변경 사항을 중앙 저장소에 적용하면 다른 팀 구성원이 검토할 수 있다. 변경 사항을 배포한다는 것은 실제 사용자가 볼 수 있는 웹사이트인 프로덕션 웹사이트에 변경 사항을 배포하는 것을 의미한다.

소스 관리를 사용하면 현재 운영 사이트에서 실행 중인 코드베이스의 버전을 탐색할 수도 있는데, 취약점을 진단하고 사후 배포에서 발견된 보안 문제를 조사하고 해결하는 데 핵심적이다. 개발팀이 보안 문제를 파악하고 해결할 때 취약점을 도입한 코드 변경 사항을 검토하고 변경 사항이 사이트의 다른 부분에 영향을 미치는지 확인해야 한다.

소스 관리는 모든 개발 팀이 사용해야 하는 제1의 도구다(하나의 개발 팀이라도). 대기업은 보통 자체 소스 관리 서버를 운영하는 반면, 중소기업과 오픈소스 개발자는 일반적으로 서드 파티 호스팅 서비스를 사용한다.

분산 버전 관리 vs. 중앙집중식 버전 관리

각각 다른 구문과 특징을 가진 다양한 소스 관리 소프트웨어가 존재한다. 현재 이용할 수 있는 도구 중 가장 인기 있는 도구는 리눅스 커널^{Linux kernel}의 개발을 조직화하는 데 도움을 주려고 리눅스의 창시자인 리누스 토발즈^{Linus Torvalds}가 만든 도구인 깃^{Git}이다. 깃은 분산형 버전 관리 시스템으로서 깃에 보관된 모든 코드의 사본은 완전 미완성 저장소라는 뜻이다. 새로운 개발자가 팀 저장소에서 처음으로 코드의 로컬 사본을 꺼내면(다운로드), 코드베이스의 최신 버전뿐만 아니라 코드베이스에 대한 완전한 변경 이력을 얻게 된다.

분산된 소스 관리 도구는 개발자가 변경한 내용을 추적하고 개발자가 코드를 푸시^{push}할 때만 변경 사항을 전송한다. 소스 관리 모델은 개발자가 전체 파일을 다운로드하고 업로드하는 중앙집중식 서버를 구현하는 이전 소프트웨어와 다르다.

깃은 온라인 깃 저장소 설치와 팀원 초청을 간편하게 할 수 있는 사이트 깃허브^{GitHub} 덕분에 적지 않은 부분에서 인기를 끌었다. 사용자는 브라우저에서 깃허브에 저장된 코드를 볼 수 있으며 마크다운 언어로 쉽게 문서화할 수 있다. 깃허브는 또한 자체적인 이슈 트래커와 경쟁 코드 변경을 관리하는 도구를 포함하고 있다.

분기 코드 및 병합 코드

소스 관리 소프트웨어를 사용하면 웹사이트를 업데이트할 때마다 어떤 코드 변경 사항이 삭제되는지 정확하게 알 수 있다. 일반적으로 코드 릴리스는 분기^{branch}를 사용해 관리된다. 분기는 소스 관리 서버 또는 개발자의 로컬 저장소에 저장되는 코드베이스의 논리적 복사본이다. 개발자는 마스터 코드베이스에 영향을 주지 않고 자체 지점의 로컬 변경 작업을 수행할 수 있으며, 작업 중이던 기능이나 버그 수정을 완료하면 해당 지점을 마스터 코드베이스에 다시 병합할 수 있다.

노트 | 더 큰 개발팀은 정교한 분기 계획을 갖고 있을 수 있다. 소스 관리 소프트웨어를 사용하면 분기가 저렴한 작업이므로 분기의 분기를 무한대로 만들 수 있다. 대형 팀은 여러 개발자가 복잡한 코드 업데이트를 위해 동일한 기능 분기에 기여할 수 있다.

배포가 발생하기 전에 여러 개발자가 서로 다른 분기를 마스터 코드베이스에 병합할 수 있다. 만약 개발자들이 동일한 파일로 다른 편집을 했다면 소스 관리 소프트웨어는 자동으로 변경 사항들을 병합하려고 시도한다. 서로 다른 변경 사항을 자동으로 병합할 수 없을 때 병합 충돌^{merge conflict}이 일어나 개발팀이 수동으로 병합 프로세스를 완료해야 하며, 경쟁 코드 변경의 적용 방법을 라인별로 선택한다. 합병 분쟁을 해결하는 것은 개발자 삶의 골칫거리인데 이미 문제를 끝냈다고 생각한 후에 해야 할 추가 작업이다. 그리고 보통은 데이브^{Dave}가 수천 개의 파이썬 파일의 포맷을 바꾸기로 결정했기 때문이다(고마워, 데이브).

병합 시간은 한 명 이상의 팀원이 코드 변경을 검토하고 피드백을 제공하는 코드 검토를 할 수 있는 절호의 기회다. 잠재적인 보안 취약점을 포착하는 좋은 방법은 릴리스 전에 두 사람이 모든 코드 변경을 볼 수 있도록 하는 네 가지 보안 원칙을 따른다. 종종 코드를 훑어보는 새로운 시선들은 코드 개발자가 예상하지 못한 문제들을 볼 수 있다(사이클롭스cyclops는 지독한 코딩이므로 리뷰를 두 배로 하는 것이 좋다).

깃 기반 도구는 풀 리퀘스트pull request를 사용해 코드 검토를 공식화할 수 있다. 풀 리퀘스트는 마스터 코드베이스에 코드를 병합해 달라는 개발자의 요청으로서 깃허브와 같은 도구가 합병이 발생하기 전에 다른 개발자가 변경 사항을 승인할 수 있도록 한다(소스 관리 소프트웨어는 연속적인 통합 시스템에서 통과되는 모든 테스트에 따라 풀 리퀘스트 요청을 승인하는 경우가 많으며 다음 문단에서 논의한다).

3단계: 배포 전 테스트

SDLC의 세 번째 단계는 시험이다. 코드를 철저히 테스트한 후에만 코드를 배포해 잠재적인 버그를 포착하고 올바르게 작동하는지 확인해야 한다. 사용자가 경험하거나 해커가 소프트웨어 결함을 이용하기 전에 소프트웨어 결함, 특히 보안 취약점을 파악하는 것이 좋은 테스트 전략 핵심이다. 코드를 변경하는 사람은 코드를 병합하거나 배포하기 전에 사이트의 기능을 수동으로 테스트해야 한다. 이는 팀의 모든 구성원에게 기대해야 하는 기본적인 수준의 근면성이다.

개발 수명 주기 초기에 소프트웨어 결함을 발견하면 많은 시간과 노력을 절약할 수 있으므로 유닛 테스트unit test로 수동 테스트를 보완해야 한다. 유닛 테스트는 코드베이스의 여러 부분을 실행하고 출력을 테스트해 코드의 작동 방식으로 기본적인 주장을 하는 코드베이스 내의 작은 스크립트다. 빌드 프로세스의 일부로 유닛 테스트를 실행하고 코드에서 특히 민감하거나 자주 변경되는 영역에 대한 유닛 테스트를 작성한다.

유닛 테스트를 간단하게 유지해 코드의 분리된 기능을 테스트한다. 여러 기능을 한 번에 테스트하는 지나치게 복잡한 유닛 테스트는 파괴되기 쉬우며 코드 변경에 따라 파손되기 쉽다. 예를 들어 좋은 유닛 테스트는 인증된 사용자만 웹사이트의 특정 영역을 볼 수 있거나 비밀번호가 최소 복잡성 요건을 충족해야 한다고 주장할 수 있다. 좋은 유닛 테스트는 문서의 한 형태로 추가적으로 작용하며, 올바르게 구현된다면 코드가 어떻게 작동해야 하는지를 보여 준다.

커버리지 및 지속적인 통합

유닛 테스트를 실행하면 주 코드베이스의 함수를 호출한다. 모든 유닛 테스트를 실행할 때 코드베이스에서 실행되는 비율을 적용 범위라고 한다. 100% 시험 적용 범위를 목표로 하는 것은 칭찬할 만하지만, 비실용적인 경우가 많으므로 유닛 테스트의 어느 부분을 작성하는지 선택하는 데 주의해야 한다(게다가 완전한 시험 적용 범위는 정확한 코드를 보장하지는 않는다. 단지 모든 코드 경로가 실행된다고 해서 모든 시나리오가 적용되는 것은 아니다). 좋은 유닛 테스트를 작성하는 것은 판단의 문제로서 더 큰 위험 평가 전략의 일부가 돼야 한다. 여기 좋은 경험 규칙이 있다. 버그를 발견했을 때 올바른 행동을 주장하는 유닛 테스트를 작성한 다음 버그를 수정한다. 이는 같은 문제가 재발하는 것을 막는다.

　테스트 범위가 충분하면 연속 통합 서버continuous integration server를 설정해야 한다. 연속 통합 서버는 소스 관리 저장소에 연결하고 코드 변경이 있을 때마다 새 버전의 코드를 확인하고 유닛 테스트를 실행하는 동안 빌드 프로세스build process를 실행한다. 빌드 프로세스가 실패한 경우 유닛 테스트가 실패하기 시작했기 때문에 개발 팀에게 경고 메시지가 표시된다. 지속적인 통합으로 소프트웨어 결함을 조기에 발견하고 신속하게 해결할 수 있다.

테스트 환경

배포에 대한 모든 코드 변경을 완료했으면 최종 테스트를 위해 테스트 환경test environment에 배포해야 한다. 테스트 환경(스테이징, 사전 프로덕션 또는 품질 보증 환경이라고도 함)은 전용 서버에서 실행되는 웹사이트의 완전한 운영 복사본이어야 한다. 배포가 발생하기 전에 보안 취약점 등의 소프트웨어 결함을 탐지하려면 테스트 환경이 필수적이다. 대규모 개발 팀은 그러한 환경에서 테스트 소프트웨어 전담 품질 보증QA, Quality Assurance 직원을 고용하는 경우가 많다. 서로 다른 코드 변경 집합을 통합할 때 이를 통합 테스트integration test라고도 한다.

　좋은 테스트 환경은 테스트의 의미가 있는지 확인하려면 가능한 한 생산 환경과 유사해야 한다. 테스트 환경을 동일한 서버와 데이터베이스 기술에서 실행 중인 코드의 구성과 버전에서만 다르게 실행해야 한다(상식을 적용해야 한다. 예를 들어 테스트 환경은 실제 사용자에게 이메일을 보낼 수 없으므로 필요에 따라 테스트 환경에 의도적인 제한을 가해야 한다).

테스트 환경의 과정은 연극의 출연진과 제작진이 처음으로 실제 관객들 앞에서 공연하기 전에 드레스 리허설을 하는 것과 비슷하다. 소규모 테스트 관객들 앞에서 완전한 의상을 입고 연극을 상연한다. 이를 통해 모든 세부 사항이 실제 오프닝 나이트 공연과 최대한 유사한 낮은 위험 부담의 환경에서 성능의 최종적인 변화를 해결할 수 있다.

테스트 환경은 보안 릴리스의 핵심 부분이지만 제대로 관리되지 않는다면 자체 보안 위험도 지닌다. 테스트 및 프로덕션 환경은 네트워크 계층에서 적절히 분리돼야 하며 이는 두 환경 간의 통신이 불가능함을 의미한다. 공격자는 안전하지 않은 테스트 환경에서 운영 환경으로 네트워크를 이동할 수 있으므로 웹사이트를 손상시킬 수 없다.

테스트 환경에는 대개 자체 데이터베이스가 있기 때문에 사이트의 기능을 철저히 테스트하려면 실제와 같은 테스트 데이터가 필요하다. 우수한 테스트 데이터를 생성하기 위한 일반적인 접근 방식은 프로덕션 시스템에서 데이터를 복사하는 것이다. 이렇게 할 경우 이름, 결제 세부 정보, 암호를 포함해 중요한 정보의 데이터 복사본을 지우는 데 각별히 주의해야 한다. 최근 몇 년간 수많은 데이터 유출은 공격자가 테스트 환경에서 부적절하게 스크럽scrub된 데이터를 우연히 발견함으로써 발생했다.

4단계: 릴리스 프로세스

웹사이트에 코드를 쓰는 것은 많이 사용되지 않으므로 SDLC의 네 번째 단계를 설명한다. 웹사이트 릴리스 프로세스에는 소스 관리에서 코드를 가져와 웹 서버에 복사하고 웹 서버 프로세스를 재시작하는 작업이 포함된다. 이를 달성하는 방법은 사이트를 호스트하는 위치와 사용하는 기술에 따라 달라진다. 어떤 접근 방식을 사용하든 릴리스 프로세스는 신뢰할 수 있고 재현 가능하며 되돌릴 수 있어야 한다.

신뢰할 수 있는 릴리스 프로세스는 릴리스 중에 배포되는 코드, 종속성, 리소스, 구성 파일을 보장할 수 있음을 의미한다. 릴리스 프로세스가 신뢰할 수 없을 경우 실행 중으로 여겨지는 코드 버전이 실행되고 있지 않을 수 있으므로 이는 심각한 보안 위험이 있다. 웹사이트에서 파일을 안정적으로 배포하려면 릴리스 스크립트에서는 일반적으로 서버에 복사된 파일이 소스 관리에 있는 것과 동일한지 확인하는 디지털 '지문'이라는 체크섬을 사용한다.

재현할 수 있는 릴리스 프로세스는 동일한 결과, 다른 환경 또는 다른 버전의 코드로 재실행할 수 있는 프로세스다. 재현성은 릴리스 중 수동 오류를 발생시키는 공간이 적다는 것을 의미한다. 릴리스 프로세스에서 관리자가 24단계를 올바른 순서로 완벽하게 수행해야 하면 오류가 발생할 수 있다. 스크립트를 작성하고 릴리스 프로세스를 최대한 자동화해야 한다. 또한 재현할 수 있는 프로세스는 양호한 테스트 환경을 설정하는 데 필수적이다.

복구할 수 있는 릴리스 프로세스로 릴리스를 롤백roll back할 수 있다. 경우에 따라 예기치 않은 상황이 발생하면 최신 릴리스를 '실행 취소undo'하고 이전 버전의 코드로 되돌리려고 할 수 있다. 해당 프로세스는 최대한 원활해야 한다. 안전하지 않은 구성을 그대로 두거나 알려진 취약점이 있는 소프트웨어 종속성이 있기 때문에 부분적으로 롤백된 코드가 발생할 수 있다. 어떤 릴리스 프로세스를 선택하든 문제없이 이전 버전의 코드베이스로 안정적으로 되돌릴 수 있어야 한다.

릴리스 중 표준화된 배포 옵션

호스팅 회사들은 코드를 쉽고 안정적으로 릴리스할 수 있는 PaaSPlatform as a Service 솔루션을 개발한다. '클라우드에서'가 다른 사용자의 서버에서 코드를 실행한다면 '서비스화as a Service'라는 오퍼링offering을 사용하는 것은 일부 유용한 자동화 및 관리 웹사이트로 다른 사용자의 서버에서 코드를 실행하는 것을 의미한다(호스팅 회사들은 끔찍한 마케팅 두문자어를 발명한 이력을 갖고 있다).

마이크로소프트 애저Microsoft Azure, 아마존 웹 서비스 일래스틱 빈스토크Amazon Web Services Elastic Beanstalk, 구글 앱 엔진Google App Engine, 헤로쿠Heroku는 모두 개발자가 단일 명령줄 호출로 코드를 릴리스할 수 있도록 하는 PaaS 공급자다. 플랫폼은 릴리스 프로세스 중에 가상 서버 설정, 운영체제 및 가상 시스템 설치, 빌드 프로세스 실행(나중에 자세히 설명한다), 종속성 로드, 디스크에 코드 배포, 웹 서버 프로세스 재시작 등 거의 모든 작업을 처리한다. 웹 콘솔 또는 명령줄에서 릴리스를 모니터링하고 롤백할 수 있으며 플랫폼은 다양한 안전 검사를 수행해 코드가 제대로 배포되는지 확인한다. PaaS 기반 릴리스 프로세스를 사용하면 사이트의 다운타임downtime을 최소화하고 코드를 새로 배포하며 전체 감사 내역을 생성할 수 있다.

PaaS 솔루션은 한계를 부여한다. 편의성과 신뢰성을 대가로 특정 프로그래밍 언어와 운영체제만 지원한다. 제한된 양의 서버 구성을 허용하며 복잡한 네트워크 레이아웃을 지원하지 않는다. 따라서 해당 종류의 플랫폼에 배포하려면 레거시 애플리케이션을 보강하는 것이 어려울 수 있다.

서비스형 인프라 및 데브옵스

애플리케이션이 너무 복잡하거나 너무 오래됐거나 비용이 너무 비싸서 PaaS를 사용하지 않으면 일반적으로 코드를 개별 서버에 배포하게 된다. 해당 솔루션은 자체 호스팅되거나 데이터 센터에서 호스팅되거나 EC2 Amazon Elastic Compute Cloud와 같은 IaaS Infrastructure as a Service 솔루션의 가상화된 서버에서 호스팅될 수 있다. 이러한 시나리오에서 사용자는 자신의 릴리스 프로세스를 작성할 책임이 있다.

과거에는 기업이 릴리스 프로세스를 설계하고 실행하려 시스템 관리자 전담 직원을 고용했다. 그러나 데브옵스 DevOps(개발자 운영 developer operations의 줄임말) 도구의 증가는 책임을 흐리게 하고 개발자가 코드를 배치하는 방식에 대한 통제력을 높일 수 있게 했다.

데브옵스 도구(퍼펫 Puppet, 셰프 Chef, 앤시블 Ansible과 같은 다양한 이름을 가진)를 사용하면 표준 배포 시나리오를 쉽게 설명하고 릴리스 스크립트를 모듈화할 수 있으므로 개발 팀은 자체 배포 전략을 설계할 수 있다. 이러한 접근 방식은 파일을 다운로드하고 서버에 복사하려고 사용자 정의 릴리스 스크립트를 작성하는 것보다 훨씬 더 신뢰할 수 있는 경향이 있다. 데브옵스 도구를 사용하면 대부분의 배포 시나리오가 기존 '방법' 또는 스크립트로 처리되기 때문에 모범 사례를 쉽게 따를 수 있다.

컨테이너화

배포를 표준화하는 또 다른 방법에는 컨테이너화 containerization가 있다. 도커 Docker와 같은 컨테이너화 기술을 사용하면 서버에서 사용해야 하는 운영체제, 디스크 레이아웃, 서드파티 소프트웨어를 설명하는 이미지라는 구성 스크립트를 생성하고 소프트웨어 스택 위에 배포해야 하는 웹 애플리케이션을 생성할 수 있다. 일관된 배포를 위해 기본 운영체제의 다양한 기능을 추상화하는 컨테이너에 이미지를 배포한다. 릴리스에 특별히 필요한 모든 것이 이미지에 설명되며, 컨테이너는 완전히 일반적인 구성 요소다.

도커 이미지를 재현할 수 있는 방식으로 실제 또는 가상화된 서버에 배포해 안정적인 릴리스 프로세스를 구현할 수 있다. 코드를 로컬에서 테스트하는 개발자는 프로덕션 사이트와 동일한 도커 이미지를 사용할 수 있으므로 코드를 실제로 릴리스할 때 덜 놀라운 결과를 얻을 수 있다.

컨테이너화는 비교적 새로운 기술이지만 복잡한 애플리케이션의 배치를 더욱 안정적이고 표준화한다. 수많은 관련 기술(예: 도커 스웜^{Docker Swarm} 및 쿠버네티스^{Kubernetes})로 복잡한 다중 서버 네트워크 구성을 기계로 읽을 수 있는 구성 파일로 설명할 수 있다. 따라서 전체 환경을 훨씬 더 간단하게 재구성할 수 있다. 예를 들어 한 팀이 여러 웹 서버와 데이터베이스를 사용해 완전히 새로운 테스트 환경을 쉽게 시작할 수 있다. 개별 서비스와 서로 통신하는 방법은 호스팅 서비스가 이해할 수 있는 구성 파일에 설명돼 있기 때문이다.

빌드 프로세스

대부분의 코드베이스는 명령줄 또는 개발 도구에서 호출되는 빌드 프로세스로 정적 코드를 가져와 배포 준비를 한다. 자바 및 C#과 같은 언어는 빌드 프로세스 중에 소스 코드를 배포할 수 있는 이진 형식으로 컴파일^{compile}하는 반면 패키지 관리자를 사용하는 언어는 빌드 프로세스를 실행할 때 종속성이라고도 하는 서드 파티 코드를 다운로드하고 검증한다.

웹사이트의 빌드 프로세스는 종종 배포 준비가 된 클라이언트 측 자산을 사전 처리한다. 많은 개발자는 빌드 프로세스를 자바스크립트로 컴파일하는 데 필요한 타입스크립트와 커피스크립트와 같은 언어를 사용한다. 자바스크립트가 손으로 코딩되든 생성되든 빌드 프로세스가 일반적으로 자바스크립트 파일을 축소시키거나 난독화시키든 브라우저에더 빨리 로드되는 각 자바스크립트 파일의 압축되고 읽기 쉽지만 기능적으로 동등한 버전을 생성한다.

웹사이트의 스타일 정보는 일반적으로 3장에서 설명한 대로 CSS 파일로 보관된다. 대형 웹사이트의 CSS 파일을 관리하는 것은 번거로운 것일 수 있다(스타일 정보가 서로 다른 장소에서 중복되는 경우가 많으며 동기화돼 업데이트돼야 하기 때문이다). 웹 개발자들은 종종 Sass와 SCSS와 같은 CSS 전처리기를 사용한다. 해당 언어들은 스타일시트를 더 쉽게 관리할 수 있도록 설계돼 빌드 시 CSS 파일로 사전 처리돼야 한다.

각 프로그래밍 언어에는 개발 팀이 능숙하게 사용할 수 있는 기본 빌드 도구가 있다. 빌드 프로세스는 소스 관리에 코드를 체크인하기 전에 로컬로 실행돼야 하므로 릴리스 프로세스 중에 코드를 재실행하기 전에 프로세스가 제대로 작동하는지 확인할 수 있다. 앞에서 언급한 대로 지속적인 통합 서버를 사용해 확인해 봐야 한다.

데이터베이스 마이그레이션 스크립트

웹사이트에 새 기능을 추가하려면 새 데이터베이스 테이블 또는 기존 테이블을 업데이트 해야 하는 경우가 많다. 데이터베이스는 릴리스 간에 지속돼야 하는 데이터를 저장하므로 각 릴리스에서 새 데이터베이스를 삭제하고 설치할 수 없다. 코드를 배포하기 전에 데이터베이스 구조를 업데이트하려면 릴리스 프로세스의 일부로 데이터베이스 마이그레이션 스크립트migration Script를 생성한 다음 실행해야 하며 코드를 롤백하면 스크립트를 실행 취소해야 한다.

일부 기술(예: 루비 온 레일즈)을 사용하면 빌드 프로세스의 일부로 마이그레이션 스크립트를 실행할 수 있다. 빌드 프로세스의 일부로 스크립트를 실행할 수 없으면 스크립트를 소스 관리 상태로 유지한 다음 릴리스 창에서 데이터베이스에 대한 일시적으로 상승된 권한으로 스크립트를 실행해야 한다. 일부 기업은 특히 크고 복잡한 데이터베이스의 프로세스를 관리하는 데이터스토어datastore의 문지기 역할을 하는 데이터베이스 관리자 DBA, Database Administrator가 있는 경우가 많다.

직원이 릴리스 외부에서 데이터베이스 구조를 변경할 수 있다면 보안 위험이 있다. 11장에서 다양한 사용 권한 통제 방법을 설명한다.

5단계: 릴리스 후 테스트 및 관찰

코드를 배포한 후에는 릴리스 후 테스트를 수행해 코드를 올바르게 배포했는지 그리고 코드가 프로덕션에서 실행되는 방식에 대한 가정이 올바른지 확인해야 한다. 이론적으로 릴리스 후 테스트(스모크 테스트smoke test라고도 함)는 테스트 환경이 좋고 릴리스 프로세스가 안정적이라면 상당히 까다로울 수 있다. 그럼에도 SDLC의 각 단계에서 얼마나 많은 테스트를 수행할지 결정할 때 직감에 주의를 기울이고 위험을 피하는 것이 좋다. "두려움이 지루함으로 변할 때까지 계속 시험해 보라"라는 말이 있다.

침투 테스트

보안 전문가 및 윤리적 해커는 종종 침투 테스트penetration test를 수행한다. 침투 테스트는 웹사이트를 외부적으로 조사해 보안 취약점을 테스트하는데, 이는 릴리스 전과 릴리스 후 테스트 모두에 유용할 수 있다. 또한 개발팀은 다양한 URL을 분석하고 악의적인 HTTP 요청을 만들어 웹사이트의 공통 보안 취약점을 테스트하는 정교한 자동 침투 테스트 도구를 활용할 수 있다. 침투 테스트는 비용이 많이 들고 시간이 오래 걸릴 수 있지만 해킹을 당하는 것보다 훨씬 저렴하므로 테스트 절차를 추가하는 것이 좋다.

모니터링, 로깅, 오류 보고

코드 릴리스 후에는 런타임에 프로덕션 환경을 관찰할 수 있어야 한다. 이를 통해 관리자는 비정상적인 악성 행위를 탐지하고 문제가 발생하면 이를 진단할 수 있다. 릴리스 후 관찰은 로깅logging, 모니터링monitoring, 오류 보고error reporting라는 세 가지 활동의 형태로 이뤄져야 한다.

소프트웨어 애플리케이션이 작업을 수행할 때 로그 파일에 코드를 기록하도록 하는 관행인 로깅을 통해 관리자는 특정 시간에 웹 서버가 무엇을 하고 있는지 알 수 있다. 코드는 모든 HTTP 요청(타임스탬프, URL, HTTP 응답 코드 포함), 사용자가 수행하는 중요한 작업(예: 인증 및 암호 재설정 요청), 사이트 자체(예: 이메일 전송 및 API 호출)를 기록해야 한다.

로그를 런타임(명령줄에서 또는 웹 콘솔을 통해) 관리자가 사용하도록 하고 나중에 읽을 수 있도록 보관해야 한다(사후 모형이 필요한 경우). 코드에 로그문을 추가하면 사이트에서 발생하는 문제를 진단하는 데 도움이 되지만 공격자가 문제에 액세스할 수 있을 때 암호 및 신용카드 정보와 같은 중요한 세부 정보를 로그에 기록하지 않도록 주의해야 한다.

모니터링은 런타임에 웹사이트의 응답 시간 및 기타 매트릭스를 측정하는 방법이다. 웹 서버 및 데이터베이스를 모니터링하면 네트워크 속도가 느리거나 데이터베이스 쿼리가 오래 걸릴 때 경고를 발생시켜 관리자가 작업량이 많은 시나리오 또는 성능 저하를 발견할 수 있다. HTTP 및 데이터베이스 응답 시간을 모니터링 소프트웨어에 전달해야 하며, 따라서 서버 및 데이터베이스 응답 시간이 특정 임계 값을 초과하면 경고가 발생한다. 많은 클라우드 플랫폼에는 모니터링 소프트웨어가 내장돼 있으므로 시간을 내 오류 조건과 선택한 경고 시스템을 적절하게 구성해야 한다.

오류 보고를 사용해 예기치 않은 오류를 코드에 캡처하고 기록해야 한다. 로그에서 오류를 선택하거나 코드 자체에 오류를 캡처해 기록해 오류 조건을 설정할 수 있다. 그런 다음 관리자가 사용할 수 있도록 만든 데이터스토어에서 오류 조건을 비교할 수 있다. 보안 침입은 잘못 처리된 오류 조건을 이용하므로 예기치 않은 오류가 발생할 때 주의를 기울여야 한다.

롤바^{Rollbar} 및 에어브레이크^{Airbrake} 공급 플러그인과 같은 서드 파티 서비스는 몇 줄의 코드로 오류를 수집할 수 있으므로 오류 보고 시스템을 설정할 시간이나 의향이 없으면 롤바 및 에어브레이크 공급 플러그인과 같은 서비스를 사용하는 것이 좋다. 또는 스플렁크^{Splunk}와 같은 로그 스크래핑^{log-scraping} 도구를 사용하면 로그 파일에서 오류를 선택해 이해할 수 있다.

종속성 관리

일반적인 SDLC와 함께 고려해야 할 한 가지는 종속성 관리다. 현대 웹 개발에 대한 흥미로운 사실은 웹사이트를 실행하는 소수의 코드만 작성할 가능성이 있다는 것이다. 일반적으로 사이트는 운영체제 코드, 프로그래밍 언어 런타임 및 관련 라이브러리, 가상 시스템 및 서드 파티 코드 라이브러리를 실행하는 웹 서버 프로세스에 따라 달라진다. 웹사이트의 코드를 지원하려면 사용해야 하는 모든 서드 파티 도구를 종속성이라고 한다(즉 소프트웨어가 실행되는 데 종속된 소프트웨어다).

전문가들이 각각의 종속성을 기록하므로 자신만의 메모리 관리 또는 낮은 수준의 TCP 의미론을 작성해야 하는 부담을 덜 수 있다. 또한 전문가는 보안 취약점을 지속적으로 파악해 패치 발생 시 패치를 발급할 수 있는 강력한 인센티브를 제공하므로 전문가가 제공하는 리소스를 활용해야 한다.

다른 사람의 코드를 사용하려면 성실해야 한다. 보안 SDLC에는 서드 파티 라이브러리를 검토하고 패치를 적용해야 하는 시기를 결정하는 프로세스가 포함돼야 한다. 해커들은 보안 취약점을 이용하려고 다음 릴리스 날짜까지 기다리지 않기 때문에 종종 정기적인 개발 주기 밖에서 일어나야 한다. 보안 권고에 앞서 다른 사람의 코드를 위한 패치를 배치하는 것은 팀이 작성하는 코드를 확보하는 것과 같은 열쇠다. 14장에서 어떻게 해야 할지 살펴본다.

요약

5장에서는 잘 구성된 소프트웨어 개발 수명 주기로 버그와 소프트웨어 취약점을 피할 수 있다는 것을 배웠다.

- 이슈 트래킹 issue tracking 소프트웨어를 사용해 설계 목표를 문서화해야 한다.
- 이전 버전의 코드를 검사에 사용할 수 있도록 하고 코드 검토를 쉽게 구성할 수 있도록 소스 관리에 코드를 보관해야 한다.
- 릴리스 전에 프로덕션 환경과 유사하고 데이터를 최대한 주의해 처리하는 전용 및 격리된 테스트 환경에서 코드를 테스트해야 한다.
- 신뢰할 수 있고 재현 가능하며 되돌릴 수 있는 릴리스 프로세스가 있어야 한다. 구축 준비가 완료된 자산을 생성하는 스크립트로 작성된 빌드 프로세스가 있으면 정기적으로 실행하고 지속적인 통합 환경에서 유닛 테스트를 수행해 개발 수명 주기 초기에 잠재적 문제를 강조해야 한다.
- 릴리스 후에는 침투 테스트로 웹사이트 취약점을 탐지한 후에야 해커가 취약점을 이용할 수 있다. 또한 모니터링, 로깅, 오류 보고를 사용해 실행 중인 사이트의 문제를 감지하고 진단해야 한다.
- 정기적인 릴리스 주기 외에 패치를 배포해야 할 수도 있으므로 사용하는 서드 파티 코드에 대한 보안 권고 사항보다 앞서야 한다.

6장에서는 (마침내!) 특정 소프트웨어 취약점과 취약점을 보호하는 방법을 살펴본다. 웹사이트가 직면한 가장 큰 위협 중 하나인 웹 서버에 코드를 주입하도록 설계된 악의적인 공격을 살펴보는 것으로 시작한다.

2부

위협

6

인젝션 공격

인터넷이 어떻게 동작하는지 확실히 파악했으니 특정 취약점들과 해커들이 이를 악용하는 방법에 초점을 맞춰보자. 6장에서는 공격자가 애플리케이션에 외부 코드를 주입해 애플리케이션을 통제하거나 민감한 정보를 읽으려고 발생시키는 인젝션 공격^{injection attack}을 다룬다.

인터넷이 클라이언트–서버 아키텍처^{client-server architecture}의 예시라는 것을 기억해야 한다. 웹 서버는 한 번에 많은 클라이언트로부터의 연결을 처리한다. 대부분의 클라이언트는 웹 브라우저로서 사용자가 웹사이트를 탐색할 때 웹 서버에 대한 HTTP 요청을 생성하는 역할을 담당한다. 웹 서버는 웹사이트 페이지의 내용을 구성하는 HTML이 포함된 HTTP 응답을 반환한다.

웹 서버가 웹사이트의 내용, 서버 측 코드를 제어하기 때문에 당연히 특정 유형의 사용자 상호작용이 발생할 것으로 예상하고, 따라서 브라우저가 특정 유형의 HTTP 요청을 생성할 것을 예상한다. 예를 들어 서버는 사용자가 링크를 클릭할 때마다 새로운 URL에 대한 GET 요청 또는 사용자가 로그인 자격을 입력하고 제출할 때 POST 요청을 예상한다.

하지만 브라우저가 예상치 못한 결과를 발생시킨다. 또한 웹 서버는 브라우저뿐만 아니라 모든 유형의 클라이언트에서 HTTP 요청을 받아들인다. HTTP 클라이언트 라이브러리를 갖춘 프로그래머는 인터넷에서 임의의 URL에 요청을 보내는 스크립트를 작성할 수 있다. 1장에서 살펴본 해킹 도구가 바로 그 역할을 한다.

서버 측 코드는 HTTP 요청의 내용을 클라이언트에 관계없이 구별할 수 없어 스크립트나 브라우저가 HTTP 요청을 생성했는지 여부를 신뢰할 수 있는 방법이 없다. 서버가 할 수 있는 최선의 방법은 요청을 생성한 에이전트의 유형을 설명하는 User-Agent 헤더를 확인하는 것이다. 그러나 스크립트 및 해킹 도구는 일반적으로 헤더의 내용을 스푸핑spoofing하므로 브라우저가 보내는 내용과 일치한다.

해커들은 종종 HTTP 요청에 악의적인 코드를 전달해 서버가 코드를 실행하도록 유도한다. 이는 웹사이트 인젝션 공격의 기초다.

인젝션 공격은 놀랍게도 인터넷상에서 흔히 발생하며, 만약 성공한다면 치명적인 영향을 끼칠 수 있다. 발생할 수 있는 모든 방법과 방어하는 방법을 웹 개발자로서 알아야 한다. 웹사이트에 코드를 작성할 때 예상하는 것뿐만 아니라 사이트에서 처리되고 있는 HTTP 요청에서 어떤 결과가 나올 수 있는지 고려하는 것이 중요하다. 6장에서는 다음 네 가지 유형의 인젝션 공격, 즉 SQL 인젝션 공격, 커맨드 인젝션 공격, 원격 코드 실행 공격, 파일 업로드 취약점을 이용한 공격을 살펴본다.

SQL 인젝션 공격

SQL 인젝션 공격은 기본 SQL 데이터베이스를 사용하며 데이터 쿼리를 불안정한 방식으로 구성하고 있는 웹사이트를 대상으로 한다. SQL 인젝션 공격은 SQL 인젝션 공격은 웹사이트의 가장 큰 위험 요소 중 하나인데, 이는 SQL 데이터베이스가 흔하기 때문이다. 2008년에 해커들이 신용카드 세부 정보를 저장하고 가맹점을 위한 결제를 처리하는 결제 프로세서인 하트랜드Heartland 결제 시스템에서 1억 3,000만 장의 신용카드 번호를 가로챘을 때 SQL 인젝션은 웹사이트의 가장 큰 위험 요소였다. 해커들은 SQL 인젝션 공격을 사용해 결제 데이터를 처리하는 웹 서버에 접근했는데 이는 정보 보안 보장에 의존해 사업을 수행하는 회사에게는 재앙이었다.

SQL 데이터베이스가 어떻게 작동하는지 검토해 SQL 인젝션이 어떻게 작동하는지, 어떻게 막을 수 있는지 핵심을 파악해 본다.

SQL이 무엇인가?

SQL은 관계형 데이터베이스에서 데이터 및 데이터 구조를 추출한다. 관계형 데이터베이스는 데이터를 테이블에 저장하며, 테이블의 각 행은 데이터 항목(예: 사용자 또는 판매 중인 상품)이다. SQL 구문은 웹 서버와 같은 애플리케이션이 INSERT 문을 사용해 데이터베이스에 행을 추가하고, SELECT 문을 사용해 행을 읽고, UPDATE 문을 사용해 행을 업데이트하고, DELETE 문을 사용해 행을 제거할 수 있다.

목록 6-1에 표시된 것처럼 웹사이트에 등록할 때 웹 서버가 백그라운드에서 실행될 수 있는 SQL 문을 고려해야 한다.

```
❶ INSERT INTO users (email, encrypted_password)
      VALUES ('billy@gmail.com', '$10$WMT9Y')
❷ SELECT * FROM users WHERE email = 'billy@gmail.com'
      AND encrypted_password = '$10$WMT9Y'
❸ UPDATE USERS users encrypted_password ='3D$MW$10Z'
      WHERE email='billy@gmail.com'
❹ DELETE FROM users WHERE email = 'billy@gmail.com'
```

목록 6-1 사용자가 웹사이트와 상호작용할 때 웹 서버가 실행할 수 있는 일반적인 SQL 문

SQL 데이터베이스는 일반적으로 웹사이트 사용자 정보를 users 테이블에 저장한다. 사용자가 먼저 등록하고 사용자 이름 및 암호를 선택하면 웹 서버는 데이터베이스에 INSERT 문을 실행해 users 테이블에 새로운 행을 작성한다❶. 다음에는 사용자가 웹사이트에 로그인할 때 웹 서버는 SELECT 문을 실행해 users 테이블에서 행을 찾으려고 시도한다❷. 사용자가 암호를 변경하면 웹 서버는 UPDATE 문을 실행해 users 테이블에 행을 업데이트한다❸. 마지막으로 사용자가 계정을 사용하지 않으면 웹사이트는 DELETE 문을 실행해 users 테이블의 행을 제거할 수 있다❹.

웹 서버는 각 상호작용을 HTTP 요청(예를 들어 로그인 양식에 입력된 사용자 이름 및 암호)의 일부를 취해 데이터베이스를 실행하기 위한 SQL 문을 구성한다. 명령문의 실제 실행은 데이터베이스와 통신하는 데 사용되는 전용 코드 라이브러리인 데이터베이스 드라이버를 통해 이뤄진다.

SQL 인젝션 공격의 구조

SQL 인젝션 공격은 웹 서버가 데이터베이스 드라이버에 전달하는 SQL 문을 불안정하게 구성할 때 발생한다. 이를 통해 공격자는 HTTP 요청을 통해 인수를 전달해 드라이버가 개발자의 의도와 다른 작업을 수행할 수 있다.

목록 6-2의 자바 코드에서 보듯이 사용자가 웹사이트에 로그인하려고 할 때 데이터 베이스에서 불안정하게 구성된 사용자 데이터를 읽는 SQL 문을 살펴본다.

```
Connection connection = DriverManager.getConnection(DB_URL, DB_USER, DB_PASSWORD);
Statement statement = connection.createStatement();
String sql = "SELECT * FROM users WHERE email='" + email +
             "' AND encrypted_password='" + password + "'";
statement.executeQuery(sql);
```

목록 6-2 로그인 시도 중 데이터베이스에서 사용자 데이터를 읽는 안전하지 않은 방법

SQL 문 구성은 안전하지 않다! HTTP 요청에서 가져온 이메일과 암호 매개 변수 parameter를 사용해 SQL 문에 직접 삽입한다. SQL 문의 의미를 변경하는 SQL 제어 문자 (예: ')는 매개 변수가 확인되지 않아 해커는 웹사이트의 인증 시스템을 우회하는 입력을 조작할 수 있다. 예시는 목록 6-3에 나와 있다. 예시에서 공격자는 사용자 이메일 매개 변수를 billy@gmail.com'--로 전달해 SQL 문을 일찍 종료하고 암호 검증 로직이 실행되지 않도록 한다.

```
statement.executeQuery(
    "SELECT * FROM users WHERE email='billy@gmail.com'❶--' AND encrypted_password='Z$DSA92H0'❷");
```

목록 6-3 인증을 우회하는 SQL 인젝션 사용

데이터베이스 드라이버는 SQL 문❶만 실행하고, 뒤에 오는 모든 것(❷)을 무시한다. 이러한 유형의 SQL 인젝션 공격에서 단일 따옴표 문자(')가 이메일 인수를 조기에 종료하고, SQL 주석 구문(--)은 데이터베이스 드라이버를 속여 암호 확인을 수행하는 구문의 끝을 무시하도록 한다. SQL 문은 공격자가 암호를 알 필요 없이 다른 사용자로 로그인할

수 있다! 공격자가 해야 할 일은 로그인 양식의 사용자 이메일 주소에 '와 -- 문자를 추가하는 것이다.

이는 비교적 간단한 SQL 인젝션 공격 사례다. 공격이 더 진행되면 데이터베이스 드라이버가 데이터베이스에서 추가 명령을 실행할 수 있다. 목록 6-4는 데이터베이스를 손상시키려고 users 테이블을 완전히 제거하는 DROP 명령을 실행하는 SQL 인젝션 공격을 나타낸다.

```
statement.executeQuery("SELECT * FROM users WHERE email='billy@gmail.com'; ❶
DROP TABLE users;❷--' AND encrypted_password='Z$DSA92H0'");
```

목록 6-4 진행 중인 SQL 인젝션 공격

이 시나리오에서 공격자는 이메일 매개 변수를 billy@gmail.com'; DROP TABLE users;--로 전달한다. 세미콜론 문자(;)는 첫 번째 SQL 문❶을 종료하고, 그 후 공격자는 추가로 파괴적인 구문❷를 삽입한다. 데이터베이스 드라이버가 두 가지 구문을 모두 실행해 데이터베이스를 손상된 상태로 만든다!

웹사이트가 SQL 인젝션 공격에 취약하다면 공격자는 데이터베이스를 임의의 SQL 문을 실행해 인증을 무시하거나 마음대로 데이터를 읽고, 다운로드하고, 삭제하거나 심지어 사용자에게 제공된 페이지에 악의적인 자바스크립트를 주입할 수 있다. 웹사이트에서 SQL 인젝션 취약점을 검색하려면 메타스플로잇^{Metasploit}과 같은 해킹 도구를 사용해 웹사이트를 탐색하고 잠재적인 공격이 있는 HTTP 매개 변수를 테스트할 수 있다. 만약 사이트가 SQL 인젝션 공격에 취약하다면 누군가가 결국 SQL 인젝션 공격을 이용할 것이라고 확신할 수 있다.

조치 방안 1: 매개 변수화된 구문 사용

SQL 인젝션 공격에서 보호하려면 코드는 바인딩^{binding} 매개 변수를 사용해 SQL 문을 구성해야 한다. 바인딩 매개 변수는 데이터베이스 드라이버가 입력된 일부 입력으로 안전하게 대체하는 자리 표시자 문자(예: 목록 6-1에 표시된 이메일 또는 암호 값)다. 바인딩 매개 변수를 포함하는 SQL 문을 프리페어드 스테이트먼트라고 한다.

SQL 인젝션 공격은 SQL 문에서 특별한 의미가 있는 '제어 문자^{control character}'를 사용해 문맥에서 '넘어가기'하고 SQL 문장의 전체 의미를 변경한다. 바인딩 매개 변수를 사용할 때 제어 문자는 다음 문자를 제어 문자로 처리하지 않도록 데이터베이스에 알려 주는 '이스케이프 문자^{escape character}'가 붙는다. 제어 문자의 이스케이프는 잠재적인 인젝션 공격을 억제한다.

바인딩 매개 변수를 사용해 안전하게 구성된 SQL 문은 목록 6-5와 같아야 한다.

```
Connection connection = DriverManager.getConnection(DB_URL, DB_USER, DB_PASSWORD);
Statement statement = connection.createStatement();
❶ String sql = "SELECT * FROM users WHERE email = ? and encrypted_password = ?";
❷ statement.executeQuery(sql, email, password);
```

목록 6-5 바인딩 매개 변수를 사용해 SQL 인젝션 공격에서 보호

?를 바인딩 매개 변수로 사용해 매개 변수화된 형태로 SQL 쿼리를 구성한다❶. 각 매개 변수에 대한 입력 값을 구문에 바인딩해❷ 데이터베이스 드라이버에 임의의 제어 문자를 안전하게 처리하면서 SQL 문에 매개 변수 값을 삽입하도록 요청한다. 공격자가 사용자 이름에 billy@email.com'--을 전달해 목록 6-4에 설명된 방법을 사용해 코드를 해킹하려고 시도하면 안전하게 구성된 SQL 문이 목록 6-6에 표시된 것처럼 공격을 조치할 수 있다.

```
statement.executeQuery(
  "SELECT * FROM users WHERE email = ? AND encrypted_password = ?",
  "billy@email.com'--,",
  "Z$DSA92H0");
```

목록 6-6 SQL 인젝션 공격 조치 방안

데이터베이스 드라이버는 SQL 문을 조기에 종료하지 않도록 해 SELECT 문은 어떤 사용자 정보도 반환하지 않고 공격에 실패해야 한다. 매개 변수화된 구문은 데이터베이스 드라이버가 SQL 문의 일부가 아닌 SQL 문 입력으로 모든 제어 문자(', --, 및 ;)를 처리하도록 한다. 웹사이트가 매개 변수화된 구문을 사용하고 있는지 확실하지 않다면 즉시 확

인해야 한다! SQL 인젝션은 웹사이트가 직면할 가장 큰 위험이다.

웹 서버가 백엔드의 모국어로 문장을 구성해 별도의 백엔드와 통신할 때마다 유사한 유형의 인젝션 공격이 가능할 수 있다. 여기에는 MongoDB 및 아파치 카산드라Apache Cassandra와 같은 NoSQL 데이터베이스, 레디스 및 멤캐시드와 같은 분산 캐시 및 경량 디렉터리 액세스 프로토콜LDAP, Lightweight Directory Access Protocol을 구현하는 디렉터리가 포함된다. 플랫폼과 통신하는 라이브러리는 바인딩 매개 변수를 구현하므로 바인딩 매개 변수가 작동하는 방법을 이해하고 코드에 사용해야 한다.

조치 방안 2: 객체 관계 매핑 사용

많은 웹 서버 라이브러리 및 프레임워크는 코드에서 SQL 문의 명시적 구성을 추상화하고 객체 관계 매핑ORM, Object-Relational Mapping을 사용해 데이터 객체에 액세스할 수 있도록 한다. ORM 라이브러리는 데이터베이스 테이블의 행을 메모리의 객체를 코드화하도록 매핑한다. 즉 개발자는 일반적으로 데이터베이스를 읽고 업데이트하려고 SQL 문을 직접 작성할 필요가 없다. 해당 아키텍처는 대부분의 상황에서 SQL 인젝션 공격에서 보호되지만 사용자 지정 SQL 문을 사용할 때도 취약할 수 있으므로 ORM이 백그라운드에서 작동하는 방식을 이해하는 것이 중요하다.

사람들이 가장 잘 알고 있는 ORM은 루비 온 레일즈 ActiveRecord 프레임워크다. 목록 6-7은 사용자를 안전한 방식으로 찾는 간단한 레일 코드 줄을 보여 준다.

```
User.find_by(email: "billy@gmail.com")
```

목록 6-7 인젝션 공격에서 보호되는 방식으로 이메일로 사용자를 검색하는 루비 온 레일즈 코드

ORM은 후드 아래에서 바인딩 매개 변수를 사용하기 때문에 대부분 인젝션 공격에서 보호한다. 그러나 대부분의 ORM에는 개발자가 필요할 때 원시 SQL을 작성할 수 있는 백도어backdoor가 있다. ORM을 사용한다면 SQL 문을 구성하는 방법에 주의해야 한다. 예를 들어 목록 6-8은 인젝션 공격에 취약한 레일즈 코드를 보여 준다.

```
def find_user(email, password)
  User.where("email = '" + email + "' and encrypted_password = '" + password + "'")
end
```

목록 6-8 인젝션 공격에 취약한 루비 온 레일즈 코드

SQL 문의 일부를 원시 문자열로 전달하므로 공격자는 특수 문자를 전달해 레일즈가
생성하는 SQL 문을 조작할 수 있다. 공격자가 ' OR 1=1로 암호 변수를 설정한다면 목록
6-9에 표시된 것처럼 암호 검사를 비활성화하는 SQL 문을 실행할 수 있다.

```
SELECT * FROM users WHERE email='billy@gmail.com' AND encrypted_password ='' OR 1=1
```

목록 6-9 결과가 참인 1=1 구문을 사용하면 암호 검사가 비활성화된다.

SQL 문의 마지막 절에서는 암호 검사를 비활성화해 공격자가 해당 사용자로 로그인
할 수 있다. 목록 6-10에 표시된 대로 바인딩 매개 변수를 사용해 레일에서 위치 기능을
안전하게 호출할 수 있다.

```
def find_user(email, encrypted_password)
  User.where(["email = ? and encrypted_password = ?", email, encrypted_password])
end
```

목록 6-10 함수 위치의 안전한 사용

이 시나리오에서 ActiveRecord 프레임워크는 공격자가 이메일 또는 암호 매개 변수
에 추가하는 SQL 제어 문자를 안전하게 처리한다.

추가 조치 방안: 심층 방어 사용

일반적으로 웹사이트는 항상 중복으로 보호해야 한다. 코드 라인별로 취약점을 확인하는
것으로는 부족하다. 스택의 모든 수준에서 보안을 고려하고 시행해 한 수준의 장애가 다
른 방법으로 완화될 수 있도록 해야 한다. 이는 심층 방어^{defense in depth}라고 불리는 접근법

이다.

집을 안전하게 하는 방법을 생각해 보자. 가장 중요한 방어는 모든 문과 창문에 자물쇠를 설치하는 것이지만, 만일의 사태에 대비하기 위해 도난 경보기, 보안 카메라, 가정보험 그리고 성질이 나쁜 큰 개를 두는 것도 도움이 된다.

SQL 인젝션 공격을 방지할 때 심층 방어는 바인딩 매개 변수를 사용하는 것을 의미하지만 공격자가 인젝션 공격을 성공적으로 실행할 수 있는 방법을 찾는다면 추가 단계를 수행해 피해를 최소화한다. 인젝션 공격의 위험을 완화할 수 있는 몇 가지 다른 방법을 살펴본다.

최소 특권의 원칙

인젝션 공격을 완화하는 또 다른 방법은 모든 프로세스와 애플리케이션이 허용된 기능을 수행하는 데 필요한 권한으로만 실행되도록 요구하는 최소 권한 원칙을 따르는 것이다. 즉 공격자가 웹 서버에 코드를 인젝션하고 특정 소프트웨어 구성 요소를 손상시킨다면 해당 소프트웨어 구성 요소가 수행할 수 있는 손상은 소프트웨어 구성 요소가 허용하는 작업으로 제한된다.

웹 서버가 데이터베이스에 통신하는 경우 데이터베이스에 로그인하는 데 사용하는 계정에 데이터 권한이 제한돼 있는지 확인해야 한다. 대부분의 웹사이트는 앞에서 논의한 SELECT, INSERT, UPDATE, DELETE 문이 포함된 데이터 조작 언어^{DML, Data Manipulation Language}라는 SQL의 하위 집합에 해당하는 SQL 문만 실행하면 된다.

데이터 정의 언어^{DDL, Data Definition Language}라는 SQL 언어의 하위 집합은 CREATE, DROP, MODIFY 문을 사용해 데이터베이스 자체에서 테이블 구조를 생성, 삭제, 수정한다. 일반적으로 웹 서버는 DDL 문을 실행하는 데 사용 권한이 필요하지 않으므로 런타임에 DDL 사용 권한을 부여하지 말아야 한다! 웹 서버 권한을 최소 DML 집합으로 좁히면 공격자가 코드 취약점을 발견할 때 수행할 수 있는 피해를 줄일 수 있다.

블라인드 및 비블라인드 SQL 인젝션 공격

해커는 블라인드^{blind} 및 비블라인드^{nonblind} SQL 인젝션 공격을 구분한다. 웹사이트의 오류 메시지가 '고유 제약 조건 위반: 이 이메일 주소는 이미 사용자 테이블에 있습니다^{Unique}

constraint violated: this email address already exists in users table'와 같은 민감한 정보를 클라이언트에 유출한다면 이는 비블라인드 SQL 공격이다. 이 시나리오에서 공격자는 시스템을 손상하려는 시도에 즉각적인 피드백을 받는다.

'이 사용자 이름 및 암호를 찾을 수 없음(Could not find this username and password)' 또는 '예기치 않은 오류가 발생한 메시지(An unexpected error occurred)'와 같이 오류 메시지를 클라이언트에 보다 일반적인 것으로 유지하면 이는 블라인드 SQL 공격이다. 이 시나리오는 공격자가 어둠 속에서 효과적으로 작동하고 있으며 작업할 대상이 적다는 것을 의미한다. 비블라인드 인젝션 공격에 취약한 웹사이트는 손상되기 쉬우므로 오류 메시지에서 정보가 누출되지 않도록 한다.

커맨드 인젝션 공격

인젝션 공격의 또 다른 유형은 커맨드 인젝션command injection 공격으로, 공격자가 기본 운영체제에 안전하지 않은 명령줄 호출을 하는 웹사이트를 공격하는 데 사용할 수 있다. 웹 애플리케이션에서 명령줄을 호출한다면 커맨드 문자열을 안전하게 구성해야 한다. 그렇지 않으면 공격자는 임의 운영체제 명령을 실행하는 HTTP 요청을 조작하고 애플리케이션을 제어할 수 있다.

많은 프로그래밍 언어에서 운영체제를 호출하는 커맨드 문자열을 생성하는 것은 실제로 매우 드문 일이다. 예를 들어 자바는 가상 시스템에서 실행되므로 java.lang.Runtime 클래스를 사용해 운영체제를 호출할 수 있지만 자바 애플리케이션은 일반적으로 서로 다른 운영체제 간에 이식할 수 있도록 설계되므로 특정 운영체제 기능의 가용성에 의존하는 것은 가상 시스템의 철학을 거스른다.

명령줄 호출은 해석된 언어에 더 일반적이다. PHP는 유닉스Unix 철학을 따르도록 설계돼 있다. 즉 프로그램이 한 가지 일을 하고 텍스트 스트림을 통해 서로 통신해야 한다. 따라서 PHP 애플리케이션은 명령줄을 통해 다른 프로그램을 호출하는 것이 일반적이다. 마찬가지로 파이썬과 루비는 스크립팅 작업에 인기가 있어 운영체제 수준에서 명령을 쉽게 실행할 수 있다.

커맨드 인젝션 공격 구조

웹사이트에서 명령줄 호출을 사용한다면 공격자가 웹 서버를 속여 실행에 추가 명령을 주입할 수 없도록 해야 한다. 예를 들어 도메인과 IP 주소를 nslookup하는 간단한 웹사이트가 있다고 가정해 본다. PHP 코드는 HTTP 요청에서 도메인 또는 IP 주소를 가져와 목록 6-11에 표시된 것처럼 운영체제 호출을 구성한다.

```php
<?php
    if (isset($_GET['domain'])) {
        echo '<pre>';
        $domain = $_GET['domain']❶;
        $lookup = system("nslookup {$domain❷}");
        echo($lookup);
        echo '</pre>';
    }
?>
```

목록 6-11 HTTP 요청을 수신하고 운영체제 호출을 구성하는 PHP 코드

domain 매개 변수가 HTTP 요청에서 추출된다. 커맨드 문자열❶을 구성할 때 코드가 domain 인수❷를 벗어나지 않아 공격자는 그림 6-1과 같이 악의적인 URL을 만들고 끝의 추가 명령어에 태그를 지정할 수 있다.

그림 6-1 URL을 사용해 악의적인 커맨드 주입

여기서 공격자는 도메인 매개 변수(google.com && echo "HAXXED")를 보내고 브라우저 URL은 공백과 영숫자가 아닌 문자를 인코딩한다. 유닉스의 && 구문은 별도의 명령어를 연결한다. PHP 코드는 이러한 제어 문자를 분리하지 않기 때문에 공격자는 HTTP 요청을 신중하게 구성해 추가 명령어를 추가한다. 이 시나리오에서 2개의 개별 명령어가 실행된다. 즉 google.com을 찾는 예상된 nslookup 명령어와 삽입된 명령어 echo "HAXXED"가 뒤따른다.

주입된 명령어는 무해한 echo 명령어로 HTTP 응답에서 "HAXXED"를 출력한다. 그러나 공격자는 취약점을 사용해 서버에서 선택한 명령어를 주입하고 실행할 수 있다. 약간의 노력으로 파일 시스템을 탐색하고 민감한 정보를 읽고 전체 애플리케이션을 손상시킬 수 있다. 웹 서버의 명령줄 액세스는 공격자에게 영향을 줄이기 위한 의도적인 조치를 취하지 않는 한 시스템을 제어할 수 있는 완전한 자유를 준다.

조치 방안: 이스케이프 제어 문자

SQL 인젝션 공격과 마찬가지로 HTTP 요청에서 입력을 적절히 이스케이프해 커맨드 주입을 방지할 수 있다. 즉 민감한 제어 문자(예: & 문자)를 안전한 대체 문자로 대체해야 한다. 해당 방법은 사용 중인 운영체제 및 프로그래밍 언어에 따라 다르다. 목록 6-11의 PHP 코드를 더 안전하게 만들려면 목록 6-12에 표시된 것처럼 escapeshellarg 호출을 사용하면 된다.

```php
<?php
    if (isset($_GET['domain'])) {
        echo '<pre>';
        $domain = escapeshellarg❶($_GET['domain']);
        $lookup = system("nslookup {$domain}");
        echo($lookup);
        echo '</pre>';
    }
?>
```

목록 6-12 HTTP 요청에서 입력을 벗어난 PHP 코드

escapeshellarg❶에 대한 호출을 통해 공격자는 도메인 매개 변수를 통해 추가 명령을 주입할 수 없다.

파이썬과 루비도 잠재적인 커맨드 인젝션 공격을 방지할 수 있다.

파이썬에서는 call() 함수 기능을 문자열이 아닌 배열로 호출해 공격자가 목록 6-13에 표시된 것처럼 끝에 추가 명령어를 태그하는 것을 방지해야 한다.

```python
from subprocess import call
call(["nslookup", domain])
```

목록 6-13 파이썬의 하위 프로세스 모듈의 호출 기능

루비에서는 system() 함수가 명령줄 호출을 생성한다. 목록 6-14에 표시된 것처럼 공격자가 몰래 추가 명령어를 주입하지 못하도록 문자열이 아닌 인수의 배열을 제공한다.

```
system("nslookup", domain)
```

목록 6-14 루비의 system() 함수

　　SQL 인젝션 공격과 마찬가지로 최소 권한 원칙을 따르면 성공적인 커맨드 인젝션 공격의 영향을 제한할 수 있다. 웹 서버 프로세스는 필요한 권한으로만 실행해야 한다. 예를 들어 웹 서버 프로세스가 읽고 쓸 수 있는 디렉터리를 제한해야 한다. 리눅스에서는 chroot 명령어를 사용해 프로세스가 지정된 루트 디렉터리 외부에서 탐색되지 않도록 할 수 있다. 네트워크의 방화벽 및 접근 제어 목록을 구성해 웹 서버가 갖고 있는 네트워크 액세스도 제한해야 한다. 이러한 단계는 명령어를 실행할 수 있더라도 웹 서버의 실행 디렉터리에서 파일을 읽는 것 외에 다른 작업을 수행할 수 없기 때문에 해커가 커맨드 인젝션 취약점을 이용하기가 훨씬 어려워진다.

원격 코드 실행

　　지금까지 SQL 인젝션 공격과 마찬가지로 데이터베이스에 웹 코드가 호출할 때나 커맨드 인젝션 공격과 같이 실행 중인 운영체제에 취약점이 유입되는 방식을 살펴봤다. 다른 상황에서는 공격자가 웹 서버 자체의 언어로 실행할 악성 코드를 주입할 수 있으며 이를 원격 코드 실행remote code execution이라고 한다. 웹사이트의 원격 코드 실행 공격은 앞에서 설명한 인젝션 공격보다 드물지만 모든 것이 위험하다.

원격 코드 실행 공격의 분석

공격자는 특정 유형의 웹 서버에서 취약점을 발견한 다음 해당 웹 서버 기술에서 실행 중인 대상 웹사이트에 대한 공격 스크립트를 생성해 원격 코드를 실행할 수 있다. 익스플로잇 스크립트exploit script는 HTTP 요청 본문에 악의적인 코드를 포함시켜 서버가 요청을 처리할 때 코드를 읽고 실행하도록 인코딩한다. 원격 실행 공격을 수행하는 데 사용되는 기술은 크게 다르다. 보안 연구자들은 공통 웹 서버의 코드베이스를 분석해 악성 코드를 주입할 수 있는 취약점을 찾는다.

2013년 초 연구자들은 루비 온 레일즈에서 공격자가 서버 프로세스에 루비 코드를 주입할 수 있는 취약점을 발견했다. 레일즈 프레임워크는 Content-Type 헤더에 따라 요청을 자동으로 구문 분석하므로 보안 연구자는 포함된 YAML 개체(레일즈 커뮤니티에서 구성 데이터를 저장하려고 일반적으로 사용되는 마크업^{markup} 언어)로 XML 요청을 생성하면 구문 분석 프로세스를 속여 임의 코드를 실행할 수 있다는 것을 발견했다.

조치 방안: 역직렬화 중 코드 실행 비활성화

원격 코드 실행 취약점은 일반적으로 웹 서버 소프트웨어가 안전하지 않은 직렬화^{serialization}를 사용할 때 발생한다. 직렬화는 일반적으로 네트워크를 통해 데이터 구조를 전달하기 위한 목적으로 메모리 내 데이터 구조를 이진 데이터의 스트림으로 변환하는 과정이다. 역직렬화^{deserialization}는 이진 데이터가 데이터 구조로 다시 변환될 때 다른 끝에서 발생하는 역행 프로세스를 말한다.

직렬화 라이브러리는 모든 주요 프로그래밍 언어로 존재하며 널리 사용된다. 레일즈가 사용하는 YAML 파서^{parser}와 같은 일부 직렬화 라이브러리를 사용하면 데이터 구조가 메모리에서 다시 초기화할 때 코드를 실행할 수 있다. 해당 기능은 직렬화된 데이터의 원본을 신뢰하는 것은 유용하지만, 신뢰하지 않는다면 임의 코드 실행을 허용할 수 있기 때문에 매우 위험할 수 있다.

웹 서버가 HTTP 요청에서 들어오는 데이터를 처리하려고 역직렬화를 사용한다면 코드 실행 기능을 비활성화해 사용하는 모든 직렬화 라이브러리를 해제해야 한다. 그렇지 않으면 공격자가 웹 서버 프로세스에 직접 코드를 주입하는 방법을 찾을 수 있다. 일반적으로 코드를 실행하지 않고 웹 서버 소프트웨어가 데이터를 역직렬화할 수 있는 관련 구성 설정을 통해 코드 실행을 비활성화할 수 있다.

웹 서버 코드 자체를 작성하는 개발자가 아니라 웹 서버를 사용해 사이트를 작성하는 개발자로서 웹 스택에서 원격 코드가 실행되지 않도록 보호하는 것은 일반적으로 보안 권장 사항을 알고 있는 것과 같다. 자신만의 직렬화 라이브러리를 작성할 가능성이 낮으므로 코드베이스가 서드 파티 직렬화 라이브러리를 사용하는 위치에 주의해야 한다. 자체 코드에서 코드 실행 활성화 기능을 해제하고 웹 서버 공급업체에서 공지하는 취약점 공지 사항에 주의해야 한다.

파일 업로드 취약점

6장에서 살펴볼 마지막 유형의 인젝션 공격은 파일 업로드^{file upload} 기능의 취약점을 이용한다. 웹사이트는 다양한 목적으로 파일 업로드 기능을 사용한다. 사용자가 프로필 또는 게시물에 이미지를 추가하도록 허용하고, 메시지에 첨부 파일을 추가하며, 서류를 제출하고, 다른 사용자와 문서를 공유하는 등의 작업이다. 브라우저를 사용하면 파일을 웹 페이지로 끌어 서버에 비동기식으로 보낼 수 있는 내장 파일 업로드 위젯 및 자바스크립트 API를 통해 파일을 쉽게 업로드할 수 있다.

그러나 브라우저는 파일 내용을 확인하는 데 주의를 기울이지 않는다. 공격자는 업로드된 파일에 악의적인 코드를 주입해 파일 업로드 기능을 쉽게 남용할 수 있다. 웹 서버는 일반적으로 업로드된 파일을 바이너리 데이터의 큰 덩어리처럼 처리하므로 공격자는 웹 서버가 탐지하지 않고도 악의적인 페이로드를 쉽게 업로드할 수 있다. 사이트에 파일 내용을 업로드하기 전에 확인하는 자바스크립트 코드가 있더라도 공격자는 사용자가 클라이언트 측에 배치한 보안 조치를 피해 파일 데이터를 서버 측 끝점에 직접 게시하는 스크립트를 작성할 수 있다.

공격자가 일반적으로 파일 업로드 기능을 활용해 연결해야 하는 다양한 보안 취약점을 식별하는 방법을 알아본다.

파일 업로드 공격 분석

파일 업로드 취약점의 예로서 공격자가 잠재적으로 사이트의 프로필 이미지 업로드 기능을 악용할 수 있는 방법을 살펴본다. 공격자는 먼저 HTTP 요청에서 인수를 가져와 명령줄에서 실행하고 결과를 출력하는 간단한 실행 스크립트인 작은 웹 셸^{web shell}을 작성한다. 웹 셸은 웹 서버를 손상시키려는 해커가 사용하는 일반적인 도구다. 목록 6-15에는 PHP로 작성된 웹 셸의 예가 나와 있다.

```php
<?php
  if(isset($_REQUEST['cmd'])) {
    $cmd = ($_REQUEST['cmd']);
    system($cmd);
```

```
  } else {
    echo "What is your bidding?";
  }
?>
```

목록 6-15 PHP 언어로 작성된 웹 셸

    공격자는 스크립트를 컴퓨터에 hack.php로 저장하고 사이트에 프로필 '이미지'로 업로드한다. PHP 파일은 일반적으로 운영체제에서 실행 가능한 파일로 처리되며, 파일 업로드 공격을 가능하게 하는 열쇠다. .php로 끝나는 파일은 유효한 이미지 파일이 아니지만 공격자는 업로드 프로세스 중에 수행된 자바스크립트 파일 형식 검사를 쉽게 비활성화할 수 있다.

    공격자가 '이미지' 파일을 업로드하면 프로필 이미지가 손상되고 실제 이미지가 아니기 때문에 웹사이트 프로필 페이지에 누락된 이미지 아이콘이 표시된다. 그러나 이 시점에서 웹 셸 파일을 서버로 올리는 것이 진정한 목표다. 즉 악의적인 코드가 사용자의 사이트에 배포돼 어떤 방식으로 실행되기를 기다린다.

    웹 셸을 공개 URL에서 사용할 수 있기 때문에 공격자는 잠재적으로 악의적인 코드를 실행하기 위한 백도어를 만들었다. 서버의 운영체제에 PHP 런타임이 설치돼 있고 파일이 업로드 프로세스 중에 실행 가능한 권한으로 디스크에 기록된다면 공격자는 프로필 이미지에 해당하는 URL을 호출해 웹 셸을 실행하는 명령을 전달할 수 있다.

    커맨드 인젝션 공격을 수행하려고 해커는 웹 셸에 cmd 인수를 전달해 서버에서 그림 6-2와 같이 임의의 운영체제 명령을 실행할 수 있다.

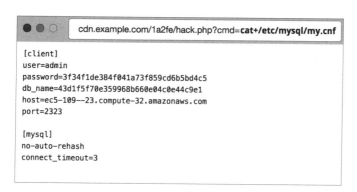

그림 6-2 파일 업로드 기능이 취약하면 해커가 웹 셸을 사용해 데이터베이스 자격 증명에 액세스할 수 있다.

이번 시나리오에서 공격자는 파일 시스템을 탐색할 수 있다. 공격자는 파일 업로드 기능을 사용해 커맨드 인젝션 공격과 동일한 액세스 권한을 운영체제에 얻었다.

조치 방안

몇 가지 조치 방안을 사용해 파일 업로드 코드의 취약점에서 보호할 수 있다. 가장 중요한 조치 방안은 업로드된 파일을 코드로 실행할 수 없음을 보장한다. 또한 업로드된 파일을 심층적으로 분석하고 손상되거나 악의적인 것으로 보이는 파일을 거부해야 한다.

조치 방안 1: 보안 시스템의 호스트 파일

파일 업로드 기능을 보호하기 위한 첫 번째 가장 중요한 방법은 웹 서버가 업로드된 파일을 실행할 수 있는 개체가 아닌 비활성 상태로 취급하도록 한다. 4장에서 설명한 대로 클라우드플레어Cloudflare나 아카마이Akamai와 같은 CDN에서 업로드한 파일을 호스팅하면 파일을 안전하게 저장하는 서드 파티에 보안 위험을 분산시킬 수 있다.

CDN에는 다른 보안 관련 이점도 있다. CDN은 파일을 브라우저에 매우 빠르게 제공하며 사용자가 파일을 업로드할 때 처리 파이프라인을 통해 파일을 전달할 수 있다. 대부분의 CDN은 몇 줄의 코드로 추가할 수 있는 정교한 자바스크립트 업로드 위젯을 제공하며 이미지 잘라내기 같은 보너스 기능을 제공한다.

어떤 이유로 CDN이 옵션이 아닐 때 업로드된 파일을 클라우드 기반 스토리지(예: S3Amazon Simple Storage Service) 또는 전용 콘텐츠 관리 시스템에 저장하면 동일한 이점을 얻을 수 있다. 두 가지 접근 방식 모두 업로드될 때 모든 웹 셸을 제거하는 안전한 스토리지를 제공한다(자신의 콘텐츠 관리 시스템을 호스팅한다면 콘텐츠 관리 시스템을 올바르게 구성해야 한다).

조치 방안 2: 업로드된 파일을 실행할 수 없는지 확인

CDN 또는 콘텐츠 관리 시스템을 사용하는 것이 옵션이 아니라면 CDN 또는 콘텐츠 관리에서 백그라운드에서 수행하는 것과 동일한 단계를 수행해 파일을 보호해야 한다. 즉 실행할 수 있는 권한 없이 모든 파일이 디스크에 기록되도록 하고 업로드된 파일을 특정 디렉터리 또는 파티션으로 분리(코드와 섞이지 않도록)하며 최소한의 필수 소프트웨어만 설치되도록 서버를 강화한다(PHP 엔진을 사용하지 않는다면 제거한다). 파일 확장자가 위험한 파일을 디스크에 쓰지 않도록 파일 이름을 변경하는 것이 좋다.

이러한 목적을 달성하는 방법은 호스팅 기술, 운영체제, 사용하는 프로그래밍 언어에 따라 다르다. 예를 들어 리눅스에서 파이썬 웹 서버를 실행한다면 목록 6-16에 표시된 것처럼 OS 모듈을 사용해 파일을 생성할 때 파일 사용 권한을 설정할 수 있다.

```
import os
file_descriptor = os.open("/path/to/file", os.O_WRONLY | os.O_CREAT, 0o600)
with os.fdopen(open(file_descriptor, "wb")) as file_handle:
  file_handle.write(...)
```

목록 6-16 리눅스의 파이썬에서 읽기–쓰기(실행하지 않음) 권한으로 파일 쓰기

운영체제에서 필요 없는 소프트웨어를 제거하는 것은 해커에게 사용할 수 있는 도구 수를 줄이기 때문에 좋은 생각이다. 인터넷 보안 센터CIS, Center for Internet Security는 시작점이 되는 사전 강화된 운영체제 이미지를 제공한다. 아마존 웹 서비스 마켓 플레이스에서 도커 이미지 또는 AMIAmazon Machine Images로 사용할 수 있다.

조치 방안 3: 업로드된 파일의 내용 확인

알려진 파일 형식의 파일을 업로드한다면 코드에 일부 파일 형식 검사를 추가하는 것이 좋다. 업로드의 HTTP 요청에 있는 Content-Type 헤더가 예상 파일 유형과 일치하는지 확인하되 공격자는 헤더를 쉽게 스푸핑할 수 있다.

파일이 업로드된 후 특히 이미지 파일을 사용해 파일 형식을 검증할 수 있으므로 목록 6-17에 표시된 대로 서버 측 코드에 업로드 파일의 내용을 확인하는 기능을 구현하는 것이 좋다. 하지만 마일리지는 다양해야 한다. 과거에 해커들은 둘 이상의 파일 형식에 유효한 페이로드를 설계해 다양한 시스템에 침투했다.

```
>>> import imghdr
>>> imghdr.what('/tmp/what_is_this.dat')
'gif'
```

목록 6-17 파일 헤더를 읽고 파이썬에서 파일 형식 확인

조치 방안 4: 바이러스 백신 소프트웨어 실행

마지막으로 바이러스가 발생하기 쉬운 서버 플랫폼에서 실행된다면 최신 바이러스 백신 소프트웨어를 실행해야 한다. 파일 업로드 기능은 바이러스 페이로드의 열린 문이다.

요약

6장에서는 공격자가 백엔드 시스템을 제어하려고 악의적인 HTTP 요청을 작성하는 다양한 인젝션 공격을 배웠다.

SQL 인젝션 공격은 SQL 데이터베이스와 통신할 때 SQL 문자열을 안전하게 구성하지 않는 웹 코드를 활용한다. 데이터베이스 드라이버와 통신할 때 바인딩 매개 변수를 사용해 SQL 주입을 완화할 수 있다.

커맨드 인젝션 공격은 운영체제 기능에 대한 안전하지 않은 호출을 만드는 코드를 활용한다. 마찬가지로 바인딩을 올바르게 사용해 커맨드 주입을 해제할 수 있다.

원격 코드 실행 취약점을 통해 해커는 웹 서버 프로세스 자체 내에서 공격을 실행할 수 있으며, 이는 보통 안전하지 않은 직렬화 라이브러리에서 발생한다. 사용하는 직렬화 라이브러리 및 웹 서버 소프트웨어에 대한 모든 보안 권장 사항을 준수해야 한다.

파일 업로드 기능은 종종 파일 업로드 기능이 업로드된 파일을 실행할 수 있는 권한으로 디스크에 쓴다면 커맨드 인젝션 공격을 활성화한다. 적절한 사용 권한이 있는 서드파티 시스템 또는 디스크에 업로드한 파일을 작성하고 파일 형식을 업로드할 때 유효성을 검사해야 한다.

프로세스 및 소프트웨어 구성 요소는 할당된 작업을 수행하는 데 필요한 권한만 갖고 실행돼야 하며 더 이상 실행되지 않아야 한다는 최소 권한 원칙을 준수해 모든 유형의 인젝션 공격에 대한 위험을 완화할 수 있다. 최소 권한 원칙의 방법은 공격자가 유해한 코드를 주입했을 때 발생할 수 있는 피해를 줄여 준다. 다음 최소 권한 원칙의 예로는 웹 서버 프로세스에 대한 파일 및 네트워크 액세스 제한 및 제한된 권한이 있는 계정으로 데이터베이스에 연결하는 방법이 있다.

7장에서는 해커가 자바스크립트 취약점을 이용해 웹사이트를 공격하는 방법을 살펴본다.

7

크로스 사이트 스크립팅 공격

6장에서는 공격자가 웹 서버에 코드를 주입시켜 웹사이트를 손상시키는 방법을 살펴봤다. 웹 서버가 안전하다면 해커의 주입 대상은 웹 브라우저다. 브라우저는 웹 페이지에 나타나는 모든 자바스크립트 코드를 실행하므로 사용자가 웹사이트를 보는 동안 공격자가 사용자의 브라우저에 악의적인 자바스크립트를 주입하는 방법을 찾을 수 있다면 사용자는 곤경에 처할 것이다. 이러한 코드 주입 유형을 크로스 사이트 스크립팅XSS 공격이라고 한다.

자바스크립트는 웹 페이지의 모든 부분을 읽거나 수정할 수 있으므로 크로스 사이트 스크립팅 취약점을 이용해 공격자가 할 수 있는 작업은 많다. 사용자가 로그인 자격 증명 또는 신용카드 번호와 같은 중요한 정보를 입력할 때 도용할 수 있다. 자바스크립트가 HTTP 세션 정보를 읽을 수 있다면 사용자의 세션을 완전히 가로채서 원격으로 로그인할 수 있다(10장에서 세션 하이재킹을 자세히 알아본다).

크로스 사이트 스크립팅 공격은 현저하게 일반적인 유형의 공격이며, 공격이 미치는 위험은 명확하다. 7장에서는 가장 일반적인 세 가지 유형의 크로스 사이트 스크립팅 공격을 설명하고 보호하는 방법을 설명한다.

스토어드 크로스 사이트 스크립팅 공격

웹사이트는 데이터베이스에 저장된 정보를 사용해 정기적으로 HTML을 생성하고 렌더링한다. 판매 웹사이트는 제품 정보를 데이터베이스에 저장하고 소셜 미디어 사이트는 사용자 대화를 저장한다. 웹사이트는 사용자가 탐색한 URL에 따라 데이터베이스로부터 콘텐츠를 가져와서 페이지에 삽입해 완성된 HTML을 생성한다.

데이터베이스에서 나오는 페이지 내용은 해커의 잠재적인 공격 벡터^{vector}다. 공격자는 데이터베이스에 자바스크립트 코드를 주입해 웹 서버가 HTML을 렌더링할 때 자바스크립트를 작성하도록 시도하는 데 이러한 유형의 공격을 스토어드 크로스 사이트 스크립팅 공격이라고 한다. 자바스크립트는 데이터베이스에 작성되지만 의심하지 않는 공격자가 사이트의 특정 페이지를 볼 때 브라우저에서 실행된다.

악의적인 자바스크립트는 6장에서 설명하는 SQL 인젝션 공격을 사용해 데이터베이스에 삽입할 수 있지만 공격자는 보다 일반적이고 올바른 방법으로 악의적인 코드를 삽입한다. 예를 들어 웹사이트에서 사용자가 주석을 게시할 수 있다면 사이트에서는 주석 텍스트를 데이터베이스에 저장하고 동일한 주석 스레드를 보는 다른 사용자에게 다시 표시한다. 이번 시나리오에서 해커가 크로스 사이트 스크립팅 공격을 수행하는 쉬운 방법은 데이터베이스에 <script> 태그를 포함하는 주석을 작성한다. 웹사이트가 HTML을 안전하게 구성하지 못하면 페이지가 다른 사용자에게 렌더링될 때마다 <script> 태그가 작성되고, 공격 대상자의 브라우저에서 자바스크립트가 실행된다.

구체적인 예를 살펴보자. 빵 굽기를 좋아하는 사람들을 위해 인기 있는 웹사이트 (https://breddit.com)를 운영한다고 상상해 본다. 사이트는 사용자가 빵 관련 주제에 대한 토론 스레드^{thread}에 참여하도록 권장한다. 온라인 포럼을 사용해 토론하는 동안 사용자 자신이 사이트 콘텐츠 대부분을 기여한다. 사용자가 게시물을 추가하면 웹사이트에서 해당 게시물을 데이터베이스에 기록하고 동일한 스레드에 참여하는 다른 사용자에게 표시한다. 이는 그림 7-1과 같이 공격자가 주석으로 일부 자바스크립트를 주입할 수 있는 완벽한 기회다.

그림 7-1 공격자는 설명을 통해 자바스크립트를 주입한다.

　웹사이트가 HTML을 렌더링할 때 삽입된 스크립트를 벗어나지 않을 때(다음 섹션에서 설명하겠지만) 다음 번에 스레드를 볼 사용자는 그림 7-2와 같이 공격자의 <script> 태그를 브라우저에 작성해 실행한다.

그림 7-2 공격자의 〈script〉 태그가 공격 대상자의 브라우저에 기록되고 실행된다.

악성 alert() 상자는 실제 위협보다 더 성가시지만, 공격자는 일반적으로 크로스 사이트 스크립팅 공격이 가능한지 확인하려고 해당 접근 방식을 사용한다. 공격자가 alert() 기능을 호출할 수 있다면 다른 사용자의 세션을 도용하거나 공격 대상자를 유해 사이트로 리다이렉션^{redirection}하는 등의 더 위험한 공격으로 확대될 수 있다. 베이킹 커뮤니티는 다시는 온라인상에서 안전하다고 느끼지 못한다!

댓글뿐만 아니라 모든 곳에서 크로스 사이트 스크립팅 취약점을 이용할 수 있다. 모든 사용자 제어 콘텐츠는 보안이 필요한 잠재적인 공격 방법이다. 공격자는 사용자 이름, 프로필 페이지, 온라인 검토에 악의적인 스크립트 태그를 주입해 크로스 사이트 스크립팅 공격을 수행했다. 이제 몇 가지 간단한 보호 기능을 구현해 본다.

조치 방안 1: 이스케이프 HTML 문자

스토어드 크로스 사이트 스크립팅 공격을 방지하려면 브라우저에서 HTML 태그의 콘텐츠로 간주하도록 데이터스토어에서 들어오는 모든 동적 콘텐츠를 이스케이프해야 한다. 브라우저에서 콘텐츠를 이스케이프하면 HTML의 제어 문자를 표 7-1에 설명된 대로 해당 엔티티 인코딩^{entity encoding}으로 교체한다.

표 7-1 HTML 제어 문자의 엔티티 인코딩

문자열	엔티티 인코딩
"	&quot;
&	&amp;
'	&apos;
〈	&lt;
〉	&gt;

태그의 시작과 끝을 나타내는 〈 및 〉 문자와 같이 HTML에 특별한 의미가 있는 문자는 안전한 엔티티 인코딩을 가진다. 엔티티 인코딩을 발견한 브라우저는 해당 인코딩을 이스케이프 문자로 인식해 적절한 문자로 시각적으로 렌더링하지만, 중요한 것은 HTML 태그로 취급하지 않는다는 것이다. 목록 7-1은 보안 웹사이트가 그림 7-1의 공격에 입력된 의견을 어떻게 작성하는지를 보여 준다. 굵게 표시된 텍스트는 HTML 태그를 구성하는 데 사용할 수 있는 문자를 나타낸다.

```
<div class="comment">
  &lt;script&gt;alert(&quot;HAXXED&quot;)&lt;/script&gt;
</div>
```

목록 7-1 해당 크로스 사이트 스크립팅 공격은 취소됐다.

이스케이프 문자를 이스케이프하지 않은 문자로 변환하는 것은 브라우저가 페이지의 DOM을 생성한 후에 일어나기 때문에 브라우저가 `<script>` 태그를 실행하지 않는다. 해당 방식으로 HTML 제어 문자를 이스케이프한다면 대부분의 크로스 사이트 스크립팅 공격이 차단된다.

크로스 사이트 스크립팅 공격은 일반적인 취약점이기 때문에 최신 웹 프레임워크는 기본적으로 동적 콘텐츠를 이스케이프하는 경향이 있다. 특히 템플릿은 일반적으로 요청 없이 삽입된 값을 이스케이프한다. 임베디드 루비ERB, Embedded Ruby 템플릿의 변수를 삽입하는 구문은 목록 7-2와 같다.

```
<div class="comment">
  <%= comment %>
</div>
```

목록 7-2 임베디드 루비 템플릿의 동적 콘텐츠의 암시적 탈출

동적 콘텐츠를 평가할 때 ERB 템플릿 엔진은 민감한 문자를 `<%= comment %>` 구문으로 이스케이프한다.

이스케이프되지 않은 원본 HTML을 쓰려면(그러므로 크로스 사이트 스크립팅 공격에 취약함) ERB 템플릿은 목록 7-3에 나온 것처럼 raw 함수에 대한 명시적 호출을 해야 한다.

```
<div class="comment">
  <%= raw comment %>
</div>
```

목록 7-3 임베디드 루비 템플릿에서 원본 HTML 주입을 허용하는 구문

모든 보안 템플릿 언어는 동일한 설계 원칙을 따른다. 개발자가 명시적으로 인코딩하지 않은 원본 HTML을 구성하도록 선택하지 않는 한, 템플릿 엔진은 동적 콘텐츠를 암시적으로 이스케이프한다. 템플릿에서 이스케이프가 작동하는 방식을 이해하고 코드 검토 중에 동적 콘텐츠를 안전하게 이스케이프했는지 확인해야 한다! 특히 템플릿에 주입하고자 원본 HTML을 구성하는 도움되는 기능이나 메서드가 있다면 공격자가 입력을 남용해 크로스 사이트 스크립팅 공격을 수행할 수 없는지 확인한다.

조치 방안 2: 콘텐츠 보안 정책 구현

최신 브라우저로 웹사이트에서 콘텐츠 보안 정책^{content security policy}을 설정할 수 있으며, 콘텐츠 보안 정책을 사용해 사이트에서 자바스크립트 실행을 차단할 수 있다. 크로스 사이트 스크립팅 공격은 공격자가 공격 대상자의 웹 페이지에서 악의적인 스크립트를 실행할 수 있을 때에 의존하며, 일반적으로 인라인^{inline} 자바스크립트라고도 하는 페이지의 <html> 태그 내에 <script> 태그를 주입한다. 그림 7-2에 표시된 예제 해킹은 주석 텍스트로 작성된 인라인 자바스크립트를 사용한다.

HTTP 응답 헤더에 내용 보안 정책을 설정하면 브라우저에 인라인 자바스크립트를 절대로 실행하지 말라고 할 수 있다. 브라우저는 사용자 페이지에서 자바스크립트를 실행하는데 <script> 태그의 src 속성으로만 가져올 수 있다. 일반적인 콘텐츠 보안 정책 헤더는 목록 7-4와 같다. 콘텐츠 보안 정책은 동일한 도메인('self') 또는 apis.google.com 도메인에서 스크립트를 가져올 수 있지만 인라인 자바스크립트를 실행해서는 안 된다고 지정한다.

```
Content-Security-Policy: script-src 'self' https://apis.google.com
```

목록 7-4 HTTP 응답 헤더에 설정된 콘텐츠 보안 정책

또한 목록 7-5에서와 같이 웹 페이지 HTML의 <head> 요소에 있는 <meta> 태그에서 사이트의 콘텐츠 보안 정책을 설정할 수 있다.

```
<meta http-equiv="Content-Security-Policy" content="script-src 'self' https://apis.google.com">
```

목록 7-5 HTML 문서의 〈head〉 요소에 설정된 동등한 콘텐츠 보안 정책

브라우저에서 스크립트를 로드하는 도메인을 화이트리스트[whitelist]에 추가함으로써 인라인 자바스크립트가 허용되지 않음을 암시적으로 명시할 수 있다. 예제의 콘텐츠 보안 정책에서 브라우저는 google.com 도메인과 사이트의 도메인(예: breddit.com)에서만 자바스크립트를 로드한다. 인라인 자바스크립트를 허용하려면 정책에서 unsafe-inline 키워드를 포함해야 한다.

인라인 자바스크립트의 실행을 방지하는 것은 훌륭한 보안 조치이지만, 이는 사이트에서 현재 구현하고 있는 인라인 자바스크립트를 별도의 가져오기로 이동해야 함을 의미한다. 즉 페이지의 <script> 태그는 시작 태그와 종료 태그 사이에 자바스크립트를 쓰는 대신 src 속성으로 별도의 파일에서 자바스크립트를 참조해야 한다.

자바스크립트를 외부 파일로 분리하는 것은 보다 체계적인 코드베이스를 만들기 때문에 웹 개발에서 선호되는 접근법이다. 인라인 스크립트 태그는 현대의 웹 개발에서 나쁜 관행으로 간주되기 때문에 인라인 자바스크립트를 금지하는 것은 실제로 개발 팀에게 좋은 습관을 강요한다. 그럼에도 인라인 스크립트 태그는 기존 사이트에서 흔히 사용된다. 실제로 모든 인라인 자바스크립트 태그를 제거하려고 템플릿을 리팩터링[refactoring]하는 데 시간이 걸릴 수 있다.

리팩터링을 지원하려면 콘텐츠 보안 정책 위반 보고서를 사용하는 것이 좋다. 목록 7-6에 표시된 대로 콘텐츠 보안 정책 헤더에 report-uri 지시문을 추가하면 브라우저는 자바스크립트 실행을 차단하지 않고 정책 위반을 알려 준다.

```
Content-Security-Policy-Report-Only: script-src 'self'; report-uri https://example.com/csr-
reports
```

목록 7-6 브라우저에 콘텐츠 보안 위반 사항을 https://example.com/csr-reports에 보고하도록 지시하는 콘텐츠 보안 정책

정책 위반 보고서를 모두 로그 파일에 수집한다면 개발 팀은 제안된 콘텐츠 보안 정책에 부과되는 제한 사항을 충족하려고 재작성해야 하는 모든 페이지를 볼 수 있어야 한다.

콘텐츠 보안 정책은 사용자를 효과적으로 보호하므로 HTML을 이스케이프하는 것 외에도 설정해야 한다! 공격자는 이스케이프되지 않은 콘텐츠 인스턴스를 찾고 화이트리스트 도메인으로 악의적인 스크립트를 삽입하기 어렵다. 6장에서 학습한 바와 같이 여러 계층의 방어를 사용해 동일한 취약점 방어를 심층적으로 방어하는 것이 중요하다. 이 책에서는 취약점의 방어 대책을 주제로 다룬다.

리플렉티드 크로스 사이트 스크립팅 공격

데이터베이스의 로그 자바스크립트는 크로스 사이트 스크립팅 공격의 유일한 공격 벡터가 아니다. 사이트에서 HTTP 요청의 일부를 가져와서 렌더링된 웹 페이지에 다시 표시한다면 렌더링 코드는 HTTP 요청으로 악의적인 자바스크립트를 주입하는 공격에서 보호해야 한다. 이러한 유형의 공격을 리플렉티드 크로스 사이트 스크립팅reflected cross-site scripting 공격이라고 한다.

사실상 모든 웹사이트가 렌더링된 HTML로 HTTP 요청의 일부를 표시한다. 구글 검색 페이지를 고려한다면 'cats'를 검색하면 구글은 URL https://www.google.com/search?q=cats에서 HTTP의 일부로 검색어를 전달한다. 검색 결과 위에 있는 검색 상자에 cats라는 검색어가 표시된다.

구글이 보안에 취약한 회사라면 URL의 cats 매개 변수를 악성 자바스크립트로 대체하고 누구든 자신의 브라우저에서 해당 URL을 열 때마다 자바스크립트 코드를 실행할 수 있다. 공격자는 공격 대상자에 대한 링크로서 URL을 이메일로 보내거나 설명을 추가해 사용자가 URL을 방문하도록 속일 수 있다. 해당 내용이 크로스 사이트 스크립팅 공격의 핵심이다. 공격자는 HTML 요청에 악의적인 코드를 보낸 다음 서버가 이를 재반사한다.

다행히 구글은 보안 전문가 몇 명 이상을 고용하고 있어서 검색 결과에 <script> 태그를 삽입하려고 하면 서버가 자바스크립트를 실행하지 않는다. 과거 해커들은 https://admin.google.com에 있는 구글 애플리케이션 관리 인터페이스에서 리플렉티드 크로스 사이트 스크립팅 공격의 취약점을 발견해 대기업이 적발된 사례도 있다. 사용자를 안전하게 보호하려면 공격 벡터로부터 보호해야 한다.

조치 방안: HTTP 요청에서 동적 콘텐츠 이스케이프

웹사이트에서 HTML 페이지로 삽입하는 동적 콘텐츠의 제어 문자를 이스케이프해 스토 어드 크로스 사이트 스크립팅 공격 취약점을 조치하는 것과 동일한 방법으로 리플렉티드 크로스 사이트 스크립팅 공격 취약점을 조치할 수 있다. 동적 콘텐츠가 백엔드^{backend} 데 이터베이스에서 나오든 HTTP 요청에서 나오든 동일한 방법으로 이스케이프해야 한다.

다행히 템플릿 언어는 일반적으로 템플릿이 데이터베이스에서 변수를 로드하거나 HTTP 요청에서 가져올지 여부에 관계없이 모든 삽입한 변수에 이스케이프를 적용한다. 그러나 개발 팀은 코드 감사 시 HTTP 요청을 통한 인젝션의 위험성을 인지해야 한다. 개 발자가 스토어드 크로스 사이트 스크립팅 취약점을 찾는 데 너무 바쁘기 때문에 코드 검 토에서 리플렉티드 크로스 사이트 스크립팅 취약점을 간과할 때가 많다.

리플렉티드 크로스 사이트 스크립팅 공격에 대한 일반적인 대상 영역은 검색 페이지 와 오류 페이지다. 해당 영역은 일반적으로 쿼리 문자열의 일부를 사용자에게 다시 표시 하기 때문이다. 팀이 코드 변경을 검토할 때 위험을 이해하고 취약점을 발견할 수 있는 방법을 알고 있는지 확인한다. 스토어드 크로스 사이트 스크립팅 공격은 데이터베이스 테이블에 주입된 단일 악의적인 자바스크립트 조각이 사용자를 계속해서 공격할 수 있기 때문에 더욱 유해한 경향이 있다. 그러나 리플렉티드 크로스사이트 스크립팅 공격은 구현 하기가 더 쉽기 때문에 흔한 공격이다.

7장을 마치기 전에 크로스 사이트 스크립팅 공격 유형을 하나 더 살펴보겠다.

DOM 기반 크로스 사이트 스크립팅 공격

대부분의 크로스 사이트 스크립팅 공격을 거부하는 것은 서버 측 코드를 검사하고 보호 하는 것을 의미한다. 그러나 클라이언트 측 코드에 대한 리치^{rich} 프레임워크의 인기가 높 아지면서 DOM 기반 크로스 사이트 스크립팅 공격이 증가했으며 이로 인해 공격자는 URI 조각으로 악의적인 자바스크립트를 사용자의 웹 페이지로 삽입한다.

DOM 기반 크로스 사이트 스크립팅 공격을 이해하려면 먼저 URI 조각이 작동하는 방 식을 이해해야 한다. 브라우저 표시줄에 표시된 주소인 URL(범용 자원 로케이터)이 어떻게 구성됐는지에 대한 알림으로 시작한다.

일반적인 URL은 그림 7-3과 같다.

그림 7-3 일반 URL의 섹션

URI 조각은 # 기호 뒤에 있는 URL의 선택적 부분이다. 브라우저는 페이지 내 탐색에 URI 조각을 사용한다. 페이지의 HTML 태그에 URI 조각과 일치하는 id 속성이 있다면 페이지를 연 후 브라우저가 해당 태그로 스크롤한다. 예를 들어 URL https://en.wikipedia.org/wiki/Cat#Grooming을 브라우저에 로드하면 브라우저가 웹 페이지를 열고 위키피디아 페이지의 그루밍^{Grooming} 섹션으로 스크롤해 고양이를 설명한다. 해당 섹션의 제목 태그가 목록 7-7과 비슷하기 때문에 다음과 같은 방식으로 작동한다.

```
<h3 id="Grooming">Grooming</h3>
```

목록 7-7 URI 조각에 해당하는 HTML 태그 #Grooming

위키피디아는 유용한 내장 브라우저 동작을 통해 사용자와 룸메이트가 고양이 그루밍 문제를 해결할 수 있도록 한 페이지 내의 섹션에 직접 연결할 수 있다.

또한 한 페이지 애플리케이션은 직관적인 방식으로 상태를 기록하고 다시 로드하려고 URI 조각을 사용하는 경우가 많다. 앵귤러, Vue.js, 리액트^{React}와 같은 자바스크립트 프레임워크로 작성된 유형의 애플리케이션은 실제로 브라우저가 웹 페이지를 다시 로드할 때 발생하는 렌더링 블링크^{blink}를 피하려고 하는 자바스크립트가 많이 사용되는 웹 페이지다.

브라우저 표시줄에서 URL을 변경하는 것이 일반적으로 웹 페이지를 다시 로드하는 원인이 되므로 렌더링 블링크를 방지할 수 있는 한 가지 방법은 변경되지 않는 정적 URL로 전체 애플리케이션을 로드하도록 설계한다. 그러나 사용자가 변경되지 않은 URL에 대해 브라우저를 새로 고치면 브라우저는 웹 페이지를 초기 상태로 재설정해 이전에 사용자가 수행했던 작업에 대한 모든 정보를 잃게 된다.

단일 페이지 애플리케이션은 URI 조각을 사용해 브라우저 업데이트/교체 상태를 유지함으로써 이를 극복한다. 웹 페이지에는 일반적으로 무한 스크롤이 구현돼 있다. 즉 사용자가 페이지를 스크롤할 때 동적으로 로드되는 이미지 목록이 표시된다. URI 조각은 사용자가 아래로 스크롤한 정도를 표시해 업데이트된다. 그러면 브라우저가 새로 고쳐지더라도 자바스크립트 코드가 URI 조각의 내용을 해석해 페이지가 새로 고쳐질 때 적절한 수의 이미지에 로드할 수 있다.

설계상 브라우저가 페이지를 렌더링할 때 브라우저는 URI 조각을 서버로 전송하지 않는다. 브라우저는 URI 조각이 있는 URL을 수신하면 조각을 메모해 URL에서 분리한 다음 벗겨진 URL을 웹 서버로 보낸다. 페이지에서 실행되는 자바스크립트는 URI 조각을 읽을 수 있으며 사용자가 페이지를 북마크한다면 브라우저는 브라우저 기록이나 책갈피에 전체 URL을 기록한다.

이는 서버 측 코드에서 URI 조각을 사용할 수 없음을 의미한다. 서버 측 코드를 보호해도 DOM 기반 크로스 사이트 스크립팅 공격을 완화할 수 없다. URI 조각을 해석하고 사용하는 클라이언트 측 자바스크립트 코드는 해당 조각의 내용을 해석하는 방법에 주의해야 한다. 콘텐츠가 이스케이프되지 않고 웹 페이지의 DOM에 직접 기록된다면 공격자는 해당 채널로 악의적인 자바스크립트를 삽입할 수 있다. 공격자는 URI 조각에서 일부 악의적인 자바스크립트를 사용해 URL을 만든 다음 사용자가 해당 URL을 방문하도록 속여 크로스 사이트 스크립팅 공격을 시작할 수 있다.

DOM 기반 크로스 사이트 스크립팅 공격은 비교적 새로운 형태의 공격이지만 코드 주입이 클라이언트 쪽에서 완전히 발생하고 웹 서버 로그를 검사해 탐지할 수 없기 때문에 특히 위험하다! 즉 코드 검토를 수행할 때 취약점을 잘 인식하고 이를 완화하는 방법을 알아야 한다.

조치 방안: URI 조각에서 동적 콘텐츠 이스케이프

브라우저에서 실행 중인 모든 자바스크립트 코드는 URI 조각의 일부를 차지하고 HTML을 생성하며 DOM 기반 크로스 사이트 스크립팅 공격을 받기 쉽다. 즉 서버 측 코드와 마찬가지로 HTML의 값을 클라이언트 측 코드로 삽입하기 전에 URI 조각에서 가져온 모든 값을 이스케이프하도록 주의해야 한다.

현대의 자바스크립트 템플릿 프레임워크의 작성자들은 URI 조각에 야기되는 위험을 완전히 인식하고 코드에서 원본 HTML의 구성을 방해한다. 예를 들어 리액트 프레임워크에서 이스케이프하지 않은 HTML을 쓰는 구문은 목록 7-8에 표시된 대로 개발자가 dangerously SetInnerHTML 함수를 호출하도록 요구한다.

```
function writeSomeHTML () {
  return {__html: 'First &middot; Second'};
}
function MyComponent() {
  return <div dangerouslySetInnerHTML={writeSomeHTML()} />;
}
```

목록 7-8 리액트 프레임워크의 텍스트에서 원본 HTML을 위험하게 설정

클라이언트 측 자바스크립트 코드가 복잡하다면 최신 자바스크립트 프레임워크로 전환해 본다. 코드베이스를 보다 쉽게 관리하려면 보안 고려 사항이 명확해야 한다. 그리고 적절한 콘텐츠 보안 정책을 설정해야 한다.

요약

7장에서는 사용자가 사이트 페이지를 볼 때 공격자가 자바스크립트를 주입하는 크로스 사이트 스크립팅 공격을 배웠다. 공격자는 일반적으로 데이터베이스, HTTP 요청 또는 URI 조각에서 오는 동적 콘텐츠에 악의적인 자바스크립트를 주입한다. 동적 콘텐츠의 HTML 제어 문자를 이스케이프하고 인라인 자바스크립트를 실행하지 못하게 하는 콘텐츠 보안 정책을 설정해 크로스 사이트 스크립팅 공격을 방지할 수 있다.

8장에서는 공격자가 사이트 간 요청 위조 공격이라는 웹사이트 사용자를 공격하는 데 사용할 수 있는 또 다른 방법을 살펴본다.

8

사이트 간 요청 위조 공격

7장에서는 공격자가 크로스 사이트 스크립팅 공격을 이용해 설명 섹션, 검색 결과, URL과 같은 페이지 요소로 사용자의 웹 브라우저에 자바스크립트를 주입하는 방법을 살펴봤다. 이제 공격자가 악의적인 링크를 사용해 사용자를 해킹하는 방법을 알아본다.

웹사이트는 섬이 아니다. 웹사이트에 공개 URL이 있기 때문에 다른 사이트가 자주 링크되며 이는 사이트 소유자로서 권장된다. 사이트에 인바운드 inbound 링크가 많을수록 트래픽이 많아지고 검색 엔진 순위가 향상된다.

그러나 사이트에 연결하는 모든 사용자가 좋은 의도를 갖고 있는 것은 아니다. 공격자는 사용자를 속여 원치 않거나 예상치 못한 부작용을 트리거하는 악의적인 링크를 클릭하도록 할 수 있다. 이를 사이트 간 요청 위조CSRF 또는 XSRF, Cross-Site Request Forgery라고 한다. 보안 연구원들은 때때로 CSRF를 '시서프sea-surf, 바다의 파도'라고 발음한다.

CSRF는 대부분의 주요 웹사이트가 한 번에 또는 여러 번에 걸쳐 보여 준 현저한 공통 취약점이다. 공격자는 CSRF를 사용해 지메일Gmail 연락처 목록을 도용하고, 아마존에서 원클릭 구매를 트리거하며, 라우터 구성을 변경했다. 8장에서는 CSRF 공격이 일반적으로 어떻게 작동하는지 살펴보고 공격으로부터 보호하는 몇 가지 코딩 방법을 보여 준다.

사이트 간 요청 위조 공격 분석

공격자는 일반적으로 웹 서버의 상태를 변경하는 GET 요청을 구현하는 웹사이트를 공격해 사이트 간 요청 위조CSRF 공격을 시작한다. GET 요청은 공격 대상자가 링크를 클릭할 때 트리거되므로 공격자가 예기치 않은 작업을 수행하는 대상 사이트에 잘못된 링크를 조작할 수 있다. GET 요청은 요청 내용 전체를 URL에 포함하는 유일한 HTTP 요청 유형이므로 CSRF 공격에 취약하다.

트위터Twitter의 초기 반복에서는 POST 요청 대신 GET 요청으로 트윗을 생성할 수 있어 CSRF 공격에 취약했다. 클릭 시 사용자의 타임라인에 게시할 URL 링크를 만들 수 있었다. 목록 8-1은 이러한 URL 링크 중 하나를 보여 준다.

```
https://twitter.com/share/update?status=in%20ur%20twitter%20CSRF-ing%20ur%20tweets
```

목록 8-1 클릭 시 ur 트위터 CSRF-ing ur 트윗에 있는 텍스트를 공격 대상자의 타임라인으로 트윗할 수 있는 링크

한 약삭빠른 해커는 트위터에 바이러스성 웜worm을 만들려고 GET 요청을 생성할 수 있는 허점을 이용했다. 단일 GET 요청을 사용해 트윗을 작성할 수 있기 때문에 클릭 시 음란 메시지와 동일한 악성 링크가 포함된 트윗을 게시하는 악의적인 링크를 구성했다. 트윗의 사용자들은 첫 번째 피해자가 트윗한 링크를 클릭했을 때 그들 역시 같은 내용을 트위터에 올리도록 속았다.

해커는 소수의 피해자들을 속여 악의적인 링크를 클릭하게 했고, 피해자들은 예상치 못한 게시물을 타임라인에 올렸다. 점점 더 많은 사용자가 원래의 트윗을 읽고 호기심에서 내장된 링크를 클릭함에 따라 사용자들은 같은 트윗을 트위터에 올렸다. 곧 수만 명의 트위터 사용자가 염소를 성추행하고 싶은 욕구를 표현하도록 속아 넘어갔다(초기 트윗의 내용). 첫 번째 트위터 웜이 태어났고, 트위터 개발팀은 일이 걷잡을 수 없게 되기 전에 보안 허점을 닫으려고 허둥댔다.

조치 방안 1: REST 원칙을 따른다

CSRF 공격에게서 사용자를 보호하려면 GET 요청이 서버 상태를 변경하지 않도록 해야

한다. 웹사이트는 웹 페이지 또는 기타 자원을 가져온다면 GET 요청을 사용해야 한다. PUT, POST 또는 DELETE 요청을 통해서만 사용자 로그인 또는 로그아웃, 암호 재설정, 게시물 작성 또는 계정 닫기 등의 서버 상태를 변경하는 작업을 수행해야 한다. 이러한 설계 철학은 REST[Representational State Transfer]라고 불리며 CSRF 공격 보호 외에도 다양한 이점을 제공한다.

REST는 웹사이트 작업을 의도에 따라 적절한 HTTP 메서드에 매핑해야 한다고 명시한다. GET 요청이 있는 데이터 또는 페이지를 가져오고, PUT 요청을 사용해 서버에 새 개체(예: 주석, 업로드 또는 메시지)를 만들고, POST 요청을 사용해 서버에서 개체를 수정하고, DELETE 요청을 사용해 개체를 삭제해야 한다.

모든 작업이 명백한 HTTP 메서드를 가지는 것은 아니다. 예를 들어 사용자가 로그인할 때 사용자가 새 세션을 만드는지 또는 상태를 수정하는지 여부에 대한 철학적인 토론이다. 그러나 CSRF 공격에서 보호하는 측면에서 중요한 것은 서버 상태를 GET 요청에 변경하는 작업을 할당하지 않는다.

GET 요청을 보호한다고 해서 다른 유형의 요청에도 취약점이 없는 것은 아니다. 두 번째 조치 방안으로 이를 알 수 있다.

조치 방안 2: 안티 CSRF 공격 쿠키 구현

GET 요청을 거부하면 대부분의 CSRF 공격이 차단되지만 다른 HTTP 메서드를 사용하는 요청을 보호해야 한다. 이러한 메서드를 사용하는 공격은 GET 기반 CSRF 공격보다 덜 일반적이며 더 많은 작업이 필요하지만, 공격자가 시도할 수 있다.

예를 들어 공격자의 제어 하에 공격 대상자가 서드 파티 사이트에 호스팅된 악의적인 양식 또는 스크립트를 제출하도록 해 사용자가 사용자의 사이트에 POST 요청을 하도록 속일 수 있다. 사이트가 POST 요청에 응답해 중요한 작업을 수행해 사이트 내에서만 요청이 시작되도록 하려면 안티[anti] CSRF 공격 쿠키[cookie]를 사용해야 한다. 중요한 작업은 사용자가 예상치 못한 작업을 수행하도록 속일 수 있는 악의적인 페이지가 아니라 자신의 로그인 양식과 자바스크립트에서만 트리거돼야 하는 것이다.

안티 CSRF 공격 쿠키는 웹 서버가 명명된 쿠키 매개 변수에 쓰는 임의 문자열 토큰

이다. 쿠키는 HTTP 헤더의 브라우저와 웹 서버 간에 전달되는 작은 텍스트다. 웹 서버가 Set-Cookie:_xsrf =5978e29d4ef434a1과 같은 헤더 값을 포함하는 HTTP 응답을 반환한다면 브라우저는 다음 HTTP 요청의 동일한 정보를 Cookie: _xsrf |5978e29d4def434a1 형식과 함께 헤더로 반환한다.

보안 웹사이트는 안티 CSRF 공격 쿠키를 사용해 POST 요청이 동일한 웹 도메인에 호스트된 페이지에서 발생하는지 확인한다. 사이트의 HTML 페이지는 POST 요청을 생성하는 데 사용되는 모든 HTML 양식에서 <input type="hidden" name="_xsrf" value="5978e29d4ef434a1"> 요소와 동일한 문자열 토큰을 추가한다. 사용자가 양식을 서버에 제출하고 반환된 쿠키의 _xsrf 값이 요청 본문의 _xsrf 값과 일치하지 않으면 서버는 요청을 완전히 거부한다. 이렇게 하면 서버는 악의적인 서드 파티 사이트가 아닌 사이트 내에서 요청이 발생했는지 확인한다. 브라우저는 동일한 도메인에서 웹 페이지가 로드될 때만 필요한 쿠키를 보낸다.

대부분의 최신 웹 서버는 안티 CSRF 공격 쿠키를 지원한다. 구문은 웹 서버마다 조금씩 다르므로 선택한 웹 서버의 보안 설명서를 참조해 쿠키 구현 방법을 확인해야 한다. 목록 8-2는 안티 CSRF 공격이 포함된 토네이도 웹 서버용 템플릿 파일을 보여 준다.

```
<form action="/new_message" method="post">
❶ {% module xsrf_form_html() %}
  <input type="text" name="message"/>
  <input type="submit" value="Post"/>
</form>
```

목록 8-2 파이썬의 토네이도 웹 서버용 템플릿 파일이며, 여기에는 안티 CSRF 공격 보호 기능이 포함돼 있다.

예시에서 xsrf_form_html 함수❶은 무작위 토큰을 생성해 입력 요소인 <input type ="hidden" name="_xsrf" value="5978e29d4ef434a1">와 같은 입력 요소로 HTML 양식에 기록한다. 그러면 토네이도 웹 서버는 HTTP 응답 헤더에 Set-Cookie: _xsrf =5978e29d4ef434a1과 동일한 토큰을 기록한다. 사용자가 양식을 제출하면 웹 서버는 양식의 토큰과 쿠키 반환 헤더의 토큰이 일치하는지 확인한다. 브라우저 보안 모델은 동일한 원본 정책에 따라 쿠키를 반환하므로 쿠키 값은 웹 서버에서만 설정될 수 있다. 따라서 서버는 POST 요청이 호스트 웹사이트에서 발생했는지 확인할 수 있다.

또한 안티 CSRF 공격 쿠키를 사용해 자바스크립트에서 만들어진 HTTP 요청을 검증해야 하며 PUT 및 DELETE 요청도 마찬가지로 동일하다. 자바스크립트는 HTML에서 안티 CSRF 공격 토큰을 쿼리^query해 HTTP 요청 시 서버에 다시 전달해야 한다.

안티 CSRF 공격 쿠키를 구현한 후에는 웹사이트가 훨씬 안전하다. 이제 마지막 허점을 보완해 공격자가 CSRF(안티 CSRF) 공격 토큰을 훔쳐 악성 코드에 포함시킬 수 없도록 해야 한다.

조치 방안 3: SameSite 쿠키 속성 사용

CSRF 공격을 마지막으로 구현해야 하는 보호 방법은 쿠키를 설정할 때 SameSite 속성을 지정하는 것이다. 기본적으로 브라우저는 웹사이트 요청을 생성할 때 요청 소스에 관계없이 사이트에서 설정한 마지막으로 알려진 쿠키를 요청에 첨부한다. 이전에 설정한 보안 쿠키와 함께 악의적인 사이트 간 요청이 웹 서버에 도착한다는 것을 의미한다. 이렇게 해도 CSRF 공격에 대한 조치 자체에는 영향을 미치지 않지만 공격자가 HTML 양식에서 보안 토큰을 도용해 악의적인 형태로 설치하더라도 CSRF 공격을 계속 실행할 수 있다.

쿠키를 설정할 때 SameSite 속성을 지정하면 외부 도메인에서 요청이 생성될 때 공격자가 설정한 악의적인 웹사이트와 같이 사용자의 사이트에 대한 요청에서 쿠키를 분리하라는 메시지가 브라우저에 표시된다. 목록 8-3에서 SameSite=Strict 구문을 사용해 쿠키를 설정하면 브라우저가 사용자 사이트 내에서 시작된 요청과 함께 쿠키를 보낼 수 있다.

```
Set-Cookie: _xsrf=5978e29d4ef434a1; SameSite=Strict;
```

목록 8-3 SameSite 속성을 안티 CSRF 공격 쿠키에 설정하면 쿠키가 당사 사이트의 요청에만 첨부된다.

CSRF 공격 보호에 사용되는 쿠키뿐만 아니라 모든 쿠키에 SameSite 속성을 설정하는 것이 좋다. 그러나 세션 관리를 위해 쿠키를 사용하는 경우 세션 쿠키의 SameSite 특성을 설정하면 다른 웹사이트에서 생성된 사이트에 대한 요청의 쿠키가 제거된다. 즉 사이트에 대한 모든 인바운드 링크에서 사용자가 다시 로그인해야 한다.

해당 동작은 사용자의 사이트에서 이미 세션을 열고 있는 사용자에게 약간 성가신 동작일 수 있다. 누군가가 비디오를 공유할 때마다 페이스북에 다시 로그인해야 한다고 상상해 보자. 사용자는 불편할 것이다. 이런 행동을 막으려고 목록 8-4는 다른 사이트의 GET 요청만 쿠키를 보낼 수 있는 SameSite 속성 Lax의 보다 유용한 값을 보여 준다.

```
Set-Cookie: session_id=82938d911e13f3; SameSite=Lax;
```

목록 8-4 HTTP 쿠키에서 SameSite 속성을 설정하면 GET 요청에 쿠키를 사용할 수 있다.

이렇게 하면 사이트에 원활하게 연결할 수 있지만 공격자는 POST 요청과 같은 악의적인 작업을 위조할 수 있는 기능을 제거한다. GET 요청에 부작용이 없다면 설정은 안전하다.

추가적인 조치 방안: 중요한 작업에 대한 재인증 필요

암호를 변경하거나 결제 시작과 같은 중요한 작업을 수행할 때 일부 웹사이트에서 로그인 세부 정보를 다시 확인하도록 강제할 수 있다. 이를 재인증reauthentication이라고 하며, CSRF 공격에서 사이트를 보호하는 일반적인 방법이다. 해당 방법은 사용자에게 중요하고도 잠재적으로 위험한 작업을 수행할 것임을 명확하게 보여 주기 때문이다.

또한 재인증에는 사용자가 실수로 공유 또는 도난 장치에 로그인된다면 사용자를 보호하는 긍정적인 부작용이 있다. 웹사이트에서 금융 거래 또는 기밀 데이터를 처리한다면 사용자가 중요한 작업을 수행할 때 자격 증명을 다시 입력하도록 강제하는 것을 고려해야 한다.

요약

공격자는 다른 사이트의 웹 요청을 사용해 사용자가 원하지 않는 작업을 수행하도록 속일 수 있다. CSRF 공격의 조치 방안은 세 가지다.

첫째, GET 요청에 부작용이 없는지 확인해 사용자가 악의적인 링크를 클릭해도 서버 상태가 변경되지 않도록 한다. 둘째, 안티 CSRF 공격 쿠키를 사용해 다른 유형의 요청을 보호한다. 셋째, 다른 사이트에서 생성된 요청에서 쿠키를 분리하려면 SameSite 속성을 가진 쿠키를 설정한다.

사이트에서 매우 중요한 작업을 수행하려면 사용자가 작업을 수행하도록 요청할 때 재인증하도록 요구하는 것이 좋다. 이렇게 하면 CSRF 공격에 대한 보안이 강화되고 사용자가 실수로 공유 또는 도난 장치에 로그인하지 않는다면 사용자를 보호할 수 있다.

9장에서는 해커가 인증 프로세스 중에 취약점을 어떻게 이용하는지 살펴본다.

9

인증 손상

대부분의 웹사이트는 로그인 기능을 제공한다. 로그인은 사용자가 웹사이트로 돌아올 때 사용자를 식별하는 프로세스인 인증의 한 가지 형태다. 사용자를 인증하면 온라인 커뮤니티에서 사용자가 콘텐츠를 제공하고, 다른 사람에게 메시지를 보내고, 구매를 하는 등의 작업을 수행할 수 있다.

요즘 인터넷 사용자들은 사용자 이름과 비밀번호로 사이트에 등록하고, 사이트에 재접속할 때 다시 로그인하는 것에 익숙하다. 브라우저와 플러그인이 암호를 캐싱하거나 선택하는 데 도움을 주고 서드 파티 인증 서비스가 보편화됐기 때문이다.

하지만 여기에는 단점이 있다. 사용자 계정 액세스는 해커들을 감질나게 하는 행동이다. 인터넷 시대에 해커들이 해킹당한 자격 증명을 다크 웹^{dark web}에서 팔고, 클릭 베이트를 퍼뜨리려고 소셜 미디어 계정을 가로채고, 금융 사기를 저지르는 것은 어느 때보다 쉬워졌다.

9장에서는 로그인 및 인증 프로세스 중에 해커가 사용자 사이트에서 사용자 계정을 손상시킬 수 있는 몇 가지 방법을 알아본다(10장에서는 사용자가 로그인하고 세션을 설정한 후 마주하는 취약점을 설명한다). 여기서는 먼저 웹사이트에서 인증을 구현하는 가장 일반적인 방법을 살펴보고 공격자가 무차별 대입 공격을 사용해 인증을 공격하는 방법을 살퍼본다. 그런 다음 서드 파티 인증, SSO^Single Sign-On, 자체 인증 시스템 보안으로 공격에서 사용자를 보호하는 방법을 배우게 된다.

인증 구현

인증은 하이퍼텍스트 전송 프로토콜의 일부다. 인증 문제를 제시하려면 웹 서버가 HTTP 응답에 401 상태 코드를 반환하고 기본 인증 방법을 설명하는 WWW-Authenticate 헤더를 추가해야 한다(기본 인증 및 다이제스트 인증 방법에는 일반적으로 지원되는 두 가지가 있다). 요구 사항을 충족하려면 사용자 에이전트(일반적으로 웹 브라우저)가 사용자에게 사용자 이름과 암호를 요청해야 하므로 로그인 기능이 생성된다.

기본 인증^basic authentication 방식에서 브라우저는 사용자가 제공한 사용자 이름과 암호 사이에 콜론(:) 문자를 연결해 username:password 문자열을 생성한다. 그런 다음 Base64 알고리듬을 사용해 문자열을 인코딩한 후 HTTP 요청의 Authorization 헤더에 있는 서버로 다시 전송한다.

다이제스트 인증^digest authentication 체계는 조금 더 복잡하며 브라우저가 사용자 이름, 암호, URL로 구성된 해시^hash를 생성해야 한다. 해시는 입력 데이터 집합에 고유한 '패턴'을 생성하기 쉽지만 입력 값만 갖고 있으면 추측하기 어렵게 만드는 단방향 암호화 알고리듬의 출력이다. 알고리듬의 출력 암호를 안전하게 저장하는 방법을 논의하는 9장의 뒷부분에서 해싱을 좀 더 자세히 알아본다.

HTTP 네이티브 인증

인증은 하이퍼텍스트 전송 프로토콜에 내장돼 있지만, 널리 사용되는 웹사이트에서는 주로 사용 편의성을 고려해 기본적인 인증이나 다이제스트 인증을 거의 사용하지 않는다. 네이티브 웹 브라우저 인증 프롬프트는 중요하지 않다. 그림 9-1과 같이 브라우저의 포커스를 잡고 사이트 사용 환경을 중단시키는 자바스크립트 경고 대화 상자처럼 보인다.

브라우저는 HTML 외부에서 인증 프롬프트를 구현하기 때문에 웹사이트에 맞게 네이티브 인증 프롬프트를 스타일링할 수 없다. 웹 페이지에 나타나지 않는 기본 브라우저 창으로서 브라우저도 사용자의 자격 증명을 자동으로 완료할 수 없다. 마지막으로 HTTP

인증은 사용자가 암호를 잊어버렸을 때 암호를 재설정하는 방법을 지정하지 않기 때문에 로그인 프롬프트와 별도로 재설정 기능을 구현해야 하므로 사용자 환경이 혼란스러울 수 있다.

```
Sign in
https://www.httpwatch.com

Username ┌──────────────────────────────────┐
         └──────────────────────────────────┘

Password ┌──────────────────────────────────┐
         └──────────────────────────────────┘

                          [ Cancel ]  [ Sign In ]
```

그림 9-1 기본 구글 크롬 로그인 프롬프트가 사용자의 검색 세션을 방해한다.

네이티브하지 않은 인증

사용자 적대적인 설계 때문에, 내장된 HTTP 인증 방법은 사용자 경험이 그다지 중요하지 않은 애플리케이션을 위해 예약되는 경향이 있다. 현대의 웹사이트들은 로그인 양식을 목록 9-1에 표시된 것과 같이 HTML로 구현한다.

```
<form action="/login" method="post">
❶ <input type="email" name="username" placeholder="Type your email">
❷ <input type="password" name="password" placeholder="Type your password">
  <input type="submit" name="login" value="Log in">
</form>
```

목록 9-1 HTML의 일반적인 로그인 양식

　일반적인 로그인 양식에는 사용자가 사용자 이름을 제공해야 하는 <input type="text"> 요소❶과 입력한 문자를 • 문자로 대체해 암호를 모호하게 하는 <input type="password"> 요소❷가 포함돼 있다. 제공된 사용자 이름과 암호는 사용자가 양식을 제출할 때 POST 요청으로 서버로 전송된다. 사용자를 인증할 수 없어 로그인에 실패하면 서버는 HTTP 응답에 401 상태 코드로 응답한다. 로그인에 성공하면 서버는 사용자를 홈페이지로 리다이렉션한다.

무작위 대입 공격

공격자는 암호를 추측해 인증 지점에서 사용자의 사이트를 손상시키려고 할 때가 많다. 영화에서는 보통 해커들이 대상에 개인적인 통찰력을 사용해 암호를 추측하는 것으로 묘사한다. 암호를 추측하는 것은 주목받는 목표물에게는 걱정거리일 수 있지만 해커들은 대개 로그인 페이지에서 일반적으로 사용되는 수천 개의 암호를 시도하려고 스크립트를 통한 무작위 대입 공격brute-force attack을 사용해 더 많은 성공을 거두게 된다. 이전 데이터 침해로 목록 9-2의 암호를 포함해 일반적으로 사용되는 수백만 개의 암호가 이미 유출됐기 때문에 공격자는 어떤 암호를 먼저 시도해야 하는지 쉽게 결정할 수 있다.

---

1. 123456
2. password
3. 12345678
4. qwerty
5. 12345
6. 123456789
7. letmein
8. 1234567
9. football
10. iloveyou

목록 9-2 보안 연구원들은 매년 가장 많이 사용되는 암호 목록을 발표한다. 암호 목록은 매년 거의 변경되지 않는다(목록 9-2는 인터넷 보안 회사 스플래시 데이터(Spark Data)에서 제공한 것이다).

무작위 대입 공격에서 인증을 구현하고 보호할 수 있는 몇 가지 방법을 살펴본다.

조치 방안 1: 서드 파티 인증 사용

가장 안전한 인증 시스템은 직접 작성하지 않아도 된다. 인증 시스템을 구현하는 대신 페이스북Facebook 로그인 같은 서드 파티 서비스를 사용하는 것을 고려한다. 서비스는 사용자가 자신의 소셜 미디어 자격 증명으로 웹사이트에 인증할 수 있도록 한다. 개인 소셜 미디어 자격 증명을 통한다면 사용자에게 편리하며, 사용자 비밀번호를 저장해야 하는 부담을 덜 수 있다.

대형 기술 회사들은 유사한 다른 인증 서비스를 제공한다. 대부분은 OAuth^Open Authentication 또는 OpenID 표준을 기반으로 하며, 일반적으로 서드 파티에게 인증을 위임하려고 프로토콜을 구현한다. 인증 시스템을 항상 혼합하고 일치시킬 수 있다. 일반적으로 쉽게 통합할 수 있으므로 사용자 기반에 적합한 항목을 하나 이상 선택한다. 이메일 관련 서비스를 제공한다면 구글 OAuth와 통합해 사용자에게 지메일 계정에 대한 액세스를 요청할 수 있다. 기술 서비스를 제공한다면 깃허브 OAuth와 같은 서비스를 사용한다. 트위터, 마이크로소프트, 링크드인^LinkedIn, 레딧^Reddit, 텀블러^Tumblr는 모두 수백 개의 다른 웹사이트와 마찬가지로 인증 옵션을 제공한다.

조치 방안 2: Single Sign-On과 통합

OAuth 또는 Open ID 제공자와 통합한다면 사용자는 일반적으로 개인 이메일 주소를 사용자 이름으로 사용한다. 그러나 웹사이트의 대상의 사용자가 비즈니스 사용자라면 Okta, OneLogin 또는 Simply와 같은 Single Sign-On ID 제공자와 통합해 직원들이 비즈니스 이메일로 서드 파티 애플리케이션에 원활하게 로그인할 수 있도록 한다. 회사 관리자는 직원이 어떤 사이트에 액세스할 수 있는지, 사용자 자격 증명이 회사의 서버에 안전하게 저장되는지 최종적인 제어 권한을 유지한다.

Single Sign-On 공급자와 통합하려면 대개 OAuth 또는 Open보다 오래된(그리고 덜 친숙한) 표준인 SAML^Security Assertion Markup Language을 사용해야 한다. 대부분의 프로그래밍 언어에는 사용할 수 있는 성숙된 SAML 라이브러리가 있다.

조치 방안 3: 자체 인증 시스템 보호

서드 파티 인증 확인은 일반적으로 사용자 시스템보다 더 안전하지만 모든 사용자가 소셜 미디어 또는 지메일 계정을 갖고 있지 않기 때문에 서드 파티 인증 확인만 있으면 사용자 기반이 다소 제한될 수 있다. 다른 모든 사용자를 사용자가 등록하고 이름과 암호를 수동으로 선택할 수 있는 방법을 만들어야 한다. 즉 사용자가 등록, 로그인, 로그아웃할 수 있는 웹사이트에 별도의 페이지를 작성해 데이터베이스에 자격 증명을 저장 및 업데이트하고, 사용자가 다시 입력할 때 자격 증명이 올바른지 확인하는 코드도 작성한다. 사용자가 암호를 변경할 수 있는 메커니즘이 필요하다.

구현해야 할 기능이 많다! 코드 작성을 시작하기 전에 몇 가지 설계 결정을 내려야 한다. 안전한 인증 시스템을 구축하기 위해 해결해야 하는 주요 사항을 살펴보자.

사용자 이름, 이메일 주소 또는 둘 다 필요하다

사용자가 등록할 때 사용자 이름과 비밀번호를 선택해야 한다. 또한 대부분의 웹사이트에서는 사용자가 등록할 때 유효한 이메일 주소를 제출하도록 요구하므로 사용자가 자격 증명을 잊어버렸을 때 암호 재설정 이메일을 보낼 수 있다.

대부분의 사이트에서 사용자의 이메일 주소는 사용자 이름이다. 각 이메일 주소는 계정마다 고유해야 하므로 일반적으로 별도의 사용자 이름을 선택하는 것은 중복된다. 예를 들어 사용자가 공개 프로파일을 갖고 있거나 설명 섹션의 다른 사용자와 상호작용하는 경우와 같이 사용자가 사이트에서 눈에 보이는 것은 예외다. 사이트에서는 사용자가 별도의 표시 이름^{display name}을 선택해야 한다. 이메일 주소를 표시 이름으로 사용하는 것은 괴롭힘과 스팸을 유발하기 때문에 잘못된 관행이다.

이메일 주소 확인

예를 들어 사용자가 암호를 재설정할 수 있도록 사이트에서 이메일을 보낸다면 모든 사용자의 이메일 주소가 작업 중인 이메일 계정과 일치하는지 확인해야 한다. 웹사이트에서 사용자 작업의 응답으로 이메일을 보내기 때문에 웹사이트에서 생성하는 이메일을 트랜잭션 이메일^{transaction email}이라고 한다. 트랜잭션 이메일을 확인되지 않은 주소로 보내면 이메일 서비스 공급자가 스팸 발송자를 사용하도록 설정할 것을 우려하기 때문에 이메일 서비스 공급자로 인해 블랙리스트에 오르게 된다.

먼저 사용자의 이메일 주소가 사용자에게 유효한지 확인한다. 즉 이메일에 문자, 숫자 또는 특수 문자(!#$%&'*+-/=?^_`{|}~;.)만 포함돼 있는지 확인한다.

주소에는 @ 기호가 있어야 하며 오른쪽에는 유효한 인터넷 도메인이 있어야 한다. 항상은 아니지만 일반적으로 도메인은 www.gmail.com에 해당하는 @gmail.com 주소와 같은 웹사이트에 대응해야 한다. 적어도 2장에서 설명한 인터넷의 DNS에는 도메인에 메일 교환MX, Mail Exchange 레코드가 포함돼 있어야 한다. 목록 9-3에 표시된 대로 확인 프로세스의 일부로 MX 레코드를 조회할 수 있다.

```
import dns.resolver
def email_domain_is_valid(domain):
  for _ in dns.resolver.query(domain, 'MX'):
    return True
  return False
```

목록 9-3 도메인이 dnsresolver 라이브러리를 사용해 파이썬에서 이메일을 수신할 수 있는지 확인

그러나 주소가 작업 중인 이메일 계정과 일치하는지 확인하는 100% 신뢰할 수 있는 유일한 방법은 이메일 메시지를 보내고 주소가 수신됐는지 확인하는 것이다. 즉 각 사용자에게 웹사이트에 다시 링크되고 유효성 검사 토큰(데이터베이스에 임의로 생성된 대규모 문자열)이 포함된 이메일을 이메일 주소에 보내야 한다. 사용자가 링크를 클릭해 이메일 주소의 소유권을 확인할 때 보낸 토큰이 유효성 확인 토큰인지 확인하고 토큰이 실제로 이메일 계정에 액세스할 수 있는지 확인할 수 있다.

많은 사이트에서 사용자가 등록 프로세스를 완료하기 전에 이메일의 유효성을 확인하도록 강제한다. 다른 사이트에서는 사용자가 인증되지 않은 상태에서 제한된 수의 기능을 사용할 수 있으므로 등록 프로세스의 부담을 줄일 수 있다. 사용자가 이메일 계정의 유효성을 확인할 때까지 사용자가 이메일 계정에 액세스할 수 있다고 가정해서는 안 된다. 그때까지는 다른 유형의 트랜잭션 이메일을 보내거나 사용자에게 메일 목록에 서명하면 안 된다.

일회용 이메일 계정 금지

일부 사용자는 일반적으로 사용하는 이메일 주소로 등록하기를 꺼리고 10분 메일 또는 메일 관리자 또는 그림 9-2와 같은 서비스에서 생성된 임시 이메일 계정으로 사용자의

사이트에 등록한다. 서비스는 종료 전에 소수의 메시지를 수신하는 데 유용한 일회용 이메일 계정을 생성한다. 사용자가 임시 이메일 계정의 서비스를 사용한다면 일반적으로 메일링 리스트에 등록되는 것을 경계한다(이메일 마케팅 담당자의 가차없는 접근 방식을 고려할 때 상당히 주의해야 할 사항).

예를 들어 일부 사용자가 다른 사용자를 괴롭히려고 임시 계정을 생성한다면 사용자가 일회용 이메일 주소로 등록하는 것을 금지해야 할 수 있다. 등록 프로세스 중에 일회용 이메일 도메인을 탐지, 거부, 금지하려고 일회용 이메일 공급자의 잘 유지된 블랙리스트를 사용할 수 있다.

그림 9-2 임시 이메일 주소를 원하면 https://www.sharklasers.com/을 방문하면 된다(실제 웹사이트다).

암호 재설정 보안

각 사용자가 유효한 이메일 주소를 가지면 사용자가 암호를 잊어버렸을 때 (불필요한) 시

132

나리오를 처리할 수 있다. 새 유효성 검사 토큰이 포함된 암호 재설정 링크^{password-reset link}가 포함된 이메일을 보내기만 하면 된다. 암호를 잘 잊어버리는 사용자가 이메일을 열고 링크를 클릭하면 수신 토큰의 유효성을 검사하고 사용자가 계정에 대한 새 암호를 선택하도록 허용할 수 있다.

암호 재설정 링크는 수명이 짧고 사용자가 링크를 사용한 후 만료돼야 한다. 공격이 오래된 재설정 링크를 남용하지 않도록 하려면 30분 후에 재설정 토큰을 만료하는 것이 좋다. 공격자는 사용자의 이메일 계정을 해킹한다면 재설정 링크가 포함된 이메일을 검색한 다음 재설정 링크를 사용해 공격 대상자의 계정 아래에 있는 사이트에 액세스하도록 할 수 없다.

복잡한 비밀번호 필요

복잡한 비밀번호는 일반적으로 추측하기가 더 어렵기 때문에 사용자는 자신을 보호하려고 비밀번호를 선택할 때 특정 비밀번호 복잡성 기준을 충족해야 한다. 복잡한 암호에는 문자와 함께 숫자와 기호가 포함되며, 대문자 및 소문자가 혼합돼 있으며, 길이가 짧지 않고 길어야 한다. 비밀번호는 최소한 8자 이상의 길이를 적용해야 하지만 길이가 길수록 좋다(연구 결과 일반 문자보다 비밀번호 길이가 더 중요한 것으로 나타났다).

그러나 사용자가 복잡한 암호를 기억하는 데 문제가 있는 경우가 많아 지나치게 엄격한 암호 복잡성 요구 사항을 적용하면 사용자는 일반적으로 이전에 다른 웹사이트에 입력한 암호를 재사용한다. 일부 보안 사이트에서는 사용자가 이전에 사용했던 암호를 재사용하지 못하도록 해 매번 새로운 고유 암호를 선택하도록 함으로써 게으른 습관에서 벗어나게 한다. 그러나 대부분의 사용자는 일반적으로 사용하는 암호 끝에 숫자를 추가해 암호를 간단히 순환하므로 추측할 수 있는 암호가 크게 줄어들지는 않는다.

궁극적으로 각 사용자는 자신의 온라인 보안을 책임지므로 일반적으로 사용자에게 허브를 통과하도록 강요하기보다는 강력한 암호를 선택하도록 유도하는 것이 좋다. password-strength-calculator 라이브러리와 같은 일부 자바스크립트 라이브러리를 사용하면 암호 입력 시 복잡도를 평가하고 일반적으로 사용되는 암호를 호출할 수 있다. 암호를 등록 및 암호 재설정 화면에서 사용해 사용자가 보다 안전한 암호를 찾도록 할 수 있다.

안전하게 암호 저장

사용자가 암호를 선택한 후 사용자 이름과 비교해 데이터베이스에 암호를 기록해야 재로 그인할 때 자격 증명을 다시 확인할 수 있다. 암호를 있는 그대로 저장하지 말아야 한다. 이를 일반 텍스트 스토리지라고 하며, 보안상의 큰 거부 방식이기도 하다. 공격자가 일반 텍스트 형식으로 암호를 저장하는 데이터베이스에 액세스한다면 모든 사용자 계정과 사용자가 동일한 자격 증명으로 다른 웹사이트에 갖고 있는 계정을 손상시킬 수 있다. 다행히 데이터베이스에서 암호를 읽을 수 없도록 안전하게 저장하는 방법이 있지만, 나중에 사용자가 올바르게 다시 입력했는지 확인할 수 있다.

해싱 암호

암호를 데이터베이스에 저장하기 전에 암호화 해시 알고리듬^{cryptographic hash algorithm}으로 처리해야 한다. 입력 텍스트의 원시 문자열을 고정 길이의 비트 문자열로 변환해 프로세스를 역순으로 연산할 수 없게 된다. 그런 다음 해당 알고리듬의 출력 값(해시 값)을 각 사용자 이름과 함께 저장해야 한다.

해싱 알고리듬은 단방향 수학 함수의 한 종류다. 주어진 해시 출력(즉 해시)을 생성한 입력 문자열을 추측하는 유일한 실용적인 방법은 가능한 모든 입력 문자열을 차례로 시도하는 것이다. 사용자 암호의 해시를 저장하면 사용자가 암호를 재입력할 때 해시를 다시 계산하고 새 해시 값과 이전 해시 값을 비교해 올바른 암호를 입력했는지 확인할 수 있다.

구현과 강도가 서로 다른 수많은 암호화 해시 알고리듬이 존재한다. 좋은 해싱 알고리듬은 계산은 빠르지만 너무 빠르지는 않아야 한다. 그렇지 않으면 계산 속도가 증가함에 따라 가능한 모든 입력을 열거해 암호를 해독하려는 무작위 대입 공격 시도가 실현 가능해진다. 이러한 이유로 좋은 알고리듬은 목록 9-4에 나와 있는 bcrypt로, 해가 지날수록 해싱 기능에 추가 반복을 추가해 연산력이 낮아질수록 더 강하고 더 많은 시간이 소요된다.

```
import bcrypt
password = "super secret password"
```

```
# 무작위로 생성된 솔트로 최초로 비밀번호를 해시한다.
hashed = bcrypt.hashpw(password, bcrypt.gensalt(rounds=14❶))

# 해시되지 않은 비밀번호가 이전에 해시된 비밀번호와 일치하는지 확인해야 한다.
if bcrypt.checkpw(password, hashed):
    print("It matches!")
else:
    print("It does not match :(")
```

목록 9-4 파이썬의 bcrypt 알고리듬을 사용해 해싱 후 암호 테스트

라운드 매개 변수❶을 증가시켜 암호 해시를 더욱 강하게 만들 수 있다. 일반 텍스트 암호보다 해시된 암호를 저장하는 것이 훨씬 더 안전하다. 사용자를 포함해 데이터베이스에 액세스하는 사용자는 암호를 직접 해독할 수 없지만 웹사이트에서는 사용자가 암호를 다시 올바르게 입력했는지 여부를 확인할 수 있다. 이렇게 하면 공격자가 데이터베이스를 해킹하더라도 해시된 암호로는 많은 작업을 수행할 수 없기 때문에 보안 부담을 덜 수 있다.

솔팅 해시

암호를 해싱하면 사이트의 보안이 강화되지만 사용자는 암호를 선택할 때 상상력이 부족한 경우가 많다. 암호를 크래킹^{cracking}할 때 유출된 암호 해시 목록에 대한 리버스 엔지니어링^{reverse engineering} 암호가 나열된다. 해커는 알려진 해시 알고리듬이 일반적으로 사용되는 암호 목록인 레인보우 테이블^{rainbow table}을 자주 사용한다. 미리 계산된 값에 해시를 일치시키면 공격자가 대부분의 해시는 아니지만 많은 해시의 암호를 결정할 수 있어 매우 좋은 결과를 얻을 수 있다.

레인보우 테이블 공격에서 보호하려면 암호 해시를 처리해야 한다. 즉 해싱 알고리듬에 임의성 요소를 추가해 입력 암호가 생성된 해시만 결정하지 않도록 해야 한다. 구성에 솔팅^{salting} 입력 값을 저장할 수도 있고, 각 사용자의 솔팅 입력 값을 별도로 생성해 암호 해시와 함께 저장할 수도 있다. 따라서 공격자는 사용하는 각 솔팅 값이 전체 레인보우 테이블을 재생성해야 하므로 계산적으로 금지돼 레인보우 테이블 공격을 수행할 수 없다.

멀티팩터 인증 필요

암호를 얼마나 안전하게 저장하든 암호 기반 인증 시스템은 항상 무작위 대입 공격에 취약하다. 웹사이트를 실제로 보호하려면 멀티팩터 인증MFA, Multifactor Authentication을 요구해 추가 보안 계층을 추가하는 것이 좋다. MFA는 복귀하는 사용자가 세 가지 정보(알고 있는 정보, 갖고 있는 정보, 존재하는 정보) 범주 중 적어도 두 가지로 자신을 식별해야 한다. 멀티팩터 인증의 한 예로 은행 ATM을 들 수 있는데 ATM은 계정 소유자의 PIN(알고 있는 것)과 은행 카드(있는 것)를 요구한다. 또 다른 예는 스마트폰의 지문 스캐닝과 같은 개인을 식별하려고 생체 인식을 사용하는 장치다.

웹사이트는 일반적으로 멀티팩터 인증은 사용자 이름과 비밀번호(사용자가 알고 있는 것)를 요구하고 스마트폰에 인증자가 설치돼 있음을 확인하는 것으로 요약된다. 각 사용자는 등록하는 동안 인증 프로그램 애플리케이션을 웹사이트와 동기화해야 한다(일반적으로 QR 코드 사진을 화면에 찍는다). 그 후 애플리케이션은 사용자가 성공적으로 로그인할 수 있도록 로그인 시 제공해야 하는 6자리 난수 번호를 생성한다(그림 9-3 참고).

그림 9-3 사용자들은 6자리 숫자로 입력하는 것을 좋아하게 된다.

공격자는 공격 대상자의 자격 증명을 알고 공격 대상자의 스마트폰에 액세스해 계정을 손상시킬 가능성이 매우 낮은 조합이다. 스마트폰의 보편성을 감안할 때 멀티팩터 인증에 대한 지원은 점점 더 보편화되고 있다. 웹사이트에서 모든 유형의 재무 처리를 수행한다면 멀티팩터 인증을 반드시 구현해야 한다. 다행히 많은 코드 라이브러리는 비교적 쉽게 통합할 수 있다.

로그아웃 기능 구현 및 보안

사이트에서 사용자를 인증한다면 사이트에서도 로그아웃할 수 있는 기능을 추가해야 한다. 사용자가 소셜 미디어에 계속 로그인돼 있는 것처럼 보이지만 로그아웃 기능은 공유 장치에 로그인하는 사용자에게 중요한 보안 고려 사항이라는 점에서 이는 시대착오적으로 보일 수 있다. 많은 가족이 노트북이나 아이패드를 공유하며, 회사들은 종종 컴퓨터와 휴대용 기기를 재사용하므로 반드시 로그아웃 해야 한다.

로그아웃 기능은 브라우저에서 세션 쿠키를 지우고 서버 측에 저장한다면 세션 식별자를 무효화해야 한다. 이렇게 하면 공격 사실이 발생한 후 세션 쿠키를 가로채고 도난당한 쿠키를 사용해 세션을 재설정하려고 시도하는 공격자로부터 보호할 수 있다. 세션 쿠키를 지우는 것은 세션 매개 변수에 대한 값이 비어 있는 Set-Cookie 헤더를 설정 항목이 포함된 HTTP 응답을 보내는 것만큼 간단하다.

사용자 열거 금지

공격자가 사용자를 열거할 수 없다면 인증 시스템을 손상시킬 위험을 줄일 수 있다. 즉 목록에서 각 사용자 이름을 테스트해 웹사이트에 있는지 여부를 확인할 수 있다. 공격자는 이전 해킹에서 유출된 자격 증명을 자주 사용하고 사용자 이름 중 하나가 대상 웹사이트에 있는지 확인하려고 시도한다. 목록의 범위를 좁힌 후 일치하는 사용자 이름에 대한 암호를 추측한다.

잠재적인 열거 취약점 방지

로그인 페이지로 공격자는 종종 사용자 이름이 사이트에 있는지 여부를 확인할 수 있다. 페이지에 알 수 없는 사용자의 오류 메시지와 다른 잘못된 암호에 오류 메시지가 표시되면 공격자는 응답에서 특정 사용자 이름이 사용자의 사이트에 있는 계정에 해당하는지 유추할 수 있다. 정보가 누출되지 않도록 오류 메시지를 일반으로 유지하는 것이 중요하다. 예를 들어 단순히 오류 메시지를 사용하면 사용자 이름을 인식할 수 없거나 암호가 잘못될 때마다 잘못된 사용자 이름 또는 암호를 입력할 수 있다.

또한 공격자는 타이밍 공격을 사용해 HTTP 응답 시간을 측정해 사용자를 열거할 수 있다. 암호를 해싱하는 작업은 시간이 오래 걸리는 작업이다. 일반적으로 1초 미만의 시간이 걸리지만 여전히 상당한 시간이 소요된다. 사용자가 유효한 사용자 이름을 입력할 때만 사이트에서 암호 해시를 계산한다면 공격자는 약간 느린 응답 시간을 측정해 사이트에 있는 계정을 유추할 수 있다. 잘못된 사용자 이름에도 인증 확인 중에 비밀번호 해시를 계산하는지 확인한다.

암호 재설정 화면에서도 사용자 이름이 표시되지 않도록 해야 한다. 공격자가 '잊힌 암호' 링크를 클릭하고 이메일 주소를 입력해 암호 재설정 링크를 요청하면 페이지의 응답 메시지에 재설정된 이메일이 전송됐는지 여부가 표시되지 않는다. 이렇게 하면 공격자는 이메일 주소가 사이트의 계정에 연결돼 있는지 여부를 알 수 없다. 메시지를 중립으로 유지해 받은 편지함을 확인한다.

캡챠 구현

캡챠CAPTCHA, Complete Automated Public Turing Test to Computers and Humans Part를 구현해 웹 사용자에게 인간에게는 작지만 컴퓨터에게는 까다로운 다양한 이미지 인식 작업을 수행하도록 요청함으로써 사용자 열거 공격을 완화할 수 있다. 캡챠는 그림 9-4와 같이 공격자가 해킹 스크립트로 웹 페이지를 악용하는 것을 비실용적으로 만든다.

캡챠는 완벽하지 않다. 공격자는 정교한 머신러닝 기술을 사용하거나 사용자가 대신 작업을 완료하도록 돈을 지불함으로써 캡챠를 무산시킬 수 있다. 그러나 일반적으로 대부분의 해킹 시도를 저지할 수 있을 정도로 충분히 신뢰할 수 있으며 웹사이트에 쉽게 추가할 수 있다. 예를 들어 구글은 코드 몇 줄을 사용해 사이트에 설치할 수 있는 reCAPTCHA라는 캡챠 위젯을 구현한다.

그림 9-4 일부 작업은 컴퓨터가 성공적으로 완료하기에는 너무 어렵다.

요약

해커는 종종 사용자의 자격 증명을 도용하려고 인증 시스템을 공격하려고 한다. 웹사이트를 보호하려고 페이스북 로그인 또는 Single Sign-On ID 제공자와 같은 서드 파티 인증 시스템을 사용할 수 있다.

자체 인증 시스템을 구현한다면 사용자가 등록 시 사용자 이름과 암호를 선택하도록 해야 한다. 또한 각 사용자에 대한 이메일 주소를 저장하고 확인해야 한다. 사용자가 화면에 표시되는 이름을 가질 필요가 없는 한 이메일을 사용자 이름으로 사용하는 것이 좋다.

이메일 주소의 유효성을 확인할 수 있는 유일한 신뢰할 수 있는 방법은 사용자가 이메일 주소를 클릭할 때 사이트에서 확인할 수 있는 고유 임시 유효성 확인 토큰이 포함된 링크를 이메일로 보낸다. 암호를 잊어버린 사용자를 위한 암호 재설정 방법도 같은 방식으로 작동해야 한다. 암호 재설정 이메일과 초기 유효성 확인 이메일은 일정 시간이 지난후 그리고 처음 사용된 후에는 시간이 초과돼 유효성이 만료돼야 한다.

암호를 저장하기 전에 암호화 해시 알고리듬을 사용해 암호를 처리해야 한다. 또한 레인보우 테이블 공격을 방지하려고 암호 해시에 솔팅을 적용해야 한다.

사이트에서 중요한 데이터를 호스팅한다면 멀티팩터 인증을 추가하는 것이 좋다. 사이트 어딘가에 로그아웃 기능을 포함해야 한다. 해커가 사용자의 사이트에서 사용자 이름을 열거하지 못하도록 로그인 오류 메시지를 일반으로 유지한다.

10장에서는 사이트의 사용자가 로그인한 후 공격자가 세션을 도용해 계정을 손상시킬 수 있는 방법을 조사한다.

10

세션 하이재킹

웹사이트가 사용자를 인증하면 브라우저와 서버는 세션을 연다. 세션은 브라우저가 사용자 작업에 해당하는 일련의 HTTP 요청을 보내는 HTTP 통신이며, 웹 서버는 사용자가 각 요청을 재로그인할 필요 없이 동일한 인증된 사용자로부터 요청을 수신한 것으로 인식한다.

　브라우저가 전송하는 세션 정보에 해커가 액세스하거나 위조한다면 해커는 사용자의 사이트에 있는 모든 사용자 계정에 액세스할 수 있다. 다행히 최신 웹 서버에는 보안 세션 관리 코드가 포함돼 있어 공격자가 세션을 조작하거나 위조하는 것은 사실상 불가능하다. 그러나 서버의 세션 관리 기능에 취약점이 없을 때도 해커는 다른 사용자의 유효한 세션을 도용할 수 있다. 이를 세션 하이재킹^{session hijacking}이라고 한다.

　세션 하이재킹 취약점은 일반적으로 9장에서 설명한 인증 취약점보다 더 큰 위험이다. 세션 하이재킹 취약점으로 공격자는 사용자 계정에 액세스할 수 있기 때문에 해커들이 세션을 탈취하는 많은 방법을 찾아내 왔다.

　10장에서는 먼저 웹사이트에서 세션 관리를 구현하는 방법을 살펴본다. 그런 다음 해커가 세션을 가로채는 세 가지 방법인 쿠키 탈취, 세션 고정, 취약한 세션 ID 활용을 배우게 된다.

세션 작동 방식

공격자가 세션을 가로채는 방법을 이해하려면 먼저 사용자와 웹 서버가 세션을 열 때 발생하는 동작을 이해해야 한다.

사용자가 HTTP에서 자신을 인증하면 웹 서버는 로그인 프로세스 중에 사용자에게 세션 식별자를 할당한다. 세션 식별자session identifier(일반적으로 임의로 생성된 큰 수)는 서버가 인증된 사용자와 HTTP 대화를 계속할 수 있도록 후속 HTTP 요청에 따라 브라우저가 전송해야 하는 최소한의 정보다. 웹 서버는 각 요청과 함께 제공된 세션 ID를 인식해 적합한 사용자에게 매핑하고 대신 작업을 수행한다.

세션 ID는 사용자 이름과 다른 임시로 할당된 값이어야 한다. 브라우저가 단순히 사용자 이름인 세션 ID를 사용한다면 해커들은 원하는 사용자인 척할 수 있다. 설계상 가능한 세션 ID의 극소수만이 지정된 시간에 서버의 유효한 세션에 대응해야 한다(그렇지 않다면 웹 서버는 약한 세션 취약점을 나타내는데 이는 10장의 뒷부분에서 설명한다).

사용자 이름 외에도 웹 서버는 일반적으로 사용자의 최근 활동과 관련된 정보를 포함하는 세션 ID 옆에 다른 세션 상태session state를 저장한다. 예를 들어 세션 상태는 사용자가 방문한 페이지 목록 또는 현재 쇼핑 바구니에 있는 항목을 포함할 수 있다.

사용자와 웹 서버가 세션을 열 때 어떤 일이 발생하는지 이해했으므로 이제 웹사이트에서 세션을 어떻게 구현하는지 살펴보겠다. 일반적으로 서버 측 세션과 클라이언트 측 세션으로 설명되는 두 가지 일반적인 구현이 있다. 세션의 작동 방식을 검토해 취약점이 발생하는 위치를 확인할 수 있도록 한다.

서버 측 세션

전통적인 세션 관리 모델에서 웹 서버는 세션 상태를 메모리에 유지하고 웹 서버와 브라우저는 세션 식별자를 앞뒤로 전달한다. 이를 서버 측 세션server-side session이라고 한다. 목록 10-1은 서버 측 세션의 루비 온 레일즈 구현을 보여 준다.

```
# 캐시에서 세션 가져오기
def find_session(env, sid)
  unless sid && (session = @cache.read(cache_key(sid))❸)
```

```
    sid, session = generate_sid❶, {}
  end
  [sid, session]
end

# 캐시에서 세션 설정
def write_session(env, sid, session, options)
  key = cache_key(sid)
  if session
❷ @cache.write(key, session, expires_in: options[:expire_after])
  else
    @cache.delete(key)
  end
  sid
end
```

목록 10-1 루비 온 레일즈는 세션 ID(sid)를 사용해 서버 측 세션을 구현한다.

세션 개체는 ❶을 생성하고 ❷에서 서버 메모리에 기록한 다음 ❸에서 메모리로부터 다시 로드된다.

역사적으로 웹 서버는 URL, HTTP 헤더 또는 HTTP 요청 본문 등 다양한 방법으로 세션 ID를 전송하는 실험을 했다. 지금까지 웹 개발 커뮤니티가 결정한 가장 일반적인 메커니즘은 세션 ID를 세션 쿠키^{session cookie}로 전송한다. 세션 쿠키를 사용할 때 웹 서버는 HTTP 응답의 Set-Cookie 헤더에 세션 ID를 반환하고 브라우저는 쿠키 헤더를 사용해 이후의 HTTP 요청에 동일한 정보를 첨부한다.

쿠키는 1995년 넷스케이프가 처음 도입된 이래 하이퍼텍스트 전송 프로토콜의 일부였다. HTTP 네이티브 인증과는 달리 대부분의 웹사이트에서 사용되고 있다(유럽연합의 법률에 따르면 웹사이트는 쿠키를 사용하고 있다는 것을 사용자에게 알려야 한다).

서버 측 세션은 광범위하게 구현됐으며 일반적으로 매우 안전하다. 그러나 웹 서버가 세션 상태를 메모리에 저장해야 하기 때문에 확장성에 제한이 있다.

즉 인증 확인 시 웹 서버 중 하나만 설정된 세션을 알게 된다. 동일한 사용자의 후속 웹 요청이 다른 웹 서버로 전송된다면 새 웹 서버가 반환되는 사용자를 인식할 수 있어야 하므로 웹 서버는 세션 정보를 공유할 수 있는 방법이 필요하다.

일반적으로 작업을 수행하려면 모든 요청이 있는 공유 캐시 또는 데이터베이스에 세션 상태를 기록하고 새 HTTP 요청이 들어올 때 각 웹 서버가 캐시된 세션 상태를 읽도록 해야 한다. 두 작업 모두 사용자 기반이 큰 사이트의 응답성을 제한할 수 있는 시간과 리소스가 많이 소모되는 작업이다. 웹사이트에 추가된 각 사용자가 세션 저장소에 상당한 로드를 추가하기 때문이다.

클라이언트 측 세션

서버 측 세션은 대규모 사이트를 확장하기 어려워 웹 서버 개발자는 클라이언트 측 세션을 개발했다. 클라이언트 측 세션을 구현하는 웹 서버는 Set-Cookie 헤더의 세션 ID만 전달하는 대신 쿠키의 모든 세션 상태를 전달한다. 서버는 세션 상태가 HTTP 헤더에 설정되기 전에 세션 상태를 텍스트로 직렬화한다. 종종 웹 서버는 세션 상태를 JSON^{JavaScript Object Notification}으로 인코딩하고 서버로 반환할 때 역직렬화한다. 목록 10-2는 클라이언트 측 세션을 구현하는 루비 온 레일즈의 예를 보여 준다.

```
def set_cookie(request, session_id, cookie)
  cookie_jar(request)[@key] = cookie
end

def get_cookie(req)
  cookie_jar(req)[@key]
end

def cookie_jar(request)
  request.cookie_jar.signed_or_encrypted
end
```

목록 10-2 세션 데이터를 클라이언트 측 쿠키로 저장하는 루비 온 레일즈 코드

클라이언트 측 세션을 사용하면 사이트의 웹 서버가 더 이상 상태를 공유할 필요가 없다. 각 웹 서버는 수신 HTTP 요청으로 세션을 다시 설정하는 데 필요한 모든 기능을 갖추고 있다. 수천 명의 동시 사용자까지 확장하려고 하면 큰 보너스가 될 수 있다.

그러나 클라이언트 측 세션은 명백한 보안 문제를 야기한다. 클라이언트 측 세션을 간단하게 구현하면 악의적인 사용자가 세션 쿠키의 내용을 쉽게 조작하거나 완전히 위조할 수도 있다. 즉 웹 서버는 개입을 방지하는 방식으로 세션 상태를 인코딩해야 한다.

클라이언트 측 세션 쿠키를 보호하는 일반적인 방법 중 하나는 클라이언트로 보내기 전에 직렬화된 쿠키를 암호화하는 것이다. 그런 다음 브라우저가 쿠키를 반환하면 웹 서버는 쿠키를 해독한다. 해당 접근 방식은 클라이언트 측에서 세션 상태를 완전히 불투명하게 만든다. 쿠키를 조작하거나 위조하려고 하면 인코딩된 세션이 손상되고 쿠키를 읽을 수 없게 된다. 서버는 단순히 악의적인 사용자를 로그아웃시키고 오류 페이지로 리다이렉션한다.

세션 쿠키를 보호하기 위한 또 다른 경량 접근 방식은 전송 시 쿠키에 디지털 서명 digital signature을 추가하면 된다. 디지털 서명은 일부 입력 데이터(이런 경우 직렬화된 세션 상태)의 고유한 '지문' 역할을 하므로 서명 키를 원래 서명 생성에 사용해도 누구나 쉽게 다시 계산할 수 있다. 디지털 서명 쿠키로 웹 서버는 다른 서명 값을 계산하고 변조될 때 세션을 거부하므로 세션 상태를 조작하려는 시도를 감지할 수 있다.

쿠키를 암호화하지 않고 서명하면 사용자가 브라우저 디버거 debugger에서 세션 데이터를 읽을 수 있다. 사용자가 보지 않기를 바라는 추적 정보 같은 사용자 데이터를 저장한다면 이 점을 명심해야 한다.

공격자가 세션을 가로채는 방법

세션과 웹사이트에서 세션을 구현하는 방법을 논의했으므로 공격자가 세션을 가로채는 방법을 살펴본다. 공격자는 세 가지 주요 방법인 쿠키 도난, 세션 고정, 취약한 세션 ID 활용을 사용해 세션을 가로채는 방법을 사용한다.

쿠키 도난

오늘날 쿠키 사용이 매우 광범위하게 이뤄지고 있기 때문에 공격자는 일반적으로 인증된 사용자에게서 쿠키 헤더의 값을 도용해 세션 하이재킹을 수행한다. 공격자는 일반적으로 사용자가 상호작용할 때 사이트에 악의적인 자바스크립트를 주입(크로스 사이트 스크립팅 공격), HTTP 헤더를 하이재킹하려고 네트워크 트래픽을 스니핑(중간자 공격)하거나 이미 인증됐을 때 사이트에 의도하지 않은 HTTP 요청을 트리거(CSRF 공격)하는 세 가지 기술 중 하나를 사용해 쿠키를 훔친다.

다행히도 최신 브라우저는 쿠키를 도난하는 세 가지 기술로부터 세션 쿠키를 보호할 수 있는 간단한 보안 조치를 구현한다. 목록 10-3에 표시된 것처럼 서버에서 반환하는 Set-Cookie 헤더에 키워드를 추가해 보안 조치를 활성화할 수 있다.

```
Set-Cookie: session_id=278283910977381992837; HttpOnly; Secure; SameSite=Lax
```

목록 10-3 키워드 조합 지침으로 세션 하이재킹이 보호되는 HTTP 응답에 나타나는 세션 쿠키

쿠키 도난의 세 가지 기술과 이를 완화할 수 있는 키워드를 살펴본다.

크로스 사이트 스크립팅 공격

공격자는 종종 크로스 사이트 스크립팅(자세한 내용은 7장 참고)을 사용해 세션 쿠키를 도용한다. 공격자는 사용자의 브라우저에 주입된 자바스크립트를 사용해 사용자의 쿠키를 읽고 공격자가 제어하는 외부 웹 서버로 보낸다. 그런 다음 공격자는 쿠키를 웹 서버의 로그 파일에 나타나는 대로 수집한 후 쿠키 값을 잘라 내 브라우저 세션에 붙여 넣고, 쿠키 값을 스크립트에 추가해 해킹된 사용자의 세션에서 작업을 수행한다.

크로스 사이트 스크립팅 공격으로 세션 하이재킹을 해제하려면 Set-Cookie 헤더에서 모든 쿠키를 HttpOnly로 표시한다. 브라우저에 자바스크립트 코드에서 쿠키를 사용할 수 없도록 지시한다. 목록 10-4에 표시된 대로 HttpOnly 키워드를 Set-Cookie 응답 헤더에 추가한다.

```
Set-Cookie: session_id=278283910977381992837; HttpOnly
```

목록 10-4 쿠키를 HttpOnly로 표시해 자바스크립트가 쿠키에 액세스하지 못하게 한다.

클라이언트 측 자바스크립트가 쿠키에 액세스하도록 허용해야 하는 타당한 이유는 없기 때문에 이 접근 방식에는 단점이 거의 없다.

중간자 공격

공격자는 중간자 공격을 사용해 쿠키를 훔칠 수도 있다. 공격자는 브라우저와 웹 서버 사이에 앉아서 네트워크 트래픽을 앞뒤로 전달할 때 읽을 수 있는 방법을 찾는다. 이 공격으로부터 쿠키 도난을 방지하려면 웹사이트에서 HTTPS를 사용해야 한다. 13장에서 HTTPS를 사용하도록 설정하는 방법을 알아본다.

웹 서버에서 HTTPS를 사용하도록 설정한 후에는 목록 10-5에 표시된 것처럼 쿠키를 보안으로 표시해 브라우저에서 HTTP로 암호화되지 않은 쿠키를 보내지 않도록 해야 한다.

```
Set-Cookie: session_id=278283910977381992837; Secure
```

목록 10-5 쿠키를 안전한 것으로 표시한다면 Set-Cookie 응답 헤더에 보안 키워드를 추가하는 것을 의미한다.

대부분의 웹 서버는 HTTP 및 HTTPS에 모두 응답하도록 구성되지만 HTTP URL을 HTTPS와 동일하게 리다이렉션한다. 쿠키를 Secure로 표시하면 리다이렉션이 발생할 때까지 브라우저가 쿠키 데이터를 전송하지 못한다.

CSRF 공격

공격자가 세션을 하이재킹할 수 있는 마지막 방법은 CSRF 공격이다(자세한 내용은 8장 참고). CSRF 공격을 사용하는 공격자는 사용자의 세션 쿠키에 액세스할 필요가 없다. 대신 공격하려는 대상을 속여 사이트 링크를 클릭하게 하면 된다. 사용자가 이미 사이트에서 세션을 연다면 브라우저는 링크로 트리거된 HTTP 요청과 함께 세션 쿠키를 보낸다. 이로 인해 사용자는 실수로 민감한 작업(예: 해커가 홍보하려는 항목 선호)을 수행할 수 있다.

CSRF 공격을 방지하려면 사이트에서 생성된 HTTP 요청이 있는 브라우저에서 세션 쿠키만 보내도록 지시하는 동일한 사이트 속성으로 쿠키를 표시한다. 브라우저는 이메일의 링크를 클릭해 생성된 요청과 같은 다른 HTTP 요청에서 세션 쿠키를 제거한다.

SameSite 속성은 Strict와 Lax 두 가지 설정을 가진다. 목록 10-6에 표시된 Strict 설정은 외부 사이트에서 트리거된 모든 HTTP 요청에서 쿠키를 제거하는 장점이 있다.

```
Set-Cookie: session_id=278283910977381992837; SameSite=Strict
```

목록 10-6 Strict 설정은 외부 사이트에서 사용자의 사이트로 생성된 요청에서 쿠키를 제거한다.

Strict 설정은 사용자가 소셜 미디어로 콘텐츠를 공유하면 불편할 수 있다. Strict 설정을 사용하면 링크를 클릭하는 모든 사용자가 콘텐츠를 보려고 재로그인해야 하기 때문이다. 사용자에게 이러한 번거로움을 해결하려면 목록 10-7에 나와 있는 것과 같이 SameSite=Lax 설정을 사용해 GET 요청에서만 쿠키를 허용하도록 브라우저를 구성한다.

```
Set-Cookie: session_id=278283910977381992837; SameSite=Lax
```

목록 10-7 Lax 설정을 사용하면 CSRF 공격으로 세션 하이재킹 공격을 제거하면서도 소셜 미디어에서 링크를 쉽게 공유할 수 있다.

SameSite=Lax 설정은 다른 요청 유형에서 쿠키를 분리하면서 브라우저에 쿠키를 인바운드 GET 요청에 첨부하도록 지시한다. 웹사이트는 일반적으로 POST, PUT 또는 DELETE 요청으로 중요한 작업(예: 콘텐츠 쓰기, 메시지 전송)을 수행하므로 공격자는 대상을 속여 중요한 작업을 수행하도록 할 수 없다.

세션 고정

인터넷의 초기 역사에서는 많은 브라우저가 쿠키를 구현하지 않아 웹 서버는 세션 ID를 전달하는 다른 방법을 찾아냈다. 가장 일반적인 방법은 사용자가 방문한 각 URL에 세션 ID를 추가하는 URL을 다시 쓰는 것이다. 지금까지 자바 서블릿 사양^{Java Servlet Specification}은 쿠키를 사용할 수 없을 때 개발자가 URL 끝에 세션 ID를 추가하는 방법을 설명한다. 목록 10-8은 세션 ID를 포함하도록 재작성된 URL의 예를 보여 준다.

```
http://www.example.com/catalog/index.html;jsessionid=1234
```

목록 10-8 세션 ID 1234를 통과하는 URL의 예

요즘은 모든 브라우저가 쿠키를 지원하고 있어 URL 재작성하는 것은 시대착오적이다. 그러나 세션 ID를 계속 허용하도록 레거시 웹 스택legacy web stack을 구성할 수 있으므로 몇 가지 주요 보안 문제가 발생한다.

첫째, URL에 세션 ID를 작성하면 로그 파일에서 세션 ID를 유출할 수 있다. 로그에 액세스하는 공격자는 URL을 브라우저에 삭제하기만 하면 사용자 세션을 가로챌 수 있다.

둘째, 문제는 세션 고정 취약점이다. 세션 고정에 취약한 웹 서버가 URL에서 알 수 없는 세션 ID를 발견하면 사용자에게 자체 인증을 요청한 다음 제공된 세션 ID 아래에 세션을 설정한다.

이렇게 하면 해커가 세션 ID를 미리 수정해 공격 대상자에게 고정 세션 ID와 함께 자극적인 링크(일반적으로 사이트의 설명 섹션에 있는 원하지 않는 이메일 또는 스팸)를 보낼 수 있다. 공격자는 세션 ID를 미리 수정해 브라우저에서 동일한 URL을 사용할 수 있기 때문에 링크를 클릭하는 모든 사용자의 세션을 하이재킹할 수 있다. 링크를 클릭하고 로깅하는 동작을 수행하면 더미 세션 ID가 해커가 알고 있는 실제 세션 ID로 변환된다.

웹 서버가 세션 추적 방법으로 URL 재작성을 지원한다면 관련 구성 옵션을 사용해 재작성을 비활성화해야 한다. 이는 아무런 목적으로 사용되지 않으며 세션 고정 공격에 노출된다. 목록 10-9에는 web.xml 구성 파일을 편집해 인기 있는 자바 웹 서버 아파치 톰캣 버전 7.0에서 URL 재작성을 비활성화하는 방법이 나와 있다.

```
<session-config>
        <tracking-mode>COOKIE</tracking-mode>
</session-config>
```

목록 10-9 아파치 톰캣 7.0에서 쿠키 모드를 사용하도록 세션 추적을 지정하면 URL 재작성이 비활성화된다.

취약한 세션 ID 활용

이미 설명한 대로 공격자가 세션 ID에 액세스한다면 사용자 세션을 가로챌 수 있다. 세션 쿠키를 도용하거나 URL 재작성을 지원하는 서버의 세션을 미리 수정해 작업을 수행할 수 있다. 그러나 보다 강력한 방법은 세션 ID를 추측하는 것이다. 세션 ID는 일반적으로 숫자에 불과하므로 숫자가 충분히 작거나 예측할 수 있다면 공격자는 스크립트를 작성해 잠재적인 세션 ID를 열거하고 유효한 세션을 찾을 때까지 웹 서버를 테스트할 수 있다.

소프트웨어에서 실제로 임의의 숫자를 생성하는 것은 어렵다. 대부분의 난수 생성 알고리듬은 시스템의 시계 시간과 같은 환경 요인을 시드로 사용해 난수를 생성한다. 공격자가 시드 값을 충분히 확인하거나 적절한 수의 잠재적 값으로 축소한다면 잠재적으로 유효한 세션 ID를 열거하고 서버를 테스트할 수 있다.

표준 아파치 톰캣 서버의 이전 버전은 취약한 세션 ID 활용 공격에 취약한 것으로 확인됐다. 보안 연구원들은 랜덤 세션 ID 생성 알고리듬의 시드가 메모리 내 객체의 시스템 시간 및 해시 코드라는 것을 발견했다. 연구원들은 세션 ID를 확실하게 추측할 수 있는 방법으로 잠재적 입력 값을 좁히려고 시드를 사용할 수 있었다.

웹 서버의 설명서를 참조해 임의 번호 생성 알고리듬으로 생성된 추측할 수 없는 큰 세션 ID를 사용하는지 확인해야 한다. 보안 연구자는 취약한 세션 ID 알고리듬을 공격자가 공격하기 이전에 발견할 수 있으므로, 웹 스택의 취약점을 패치할 시기를 알려주는 보안 권고 사항을 항상 숙지해야 한다.

요약

웹사이트가 사용자를 인증하면 브라우저와 서버는 사용자 간의 세션을 연다. 세션 상태는 서버 측에 저장하거나 암호화된 쿠키 또는 디지털 서명된 쿠키로 클라이언트 측에 저장할 수 있다.

사용자는 해커가 세션 쿠키를 탈취하지 못하게 보호해야 한다. 크로스 사이트 스크립팅 공격으로 세션 하이재킹을 방지하려면 쿠키가 자바스크립트 코드에 액세스할 수 없는지 확인해야 한다. 중간자 공격으로 세션 하이재킹을 방지하려면 쿠키는 HTTPS 연결로만 전달돼야 한다. CSRF 공격으로 세션 하이재킹을 방지하려면 쿠키의 중요한 사이트 간 요청을 삭제해야 한다. HTTP 응답에 `Set-Cookie` 헤더를 쓸 때 각각 키워드 `HttpOnly`, `SecureOnly`, `SameSite`를 사용해 보호를 추가할 수 있다.

이전 웹 서버는 세션 수정 공격에 취약할 수 있으므로 세션 ID를 전달하는 방법으로 URL 재작성을 비활성화해야 한다. 때때로 웹 서버에서 예상 세션 ID를 사용하는 경우가 있어 소프트웨어 스택의 보안 권장 사항을 숙지하고 필요에 따라 패치를 적용해야 한다.

11장에서는 악의적인 사용자가 콘텐츠에 액세스하거나 해서는 안 될 작업을 수행할 수 없도록 접근 제어를 올바르게 구현하는 방법을 살펴본다.

11

권한

일반적으로 웹사이트의 사용자는 각각 다른 권한을 가진다. 예를 들어 콘텐츠 관리 시스템에서 일부 사용자는 사이트의 콘텐츠를 편집할 수 있는 관리자이지만 대부분의 사용자는 콘텐츠를 보고 상호작용만 가능하다. 소셜 미디어 사이트는 복잡한 권한으로 나뉘어 있다. 사용자는 특정 콘텐츠만 친구들과 공유하거나 프로필을 잠글 수 있다. 웹 메일 사이트에서 각 사용자는 자신의 이메일에만 액세스할 수 있어야 한다! 이처럼 사이트에서 사용 권한을 올바르고 균일하게 시행하는 것은 중요하다. 그렇지 않으면 사용자의 신뢰를 잃게 된다.

페이스북은 2018년 9월 해커들이 동영상 업로드 도구에 버그를 이용한 액세스 토큰을 사이트에 생성하면서 사용자 권한에 심각한 장애를 겪었다. 사이트에서 최대 5,000만 개의 사용자 계정이 손상됐다. 해커들은 사용자 이름, 이메일, 전화번호와 같은 개인 프로필 정보를 훔쳤다. 페이스북은 버그를 수정하고, 보안 권고안을 발표하고, 언론에 사과를 했다. 하지만 페이스북의 사업에 관한 부정적인 이야기들로 회사의 주가는 타격을 받았다.

페이스북 해킹은 권한 상승^{privilege escalation}의 한 예로서 악의적인 사용자가 다른 사용자의 권한을 남용한 것이다. 각 사용자에게 올바른 권한이 적용되도록 사이트를 보호하

11

권한

일반적으로 웹사이트의 사용자는 각각 다른 권한을 가진다. 예를 들어 콘텐츠 관리 시스템에서 일부 사용자는 사이트의 콘텐츠를 편집할 수 있는 관리자이지만 대부분의 사용자는 콘텐츠를 보고 상호작용만 가능하다. 소셜 미디어 사이트는 복잡한 권한으로 나뉘어 있다. 사용자는 특정 콘텐츠만 친구들과 공유하거나 프로필을 잠글 수 있다. 웹 메일 사이트에서 각 사용자는 자신의 이메일에만 액세스할 수 있어야 한다! 이처럼 사이트에서 사용 권한을 올바르고 균일하게 시행하는 것은 중요하다. 그렇지 않으면 사용자의 신뢰를 잃게 된다.

페이스북은 2018년 9월 해커들이 동영상 업로드 도구에 버그를 이용한 액세스 토큰을 사이트에 생성하면서 사용자 권한에 심각한 장애를 겪었다. 사이트에서 최대 5,000만 개의 사용자 계정이 손상됐다. 해커들은 사용자 이름, 이메일, 전화번호와 같은 개인 프로필 정보를 훔쳤다. 페이스북은 버그를 수정하고, 보안 권고안을 발표하고, 언론에 사과를 했다. 하지만 페이스북의 사업에 관한 부정적인 이야기들로 회사의 주가는 타격을 받았다.

페이스북 해킹은 권한 상승 privilege escalation 의 한 예로서 악의적인 사용자가 다른 사용자의 권한을 남용한 것이다. 각 사용자에게 올바른 권한이 적용되도록 사이트를 보호하

는 프로세스를 접근 제어 구현이라고 한다. 11장에서는 두 가지 개념을 모두 다루며 디렉터리 접근 공격이라는 불충분한 접근 제어를 이용하려고 해커가 사용하는 일반적인 방법을 설명한다.

권한 상승

보안 전문가는 권한 상승 공격을 수직적 확대^{vertical escalation}와 수평적 확대^{horizontal escalation}의 두 가지 범주로 나눈다.

수직적 확대에서 공격자는 자신의 계정보다 더 넓은 권한을 가진 계정에 액세스할 수 있다. 공격자가 HTTP 요청의 요소를 가져와 명령줄에서 실행하는 실행 가능한 스크립트인 웹 셸^{web shell}을 서버에 배포할 수 있다면, 첫 번째 목표는 루트 권한^{root privilege}으로 방법을 확대해 서버에서 원하는 작업을 수행할 수 있도록 한다. 일반적으로 웹 셸로 전송되는 명령은 웹 서버가 실행 중인 동일한 운영체제 계정으로 실행되며 일반적으로 네트워크 및 디스크 액세스가 제한된다. 해커들은 루트 액세스를 얻으려고 운영체제에 수직적 확대 공격을 수행할 수 있는 여러 가지 방법을 찾아냈으며 웹 셸에서 전체 서버를 감염시킬 수 있다.

수평적 공격에서 공격자는 자신의 계정과 유사한 권한을 가진 다른 계정에 액세스한다. 17장, 18장에서 암호 추측, 세션 하이재킹 또는 HTTP 요청 데이터 악의적으로 작성하는 등 공격을 수행하는 일반적인 방법을 설명한다. 2018년 9월 페이스북 해킹은 사용자의 권한을 제대로 확인하지 않고 액세스 토큰을 발급한 API로 발생한 수평적 에스컬레이션의 한 예다.

확대 공격에서 사이트를 보호하려면 중요한 모든 자원에 접근 제어를 안전하게 구현해야 하며 방법을 의논한다.

접근 제어

접근 제어 전략은 다음 세 가지 주요 측면을 다뤄야 한다.

인증: 사용자가 사이트로 돌아올 때 사용자를 올바르게 식별

권한 부여: 사용자가 자신을 확인한 후 수행해야 하는 작업과 해서는 안 되는 작업 결정

권한: 사용자가 작업을 수행하려고 할 때 권한 평가 확인

9장과 10장에서는 인증을 자세히 다뤘다. 로그인 기능 및 세션 관리로 어떤 사용자가 HTTP 요청을 하고 있는지 확실하게 확인할 수 있는 방법을 배웠다. 그러나 각 사용자가 수행할 수 있는 작업을 결정해야 하며 이는 보다 조정이 가능한 문제다.

양호한 접근 제어 전략은 승인 모델 설계, 접근 제어 구현, 접근 제어 테스트의 세 단계로 구성된다. 감사 추적을 추가하고 일반적인 감독 사항을 놓치지 않도록 할 수도 있다. 각각 내용을 자세히 살펴본다.

인증 모델 설계

소프트웨어 애플리케이션에서 권한 부여 규칙을 모델링하는 몇 가지 일반적인 방법이 있다. 권한 부여 모델을 설계할 때는 선택한 모델에 대해 사용자에게 적용하는 방법을 문서화하는 것이 중요하다. 합의된 규칙 집합이 없으면 '정확한' 구현의 모양을 정의하기가 어렵다.

이를 염두에 두고 권한 부여 규칙을 모델링하는 몇 가지 일반적인 방법을 살펴본다.

접근 제어 목록

접근 제어 목록^{ACL, Access Control List}은 시스템의 각 개체에 권한 목록을 첨부해 각 사용자 또는 계정이 개체에 수행할 수 있는 작업을 지정하는 간단한 모델링 권한 부여 방법이다. ACL 기반 모델의 일반적인 예는 리눅스 파일 시스템으로, 각 사용자에게 각 파일 및 디렉터리에 읽기, 쓰기 또는 실행 권한을 개별적으로 부여할 수 있다. 또한 대부분의 SQL 데이터베이스는 데이터베이스에 연결하는 데 사용하는 계정에 따라 읽거나 업데이트할 수 있는 테이블 또는 테이블 구조를 변경할 수 있는지 여부가 결정되는 ACL 기반 권한 부여도 구현한다.

화이트리스트 및 블랙리스트

모델 인증을 수행하는 가장 간단한 방법은 화이트리스트^{whitelist} 또는 블랙리스트^{blacklist}를

사용하는 것이다. 화이트리스트는 특정 자원에 액세스할 수 있는 사용자 또는 계정을 설명하고 다른 모든 사용자를 금지한다. 블랙리스트는 자원에 액세스할 수 없는 사용자 또는 계정을 명시적으로 설명하므로 다른 사용자나 계정에서 자원에 액세스할 수 있어야 한다. 스팸 필터는 자주 화이트리스트와 블랙리스트를 사용해 이메일 애플리케이션이 스팸 폴더로 직접 전송해야 하거나 정크junk 메일을 보내지 않아야 하는 이메일 주소를 식별한다.

역할 기반 접근 제어

가장 포괄적인 권한 부여 모델은 역할 기반 접근 제어RBAC, Role-Based Access Control로, 사용자에게 역할을 부여하거나 특정 역할을 부여한 그룹에 사용자를 추가할 수 있다. 시스템의 정책은 각 역할이 컴퓨팅 시스템 내의 자원인 특정 주제와 상호작용할 수 있는 방법을 정의한다.

간단한 RBAC 시스템은 Administrator 그룹에 사용자를 추가해 특정 사용자를 관리자로 지정할 수 있으며 Administrator 역할이 부여된다. 그런 다음 정책은 관리자 역할을 가진 사용자 또는 그룹이 사이트의 특정 내용을 편집할 수 있도록 허용한다.

아마존 웹 서비스AWS, Amazon Web Services ID 및 액세스 관리IAM, Identity and Access Management 시스템은 마이크로소프트의 액티브 디렉터리Microsoft's ActiveDirectory와 마찬가지로 포괄적인 역할 기반 시스템의 예다. 역할 기반 접근 제어는 강력하지만 종종 복잡하기 쉽다. 정책은 서로 모순돼 개발자가 해결해야 하는 충돌을 일으킬 수 있으며, 사용자는 중복되는 문제가 있는 많은 그룹에 속할 수 있다. 시스템이 특정 상황에서 특정 접근 제어 결정을 내리거나 특정 규칙의 우선순위를 지정하는 이유를 알기 어렵다.

소유권 기반 접근 제어

소셜 미디어 시대에 각 사용자가 업로드하는 사진이나 자신이 만든 게시물을 완전히 제어할 수 있도록 소유권 개념에 접근 제어 규칙을 구성하는 것이 보편화됐다. 소셜 미디어 사용자는 본질적으로 자신의 콘텐츠를 관리하는 관리자다. 자신의 게시물, 댓글, 사진, 스토리에 가시성을 생성, 업로드, 삭제, 제어할 수 있다. 다른 사용자가 태그를 공개하기 전에 태그를 승인해야 할 수도 있지만 사진 등의 콘텐츠에서 다른 사용자에게 태그를 지정할 수 있다. 소셜 미디어 사이트에서 각각의 콘텐츠 유형은 암시적인 프라이버시 수준을 갖고 있다. 서로의 게시물에 대한 언급은 대개 공공 장소에서 이뤄지지만 직접적인 메시지는 사적인 것이다.

접근 제어 구현

인증 모델을 선택하고 사이트에 액세스 규칙을 정의한 후에는 코드로 규칙을 구현해야 한다. 접근 제어 결정을 코드베이스에 중앙 집중화해 코드 검토 중에 설계 문서를 쉽게 확인할 수 있도록 해야 한다. 모든 액세스 결정이 하나의 코드 경로로 흐를 필요는 없지만 접근 제어 결정을 평가하는 표준 방법을 갖는 것이 중요하다.

권한 부여 규칙을 구현하는 방법에는 함수 또는 메서드 데코레이터 사용(특정 권한 수준으로 함수를 태그 지정), URL 검사(예: 중요한 경로를 /admin으로 접두사 지정) 또는 인라인 선언을 코드에 삽입하는 등 여러 가지가 있다. 일부 구현에서는 전용 권한 구성 요소 또는 내부 API의 접근 제어 결정을 연기한다. 목록 11-1은 파이썬 함수에 사용 권한 검사를 추가하는 예를 보여 준다.

```
from django.contrib.auth.decorators import login_required, permission_required

❶ @login_required
❷ @permission_required('content.can_publish')
  def publish_post(request):
      # Publish a post to the front page.
```

목록 11-1 파이썬의 django 웹 서버를 사용해 권한 확인

웹 서버에서 사용자가 게시물을 게시할 수 있도록 허용하기 전에 사용자가 ❶에 로그인돼 있어야 하며 콘텐츠❷를 게시할 수 있는 사용 권한이 있어야 한다.

목록 11-2는 pundit 라이브러리를 사용해 루비에서 인라인으로 권한을 확인하는 방법을 보여 준다.

```
def publish
```

```
    @post = Post.find(params[:id])
❶   authorize @post, :update?
    @post.publish!
    redirect_to @post
  end
```

목록 11-2 루비의 pundit 라이브러리를 사용해 권한 확인

메서드 호출❶은 라이브러리에 현재 로그인한 사용자가 @post 객체가 설명하는 소셜 미디어 게시물을 업데이트할 권한이 있는지 여부를 묻는다.

사용 권한 검사를 구현하는 데 어떤 방법을 사용하든 적절한 검사된 ID 데이터를 기반으로 접근 제어 결정을 내려야 한다. 세션 쿠키 외에 HTTP 요청에 있는 어떤 것도 의존하지 말아야 한다. 사용자가 자원에 액세스하고 있으면 어떤 권한을 갖고 있는지 유추할 수 있다. 악의적인 사용자는 권한 상승 공격을 수행하려고 요청에 있는 다른 모든 항목을 조작할 수 있다.

접근 제어 테스트

접근 제어 시스템을 비평적으로 테스트하는 것이 중요하다. 테스트 절차로 접근 제어 방식에서 허점을 찾도록 한다. 공격자처럼 처리하면 최초로 실제 공격이 발생할 때보다 효과적으로 대비할 수 있다.

누가 특정 자원에 액세스할 수 있는지, 더 중요한 것은 해당 자원에 누가 액세스할 수 없는지 확인하는 유닛 테스트를 작성한다. 사이트에 기능을 추가할 때 접근 제어 규칙을 설명하는 새 유닛 테스트를 작성하는 습관을 들여야 한다. 유닛 테스트 기능은 웹사이트를 해킹할 때 공격자가 공격하는 일반적인 백도어이므로 사이트에 관리 인터페이스가 있다면 특히 중요하다. 목록 11-3은 루비에서 사용자가 중요한 동작을 수행하기 전에 로그인해야 한다고 주장하는 간단한 유닛 테스트를 보여 준다.

```
class PostsTest<ApplicationSystemTestCase
  test "users should be redirected to the login page if they are not logged in" do
    visit publish_post_url
    assert_response :redirect
```

```
    assert_selector "h1", text: "Login"
  end
end
```

목록 11-3 인증되지 않은 사용자가 게시물을 게시한다면 로그인 페이지로 리다이렉션되는지 확인하는 루비 유닛 테스트

마지막으로 시간과 예산이 있다면 외부 팀을 사용해 침투 테스트를 수행하는 것이 좋다. 팀은 공격자가 악용할 수 있는 누락되거나 잘못된 접근 제어 규칙을 조사할 수 있다.

감사용 기록 추가

사용자의 코드는 사용자를 식별하고 사용자가 자원에 액세스할 때 권한 수준을 테스트하므로 문제 해결 및 포렌식 분석에 도움이 되도록 감사용 기록$^{audit\ trail}$을 추가해야 한다. 감사 내역은 사용자가 작업을 수행할 때마다 기록되는 로그 파일 또는 데이터베이스 항목이다. 사용자가 사이트를 탐색할 때 로깅 문을 추가하는 것(14:32:06 2019-02-05: User example@gmail.com 로그인)만 하면 런타임에 발생하는 문제를 진단할 수 있으며 해킹을 당한다면 중요한 증거를 제공할 수 있다.

일반적인 실수 주의

많은 웹사이트에서 볼 수 있는 일반적인 오류는 검색 가능하도록 설계되지 않은 리소스에 접근 제어를 생략한다는 것이다. 해커가 사이트를 크롤링할 때 해당 페이지가 강조 표시되지 않기 때문에 다른 곳에서 연결되지 않은 사이트의 페이지는 해커로부터 숨겨질 것이라고 쉽게 가정할 수 있다. 이건 사실이 아니다.

해킹 도구는 http://example.com/item?id=423242와 같이 불투명한 ID를 특징으로 하는 개인 URL을 빠르게 열거할 수 있으며, http://example.com/profiles/user/bob와 같은 추측할 수 있는 구조를 가진 개인 URL에 더 쉽게 액세스할 수 있다. 공격자가 URL을 추측할 수 없는 것을 은둔 보안 방식$^{security\ through\ obscurity}$이라고 하며 위험한 것으로 간주된다.

중요한 자원을 보호하는 것은 자원을 금지하도록 설계된 사이트에서 특히 중요하므로 특정 시점에 액세스할 수 있다. 재무 보고 사이트는 종종 해당 제약하에 운영된다. 상

장기업은 이전에 합의된 보고 채널에서 분기별 또는 반기별 재무 보고서를 모든 투자자에게 동시에 제공해야 한다.

일부 웹사이트는 재무 보고서를 일찍 업로드하고(예: /reports/〈company-name〉/〈month-year〉가 있는 URL에) 부정 투자자들은 나머지 시장보다 먼저 보고서에 액세스하려고 재무 보고서가 있는 URL을 미리 확인하는 것으로 알려져 있다. 금융 감시자들은 접근 논리의 부실로 인한 부적절한 공개로 많은 벌금을 부과했다. 접근 제어 규칙이 모든 타이밍 요구 사항을 고려하는지 확인한다.

사이트의 모든 중요한 자원은 접근 제어가 필요하다. 사이트에서 사용자에게 파일 다운로드를 허용한다면 해커는 디렉터리 접근 공격이라는 해킹 방법을 사용해 다운로드가 허용되지 않는 파일에 액세스하려고 할 수 있다. 어떻게 하는지 살펴본다.

디렉터리 접근 공격

웹사이트의 URL에 파일 경로를 설명하는 매개 변수가 포함돼 있다면 공격자는 디렉터리 접근directory traversal 공격을 사용해 접근 제어 규칙을 무시할 수 있다. 디렉터리 접근 공격에서 공격자는 사용자가 액세스할 수 없도록 의도하지 않은 중요한 파일에 액세스하려고 URL 매개 변수를 조작한다. 디렉터리 접근 공격에는 일반적으로 URL 매개 변수를 호스팅 디렉터리의 ../ 구문을 사용해 상대 파일 경로로 바꾸는 작업이 포함된다. 디렉터리 접근 공격이 어떻게 작동하는지 자세히 설명한다.

파일 경로 및 상대 파일 경로

대부분의 파일 시스템에서 각 파일의 위치는 파일 경로filepath로 설명할 수 있다. 예를 들어 리눅스의 /tmp/logs/web.log 파일 경로는 경로 구분 문자(/)로 결합된 파일을 포함하는 디렉터리(이런 경우 최상위 tmp 디렉터리 내의 로그 디렉터리)를 열거해 web.log 파일의 위치를 설명한다.

상대 파일 경로는 마침표(.) 문자로 시작하는 파일 경로로, 현재 디렉터리에 있음을 나타낸다. 상대 경로 ./web.log는 현재 디렉터리에 있는 파일 web.log의 위치를 설명한다. '현재' 디렉터리로 간주되는 항목은 경로가 평가되는 콘텍스트에 따라 달라진다. 예를 들어 명령어 프롬프트에서 현재 디렉터리는 사용자가 가장 최근에 탐색한 디렉터리다.

상대 경로도 ..구문을 사용해 포함 디렉터리 또는 상위 디렉터리를 참조한다. ..구문을 두 번 사용하면 현재 디렉터리의 상위 디렉터리가 참조된다. 예를 들어 파일 시스템은 경로 ../../etc/passwd를 2개의 디렉터리로 이동해 etc라는 디렉터리를 찾은 다음 디렉터리 내에서 passwd 파일을 반환하라는 요청으로 해석한다. 상대적인 길을 이용하는 것은 친척을 묘사하는 것과 비슷하다. 삼촌은 조부모의 아들이므로 그를 찾기 위해서 가계도에서 2세대로 거슬러 올라가서 남자 아이를 찾으면 된다.

서버 측 코드로 공격자가 파일 이름 대신 상대 파일 경로를 전달 및 평가할 수 있다면 파일 시스템에서 흥미롭게 보이는 파일을 탐색해 접근 제어를 해제할 수 있다. 상대 경로 구문으로 공격자는 웹 서버의 홈 디렉터리 외부에 있는 파일을 읽을 수 있으며, 일반적으로 암호 또는 구성 정보를 포함하는 디렉터리를 탐색하고 디렉터리에 포함된 데이터를 읽을 수 있다. 공격의 예시를 살펴본다.

디렉터리 접근 공격 분석

서버의 파일 시스템에 PDF로 저장된 레스토랑 메뉴를 호스트하는 웹사이트가 있다고 가정해 본다. 사이트에서 그림 11-1에 표시된 것처럼 파일 이름을 참조하는 링크를 클릭해 각 PDF를 다운로드하도록 사용자를 초대한다.

파일 이름 매개 변수가 안전하게 해석되지 않으면 공격자는 URL의 메뉴 파일 이름 대신 상대 경로로 스왑할 수 있으며, 그림 11-2와 같이 서버의 사용자 계정 정보에 액세스할 수 있다.

해커가 중요한 파일을 다운로드하려고 메뉴 매개 변수에 있는 메뉴 이름을 상대 경로 (../../../../etc/passwd)로 대체했다. passwd 파일을 읽으면 공격자가 기본 리눅스 운영체제에 어떤 사용자 계정이 있는지 알 수 있으며, 공격자가 서버를 해킹하는 데 도움이 될 중요한 시스템 정보를 노출한다. 공격자가 이런 종류의 정보를 읽을 수 있게 하고 싶지는 않을 것이다! 디렉터리 접근 기능을 해제하는 방법을 알아본다.

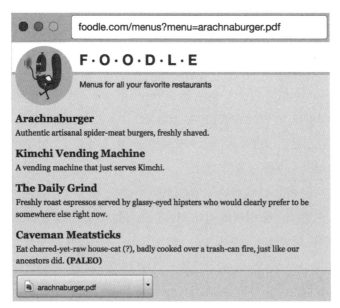

그림 11-1 파일을 다운로드할 수 있는 웹사이트

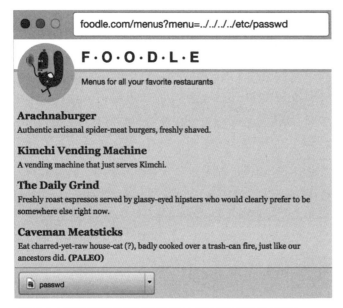

그림 11-2 디렉터리 접근 공격을 사용해 유닉스 파일 보유 계정 정보 액세스

조치 방안 1: 웹 서버 신뢰

디렉터리 접근 공격에서부터 자신을 보호하려면 먼저 웹 서버가 정적 콘텐츠 URL을 확인하는 방법을 숙지해야 한다. 대부분의 웹사이트는 서버가 자바스크립트 파일, 이미지 또는 스타일시트*stylesheet*와 같은 정적 콘텐츠의 요청에 응답할 때 URL을 파일 경로로 변환한다. 레스토랑 메뉴와 같이 이국적인 유형의 정적 파일을 서비스한다면 자신의 것을 쓰는 대신 웹 서버의 내장 URL 확인 논리를 사용해 본다. 웹 서버의 URL 정적 호스팅 기능은 일반적으로 전투 테스트를 거치고 디렉터리 접근 공격에서 보호한다.

조치 방안 2: 호스팅 서비스 사용

사용자나 사이트 관리자가 업로드하기 때문에 코드베이스에 포함되지 않은 파일을 제공한다면 콘텐츠 전송 네트워크, 클라우드 스토리지 또는 콘텐츠 관리 시스템에서 호스팅하는 것을 적극 고려해야 한다. 6장에서 설명한 대로 파일 업로드 취약점을 완화할 뿐만 아니라 보안 URL 또는 불투명한 파일 식별자로 파일을 참조할 수 있도록 해 디렉터리 접근 공격을 완화한다. 대안들 중에 CDN은 일반적으로 세분화된 권한(예: 특정 파일만 특정 사용자에게만 사용할 수 있는 경우)을 덜 허용하지만 일반적으로 통합하기도 쉽다.

조치 방안 3: 간접 파일 참조 사용

로컬 디스크에서 파일을 제공하려고 고유 코드를 작성한다면 디렉터리 접근 공격을 방지하는 가장 안전한 방법은 간접 참조를 사용하는 것이다. 즉 파일 경로에 해당하는 불투명한 ID를 각 파일에 할당한 다음 모든 URL이 해당 ID로 각 파일을 참조하도록 한다. 이렇게 하려면 각 파일 ID를 데이터베이스 내 경로로 페어링하는 일종의 레지스트리를 유지해야 한다.

조치 방안 4: 파일 참조 삭제

마지막으로 레거시 코드베이스를 상속하고 파일 저장 방식을 리팩터링하는 데 필요한 시간이나 자원이 부족하기 때문에 URL에 직접 파일 참조를 사용한다면 사이트 코드를 보호해 파일 이름 대신 임의 경로를 전달할 수 없도록 해야 한다. 가장 안전한 방법은 인코딩된 구분 문자를 포함해 경로 구분 문자가 포함된 파일 참조를 금지하는 것이다(윈도우 기반 운영체제에서는 각각 다른 경로 구분자: \ 및 /를 사용한다).

또 다른 방법은 정규식을 기준으로 파일 이름을 검증해 경로 구문과 유사한 항목을 필터링하는 것이다. 모든 최신 웹 프로그래밍 언어에는 정규식 구현이 포함돼 있으므로 '안전한' 표현식에 수신 파일 이름 매개 변수를 테스트하는 것이 쉽다. 해커들은 경로 이름을 인코딩하는 새롭고 불명확한 방법을 지속적으로 연구하기 때문에 주의해야 한다. 디렉터리 접근 공격은 매우 흔하기 때문이다. 가능하다면 서드 파티 라이브러리를 사용해 파일 이름을 삭제해 본다. 목록 11-4는 루비 시나트라 잼^{Ruby Sinatra gem}에서 경로 매개 변수매개 변수를 소거하는 몇 가지 로직을 보여 준다.

```ruby
def cleanup(path)
  parts = []
❶ unescaped = path.gsub(/%2e/i, dot).gsub(/%2f/i, slash).gsub(/%5c/i, backslash)
  unescaped = unescaped.gsub(backslash, slash)

❷ unescaped.split(slash).each do |part|
    next if part.empty? or part == dot
    part == '..' ? parts.pop : parts << part
  end

❸ cleaned = slash + parts.join(slash)
  cleaned << slash if parts.any? and unescaped =~ %r{/\.{0,2}$}
  cleaned
end
```

목록 11-4 루비 시나트라 잼의 경로 매개 변수 소거 로직

먼저 코드는 사용자를 식별하는 모든 불명확한 문자 인코딩을 표준화한다❶. 그런 다음 경로를 개별 구성 요소❷로 분할한다. 마지막으로 표준 구분 기호❸을 사용해 경로를 재구성해 선행 문자가 슬래시인지 확인한다.

상대 경로는 디렉터리 접근 공격 중에 다양한 방식으로 인코딩될 수 있기 때문에 목록 11-4에 나와 있는 복잡성이 필요하다. 목록 11-5는 상위 디렉터리 구문을 서로 다른 운영체제에서 인코딩할 수 있는 여덟 가지 방법을 보여 준다.

164

```
../
..\
..\/
%2e%2e%2f
%252e%252e%252f
%c0%ae%c0%ae%c0%af
%uff0e%uff0e%u2215
%uff0e%uff0e%u2216
```

목록 11-5 상대 경로는 서로 다른 운영체제에 대해 여러 가지 방법으로 인코딩될 수 있다.

요약

웹사이트의 사용자는 일반적으로 다른 수준의 권한을 가지므로 사용자가 자원에 액세스할 때 평가되는 접근 제어 규칙을 구현해야 한다. 접근 제어 규칙은 명확하게 문서화되고 포괄적으로 구현되며 공격적으로 테스트돼야 한다. 개발 일정에는 팀이 모든 새로운 코드 변경의 보안 의미를 평가할 수 있도록 충분한 패딩이 포함돼야 한다.

파일 이름으로 참조되는 정적 자원은 접근 제어 규칙을 극복하는 일반적인 방법인 디렉터리 접근 공격에 취약하다. 웹 서버의 기존 정적 파일 서비스 방법, 보안 서드 파티 시스템의 정적 파일 서비스 또는 간접적으로 정적 파일을 참조하는 방법을 사용해 디렉터리 접근 공격을 차단할 수 있다. 파일 이름을 사용해야 한다면 파일 경로를 구성하는 데 사용되는 HTTP 매개 변수를 모두 삭제해야 한다.

12장에서는 웹사이트에서 사용 중인 기술 스택을 광고하는 방법을 살펴보고 해커에게 공격 방법에 대한 아이디어를 제공할 것이다.

12

정보 누출

해커들은 지난 24시간 동안 공개된 보안 결함, 특히 제로 데이 취약점, 즉 보안 결함을 자주 사용한다. 누군가가 소프트웨어 구성 요소의 제로 데이 취약점 zero-day vulnerability을 게시하면 해커들은 보안 허점을 이용하려고 취약한 소프트웨어를 실행하는 웹 서버를 즉시 검색한다. 정보 누출 위협에서 보호하려면 웹 서버가 실행 중인 소프트웨어 스택 유형의 정보를 누설하지 않도록 해야 한다. 서버의 기술을 실수로 광고하면 공격 대상이 된다.

12장에서는 웹 서버가 사용자의 기술 선택 정보를 유출하는 몇 가지 일반적인 방법과 각각의 위험을 조치하는 방법을 알아본다.

조치 방안 1: 숨길 수 없는 서버 헤더 사용 안 함

실행 중인 서버 기술, 언어 및 버전을 표시하는 웹 서버 구성에서 HTTP 응답 헤더를 비활성화해야 한다. 기본적으로 웹 서버는 일반적으로 서버 측에서 실행 중인 소프트웨어를 설명하는 각 응답과 함께 서버 헤더를 다시 보낸다. 이는 웹 서버 공급업체의 훌륭한 광고이지만 브라우저는 사용하지 않는다. 공격자는 어떤 취약점을 탐색할 수 있는지 알려 준다. 웹 서버 구성에서 서버 헤더를 비활성화했는지 확인해야 한다(또는 문제가 있다고 느껴진다면 잘못된 웹 서버 기술을 보고하도록 해야 한다).

조치 방안 2: 깔끔한 URL 사용

웹사이트를 디자인할 때 .php, .asp, .jsp와 같은 URL에서 지시 파일 접미사를 사용하지 말아야 한다. 구현 세부 정보를 제공하지 않는 대신 깔끔한 URL을 구현한다. 파일 확장명이 있는 URL은 템플릿 파일 이름을 명시적으로 참조하는 이전 웹 서버에서 공통적으로 사용되므로 확장을 방지한다.

조치 방안 3: 일반 쿠키 매개 변수 사용

웹 서버가 세션 상태를 저장하는 데 사용하는 쿠키의 이름은 서버 측 기술을 자주 드러낸다. 예를 들어 자바 웹 서버는 일반적으로 JSESSIONID라는 쿠키 아래에 세션 ID를 저장한다. 공격자는 목록 12-1에서와 같이 서버를 식별하고자 세션 쿠키 이름을 확인할 수 있다.

```
❶ if response.get_cookies.match(/JSESSIONID=(.*);(.*)/i)
    jsessionid = $1
    post_data = "j_username=#{username}&j_password=#{password}"

    response = send_request_cgi({
            'uri'          => '/admin/j_security_check',
            'method'       => 'POST',
            'content-type' => 'application/x-www-form-urlencoded',
            'cookie'       => "JSESSIONID=#{jsessionid}",
            'data'         => post_data,
        })
```

목록 12-1 아파치 톰캣 서버를 탐지하고 손상하려는 해킹 도구 메타스플로잇

메타스플로잇 코드는 세션 쿠키❶의 이름을 확인한다.

웹 서버가 기술 스택에 단서를 제공하는 쿠키에 아무것도 다시 보내지 않도록 해야

한다. 구성을 변경해 세션 쿠키(예: 세션)에 일반 이름을 사용해야 한다.

조치 방안 4: 클라이언트 측 오류 보고 사용 안 함

대부분의 웹 서버는 오류 페이지의 HTML에 스택 추적 및 라우팅 정보를 인쇄할 수 있는 클라이언트 측 오류 보고를 지원한다. 클라이언트 측 오류 보고는 테스트 환경에서 오류를 디버깅할 때 매우 유용하다. 그러나 스택 추적 및 오류 로그는 공격자에게 사용 중인 모듈 또는 라이브러리를 알려 줘 대상에게 보안 취약점을 선택하는 데 도움이 된다. 데이터 액세스 계층에서 발생하는 오류는 심각한 보안 위험인 데이터베이스 구조의 세부 정보까지 노출시킬 수 있다!

운영 환경의 클라이언트 측에서 오류 보고를 사용하지 않도록 설정해야 한다. 사용자가 볼 수 있는 오류 페이지를 완전히 일반으로 유지해야 한다. 최대 사용자는 예상치 못한 오류가 발생했으며 누군가가 문제를 조사하고 있다는 것을 알아야 한다. 자세한 오류 보고서는 관리자만 액세스할 수 있는 프로덕션 로그 및 오류 보고 도구에 보관해야 한다.

클라이언트 측 오류 보고를 비활성화하는 방법은 웹 서버 설명서를 참조한다. 목록 12-2는 레일즈 구성 파일에서 오류 보고를 비활성화하는 방법을 보여 준다.

```
# Full error reports are disabled.
config.consider_all_requests_local = false
```

목록 12-2 프로덕션 구성 파일(일반적으로 루비 온 레일즈에서 config/environments/production.rb에 저장)이 클라이언트 측 오류 보고를 비활성화했는지 확인한다.

조치 방안 5: 자바스크립트 파일 최소화 또는 난독화

많은 웹 개발자가 자바스크립트 코드를 배포하기 전에 minifier를 사용해 자바스크립트 코드를 미리 처리하는데, minifier는 자바스크립트 코드를 가져와서 기능적으로는 동일하지만 고도로 압축된 자바스크립트 파일을 출력한다. minifier는 공백과 같은 모든 관련 없는 문자를 제거하고 일부 코드를 의미론적으로 동일한 문장으로 바꾼다. 관련 도구는 난독화로, 코드에서 어떤 동작도 변경하지 않고 메서드와 함수 이름을 짧고 의미 없는 토큰으로 대체해 일부러 코드를 읽기 어렵게 만든다. 대중적인 UglifyJS 유틸리티는 두 가지 기능을 모두 갖추고 있으며, uglifyjs[input files] 구문을 사용해 명령줄에서 직접 호출할 수 있으므로 빌드 프로세스에 간편하게 연결할 수 있다.

개발자는 일반적으로 성능을 위해 자바스크립트 코드를 축소하거나 난독화하는데, 이는 작은 자바스크립트 파일들이 브라우저에서 더 빨리 로딩되기 때문이다. 사전 처리 기능은 공격자가 사용 중인 자바스크립트 라이브러리를 더 쉽게 탐지할 수 있도록 하는 긍정적인 효과도 제공한다. 연구자나 공격자는 크로스 사이트 스크립팅 공격을 허용하는 인기 있는 자바스크립트 라이브러리에서 보안 취약점을 주기적으로 발견한다. 사용 중인 라이브러리를 감지하기 어렵게 하면 익스플로잇이 발견될 때 조금은 안심할 수 있다.

조치 방안 6: 클라이언트 측 파일 삭제

중요한 것은 코드 검토를 수행하고 정적 분석 도구를 사용해 중요한 데이터가 주석으로 처리되거나 데드 코드가 클라이언트에게 전달되지 않도록 하는 것이다. 개발자는 파일이 브라우저로 전송된다는 사실을 잊었기 때문에 HTML 파일, 템플릿 파일 또는 자바스크립트 파일에 설명을 남기기 쉽다. 해당 파일은 자바스크립트를 최소화하면 설명이 제거될 수 있지만 코드 검토 중에 템플릿 파일과 손으로 코딩된 HTML 파일에서 중요한 설명을 찾아 삭제해야 한다.

해킹 도구를 사용하면 공격자가 사이트를 탐색하고 사용자가 실수로 남긴 설명을 쉽게 추출할 수 있다. 해커들은 기술을 사용해 실수로 남겨진 개인 IP 주소를 검색하는 경우가 많다. 이는 종종 해커가 웹사이트를 손상시키려고 시도할 때의 첫 번째 호출 포트다.

보안 권고 사항의 최상위에 있어야 한다

모든 보안 설정이 잠긴 상태에서도 정교한 해커는 여전히 실행 중인 기술을 제대로 추측할 수 있다. 웹 서버는 특정 사례에 대응하는 방식(예: 고의적으로 손상된 HTTP 요청 또는 비정상적인 HTTP 동사가 있는 요청)을 갖고 있다. 해커는 고유한 서버 기술 지문을 사용해 서버 측 기술 스택을 식별할 수 있다. 정보 유출과 관련된 모범 사례를 따른다면 사용하는 기술의 보안 권고 사항을 숙지하고 신속하게 패치를 배포하는 것이 중요하다.

요약

웹 서버가 실행 중인 소프트웨어 스택 유형의 정보를 누설하지 않도록 해야 한다. 해커가 웹사이트를 손상시키는 방법을 알아내려고 소프트웨어 스택 유형 정보를 사용할 것이기 때문이다. 구성에서 숨길 수 없는 헤더를 비활성화하고 HTTP 응답에 일반 세션 쿠키 이름을 사용하는지 확인한다. 파일 이름 확장명이 없는 새 URL을 사용한다. 사용 중인 서드 파티 라이브러리를 더 쉽게 구분할 수 있도록 자바스크립트를 축소하거나 난독화한다. 운영 사이트에서 자세한 클라이언트 측 오류 보고를 해제한다. 템플릿 파일과 HTML에서 너무 많은 정보를 제공하는 설명을 삭제해야 한다. 마지막으로 패치를 적시에 배포할 수 있도록 보안 권장 사항을 따른다.

13장에서는 암호화를 사용해 웹사이트의 트래픽을 보호하는 방법을 살펴본다.

13

암호화

암호화encryption는 현대의 인터넷을 안전하게 해준다. 개인적이고 안전하게 데이터 패킷을 교환할 수 있는 기능이 없다면 전자상거래는 존재하지 않으며, 사용자들은 인터넷 사이트에 자신을 안전하게 인증할 수 없다.

하이퍼텍스트 전송 프로토콜 보안은 웹에서 가장 널리 사용되는 암호화 형태다. 웹 서버와 웹 브라우저는 HTTPS를 보편적으로 지원하며, 개발자는 모든 트래픽을 프로토콜로 전환하고 사용자의 안전한 통신을 보장할 수 있다. 사이트에서 HTTPS를 사용하려는 웹 개발자는 인증 기관certificate authority에서 인증서certificate를 가져와 호스팅 공급자와 함께 설치하면 된다.

암호화를 사용해 쉽게 시작할 수 있는 것은 웹사이트와 사용자 에이전트가 HTTPS로 상호작용할 때 일어나는 일의 복잡성을 보여 준다. 최신 암호화(데이터 암호화 및 복호화 방법 연구)는 수학자와 보안 전문가가 개발하고 활발하게 연구한 기술에 따라 달라진다. 다행히도 인터넷 프로토콜의 추상화된 계층들은 수학자, 보안 전문가의 발견을 사용하려고 선형 대수학이나 숫자 이론을 알 필요가 없음을 의미한다. 그러나 기본 알고리듬을 이해할수록 잠재적인 위험을 더 많이 예방할 수 있다.

13장에서는 먼저 인터넷 프로토콜에서 암호화가 어떻게 사용되는지 일반적인 개요와 뒷받침하는 수학을 설명한다. 암호화 작동 방식을 잘 파악하면 HTTPS를 사용하려고 개발자가 수행해야 하는 실제 단계를 검토할 수 있다. 마지막으로 해커가 암호화되지 않았거나 약하게 암호화된 트래픽을 어떻게 활용하고 일부 공격이 암호화를 완전히 피할 수 있는지 살펴본다.

인터넷 프로토콜의 암호화

인터넷으로 전송되는 메시지는 데이터 패킷으로 분할되고 전송 제어 프로토콜^{TCP, Transmission Control Protocol}을 통해 최종 목적지로 전달된다. 수신자 컴퓨터는 전송된 메시지의 TCP 패킷을 원래 메시지로 재조립한다. TCP는 전송되는 데이터의 해석 방법을 지시하지 않는다. 이를 위해서는 두 컴퓨터 모두 HTTP와 같은 상위 수준의 프로토콜을 사용해 전송되는 데이터를 해석하는 방법에 합의해야 한다. TCP는 또한 전송되는 패킷의 내용을 숨기는 데 아무런 도움이 되지 않는다. 취약한 TCP 통신은 악의적인 서드 파티가 패킷을 전송할 때 가로채어 읽는 중간자 공격에 취약하다.

중간자 공격을 방지하려면 브라우저와 웹 서버 간의 HTTP 통신은 (서드 파티에서 데이터 패킷을 해독할 수 없도록) 개인 정보 보호와 (전송 중인 패킷을 변조하려는 시도가 탐지되도록 함으로써) 데이터 무결성을 모두 제공하는 암호화 방법인 TLS로 보호해야 한다. TLS를 사용해 수행된 HTTP 통신을 HTTPS 통신이라고 한다.

웹 브라우저가 HTTPS 웹사이트에 연결되면 브라우저와 웹 서버는 TLS 핸드셰이크의 일부로 사용할 암호화 알고리듬, 즉 TLS 통신이 시작될 때 발생하는 데이터 패킷 교환을 협상한다. TLS 핸드셰이크 중에 발생하는 상황을 이해하려면 다양한 유형의 암호화 알고리듬으로 잠시 우회해야 한다. 다음 단락에는 가벼운 수학이 포함돼 있다.

암호화 알고리듬, 해싱, 메시지 인증 코드

암호화 알고리듬^{encryption algorithm}은 입력 데이터를 가져와서 보안 통신을 시작하고자 하는 두 당사자 간에 공유되는 암호 키^{encryption key}(암호화 키)를 사용해 데이터를 스크램블한다. 스크램블된 출력은 복호화 키^{decryption key}(데이터 스크램블을 해제하는 데 필요한 해당 키)가 없으면 어느 누구도 해독할 수 없다. 입력 데이터와 키는 일반적으로 이진 데이터로 인코딩하지만 키는 가독성을 위해 텍스트 문자열로 표현될 수 있다.

많은 암호화 알고리듬이 존재하며, 수학자와 보안 연구자들이 더 많은 알고리듬을 발명하고 있다. 데이터 암호화는 대칭 및 비대칭 암호화 알고리듬(데이터 암호화용), 해시 함수(데이터 지문 채취 및 기타 암호화 알고리듬 구축용), 메시지 인증 코드(데이터 무결성 보장용) 등 몇 가지 범주로 분류할 수 있다.

대칭 암호화 알고리듬

대칭 암호화 알고리듬은 동일한 키를 사용해 데이터를 암호화하고 해독한다. 대칭 암호화 알고리듬은 일반적으로 블록 암호로 작동하며, 입력 데이터를 개별 암호화할 수 있는 고정 크기 블록으로 나눈다(입력 데이터의 마지막 블록의 크기가 작다면 블록 크기를 채우도록 패딩 처리된다). 따라서 TCP 데이터 패킷을 포함한 데이터 스트림을 처리하는 데 적합하다.

대칭 알고리듬은 속도를 위해 설계됐지만 한 가지 중요한 보안 결함이 있다. 즉 데이터 스트림을 해독하기 전에 수신자에게 복호화 키를 제공해야 한다. 복호화 키가 인터넷으로 공유되면 잠재적인 공격자가 키를 도용할 기회를 생기고 이로 인해 추가 메시지의 암호를 해독할 수 있게 되는데 이는 좋지 않다.

비대칭 암호화 알고리듬

복호화 키 도난 위협에 대응해 비대칭 암호화 알고리듬을 개발했다. 비대칭 알고리듬은 다른 키를 사용해 데이터를 암호화하고 해독한다.

비대칭 알고리듬은 웹 서버와 같은 소프트웨어에서 복호화 키를 비밀로 유지하면서 암호화 키를 자유롭게 게시할 수 있도록 한다. 서버로 보안 메시지를 보내려는 모든 사용자 에이전트는 서버의 암호화 키를 사용해 메시지를 암호화할 수 있으며, 복호화 키는 비밀에 부쳐지기 때문에 아무도(그 자신도) 전송되는 데이터를 해독할 수 없다. 이를 공개 키 암호화public-key cryptography라고도 한다. 암호화 키(공개 키public key)를 게시할 수 있으며 복호화 키(개인 키private key)만 기밀로 유지해야 한다.

비대칭 알고리듬은 훨씬 복잡하기 때문에 대칭 알고리듬보다 느리다. 인터넷 프로토콜의 암호화는 두 가지 유형의 조합을 사용한다. 이는 13장의 뒷부분에서 볼 수 있다.

해시 함수

암호화 알고리즘과 관련된 암호화 해시 함수cryptographic hash function는 출력의 암호를 해독할 수 없는 암호화 알고리즘이라고 생각할 수 있다. 해시 함수에는 몇 가지 다른 흥미로운 속성도 있다. 알고리즘의 출력(해시 값hashed value)은 입력 데이터의 크기에 관계없이 항상 고정된 크기이며, 다른 입력 값이 주어지면 동일한 출력 값을 얻을 확률은 천문학적으로 작다.

이후 복호화할 수 없는 데이터를 암호화하려는 이유는 무엇일까? 입력 데이터에 '패턴'을 생성할 수 있는 좋은 방법이다. 2개의 개별 입력이 동일하지만 보안상의 이유로 원시 입력 값을 저장하지 않으려면 두 입력이 동일한 해시 값을 생성하는지 확인해야 한다.

9장에서 보았던 웹사이트 비밀번호의 일반적인 저장 방법이다. 사용자가 암호를 처음 설정할 때 웹 서버는 암호의 해시 값을 데이터베이스에 저장하지만 의도적으로 실제 암호 값을 잊어버린다. 나중에 사용자가 사이트에 암호를 재입력하면 서버가 해시 값을 다시 계산해 저장된 해시 값과 비교한다. 두 해시 값이 다르면 사용자가 다른 암호를 입력했음을 나타내므로 자격 증명을 거부해야 한다. 사이트에서 각 사용자의 암호를 명시적으로 알지 않고도 암호의 정확성을 확인할 수 있다(비밀번호를 일반 텍스트 형식으로 저장하는 것은 보안상 위험하다. 공격자가 데이터베이스를 손상시키면 모든 사용자의 암호를 얻을 수 있다).

메시지 인증 코드

메시지 인증 코드MAC, Message Authentication Code 알고리즘은 임의 길이의 입력 데이터를 고유한 고정 크기의 출력에 매핑한다는 점에서 암호화 해시 함수와 유사하며 일반적으로 위에 구축된다. 이를 메시지 인증 코드라고 한다. 그러나 MAC 알고리즘은 해시 함수보다 더 특수하다. MAC을 다시 계산하려면 비밀 키가 필요하기 때문이다. 즉 비밀 키를 가진 당사자만이 메시지 인증 코드의 유효성을 확인하거나 생성할 수 있다.

MAC 알고리즘은 인터넷에서 전송되는 데이터 패킷을 공격자가 위조하거나 변조할 수 없도록 하는 데 사용된다. MAC 알고리즘을 사용하려면 송수신 컴퓨터는 일반적으로 TLS 핸드셰이크의 일부로 공유된 비밀 키를 교환한다(비밀 키는 도난 위험을 피하려고 보내기 전에 암호화된다). 이 시점부터 송신자는 전송되는 각 데이터 패킷에 MAC을 생성하고

MAC을 패킷에 연결한다. 수신인 시스템의 키가 동일하므로 메시지에서 MAC을 다시 계산할 수 있다. 계산된 MAC이 패킷에 연결된 값과 다르다면 이는 패킷이 어떤 형태로든 변조됐거나 손상됐거나 원래 컴퓨터에서 전송되지 않았다는 증거다. 따라서 수신자는 데이터 패킷을 거부한다.

만약 여러분이 여기까지 따라왔고 여전히 관심이 있다면 축하한다! 암호학은 고유의 전문용어가 있는 크고 복잡한 주제다. 인터넷 프로토콜이 어떻게 적합한지 이해하려면 머릿속에서 여러 개념의 균형을 동시에 맞춰야 하므로 인내심이 필요하다. 지금까지 설명한 다양한 유형의 암호화 알고리듬이 TLS에서 어떻게 사용되는지 알아본다.

TLS 핸드셰이크

TLS는 암호화 알고리듬의 조합을 사용해 정보를 효율적이고 안전하게 전달한다. TLS로 전달되는 대부분의 데이터 패킷은 스트리밍 정보의 '블록block'을 암호화하기 때문에 일반적으로 블록 암호라고 하는 대칭 암호화 알고리듬을 사용해 암호화된다. 대칭 암호화 알고리듬은 통신 내용을 도청하는 악의적인 사용자가 암호화 키를 도난당할 수 있다. 블록 암호에 암호화/복호화 키를 안전하게 전달하려면 TLS는 수신자에게 키를 전달하기 전에 비대칭 알고리듬을 사용해 키를 암호화한다. 마지막으로 TLS를 사용해 전달된 데이터 패킷은 메시지 인증 코드를 사용해 태그 처리돼 데이터가 변조됐는지 여부를 탐지한다.

TLS 통신을 시작할 때 브라우저와 웹사이트는 TLS 핸드셰이크를 수행해 통신 방법을 결정한다. 핸드셰이크의 첫 번째 단계에서 브라우저는 지원하는 여러 암호 그룹을 나열하는데 무엇을 의미하는지 자세히 살펴본다.

암호 집합

암호 집합cipher suite은 통신을 보호하는 데 사용되는 알고리듬 집합이다. TLS 표준에서 암호 집합은 3개의 개별 알고리듬으로 구성된다. 첫 번째 알고리듬인 키 교환 알고리듬key-exchange algorithm은 비대칭 암호화 알고리듬이다. 컴퓨터와 통신해 TCP 패킷의 내용을 암호화하려고 설계된 대칭 블록 암호인 두 번째 암호화 알고리듬의 비밀 키를 교환하는 데 사용된다. 마지막으로 암호 집합은 암호화된 메시지를 인증하기 위한 MAC 알고리듬을 지정한다.

좀 더 구체적으로 살펴본다면 TLS 1.3을 지원하는 구글 크롬과 같은 최신 웹 브라우저는 다양한 암호 그룹을 제공한다. 글을 작성할 때 해당 제품군 중 하나는 ECDHE-ECDSA-AES128-GCM-SHA256이라는 알기 쉬운 이름으로 사용된다. 특정 암호 제품군에는 키 교환 알고리듬으로 ECDHE-RSA, 블록 암호로 AES-128-GCM, 메시지 인증 알고리듬으로 SHA-256이 포함된다.

세부 사항에 조금 더 설명하자면 ECDHE는 Elliptic Curve Diffie Hellman Exchange(비보안 채널로 공유 암호를 설정하는 현대적 방법)의 약자다. RSA는 Rivest-Shamir-Adleman 알고리듬(1970년대에 유월절 와인을 많이 마신 3명의 수학자가 개발한 최초의 실용적인 비대칭 암호화 알고리듬)의 약자다. AES는 Advanced Encryption Standard(벨기에 암호학자 2명이 발명하고 미국 국립표준기술원이 3년간의 검토 과정으로 선택한 알고리듬)를 의미한다. 특정 변형은 GCM이 이름에 지정한 Galois/Counter Mode에서 128비트 키를 사용한다. 마지막으로 SHA-256은 보안 해시 알고리듬(단어 크기가 256비트인 해시 함수)을 나타낸다.

최신 암호화 표준의 복잡성이 무엇을 의미하는지 알 수 있는가? 최신 브라우저 및 웹 서버는 상당히 많은 암호 그룹을 지원하므로 TLS 표준에 항상 더 많은 암호 그룹을 추가할 수 있다. 기존 알고리듬에서 취약점이 발견되고 컴퓨팅 성능이 낮아짐에 따라 보안 연구자는 TLS 표준을 업데이트해 인터넷을 안전하게 유지한다. 웹 개발자로서 해당 알고리듬의 작동 방식을 이해하는 것은 중요하지 않지만 최신의 안전한 알고리듬을 지원할 수 있도록 웹 서버 소프트웨어를 최신 상태로 유지하는 것이 중요하다.

세션 시작

우리가 중단했던 곳에서 계속 이어간다. TLS 핸드셰이크의 두 번째 단계에서 웹 서버는 지원할 수 있는 가장 안전한 암호 그룹을 선택한 다음 해당 알고리듬을 통신에 사용하도록 브라우저에 지시한다. 동시에 서버는 서버 이름, 인증서의 신뢰성을 보증할 신뢰할 수 있는 인증 기관 및 키 교환 알고리듬에 사용될 웹 서버의 암호화 키를 포함하는 디지털 인증서를 반환한다(인증서가 무엇이며 보안 통신에 필요한 이유를 다음 절에서 설명한다).

브라우저가 인증서의 신뢰성을 확인한 후 두 컴퓨터는 선택한 블록 암호와의 TLS 대화를 암호화하는 데 사용할 세션 키를 생성한다(세션 키는 12장에서 설명한 HTTP 세션 식별자와 다르다. TLS 핸드셰이크는 아직 시작되지 않은 HTTP 통신보다 낮은 수준의 인터넷 프로토콜에서 발생한다). 세션 키는 브라우저가 생성한 큰 임의의 번호로, 키 교환 알고리듬을 사용해 디지털 인증서에 첨부된 (공용) 암호화 키로 암호화돼 서버로 전송된다.

이제 TLS 통신을 시작할 수 있다. 해당 지점을 지나는 모든 항목은 블록 암호와 공유 세션 식별자를 사용해 안전하게 암호화되므로 통신 내용을 스누핑 snooping하는 모든 사람이 데이터 패킷을 해독할 수 없다. 브라우저와 서버는 합의된 암호화 알고리듬과 세션 키를 사용해 양방향으로 패킷을 암호화한다. 또한 네이터 패킷은 인증되고 변조 방지를 위해 메시지 인증 코드를 사용한다.

보다시피 많은 복잡한 수학이 인터넷상의 안전한 통신을 뒷받침한다. 다행히 웹 개발자로서 HTTPS를 사용하도록 설정하는 단계는 훨씬 간단하다. 이제 이론이 끝났으며 사용자를 보호하는 데 필요한 실제 단계를 살펴본다.

HTTPS 사용

웹사이트의 트래픽을 보호하는 것이 기본 암호화 알고리듬을 이해하는 것보다 훨씬 쉽다. 대부분의 최신 웹 브라우저는 자체 업데이트다. 각 주요 브라우저의 개발 팀은 최신 TLS 표준을 지원하는 최첨단 기술을 사용한다. 최신 버전의 웹 서버 소프트웨어도 이와 유사하게 최신 TLS 알고리듬을 지원한다. 즉 개발자로서 사용자에게 남겨진 유일한 책임은 디지털 인증서를 가져와 웹 서버에 설치하는 것이다. 이를 위한 방법과 인증서가 필요한 이유를 설명한다.

디지털 인증서

디지털 인증서 digital certificate(공용 키 인증서라고도 함)는 공용 암호화 키의 소유권을 증명하는 데 사용되는 전자 문서다. 디지털 인증서는 TLS에서 암호화 키를 인터넷 도메인(예: example.com)과 연결하는 데 사용된다. 인증 기관은 브라우저와 웹사이트 간에 신뢰할 수 있는 서드 파티 역할을 하는 인증 기관이 발급하며, 주어진 암호화 키를 사용해 웹사이트의 도메인으로 전송되는 데이터를 암호화해야 함을 보증한다. 브라우저 소프트웨어는 수백 개의 인증 기관(예: Comodo, DigiCert 그리고 최근에는 비영리 Let's Encrypt)을 신뢰하게 된다. 신뢰할 수 있는 인증 기관에서 키와 도메인을 인증하면 올바른 암호화 키를 사용해 올바른 웹사이트와 통신하고 있음을 브라우저에 보장해 공격자가 악의적인 웹사이트 또는 인증서를 표시하지 못하도록 차단한다.

인터넷에서 암호화 키를 교환해야 하는 이유는 무엇인가? 결국 공용 키가 서버 자체에서 자유롭게 사용 가능하도록 만드는 비대칭 암호화의 전부가 아닌가? 앞 문장은 사실이지만 인터넷에서 암호화 키를 가져오는 실제 프로세스는 도메인 이름을 IP 주소에 매핑하는 인터넷의 DNS의 신뢰성에 따라 달라진다. 경우에 따라 DNS는 합법적인 서버에서 공격자가 제어하는 IP 주소로 인터넷 트래픽을 보내는 데 사용할 수 있는 스푸핑 공격에 취약하다. 공격자가 인터넷 도메인을 스푸핑한다면 자체 암호화 키를 발급할 수 있으며 공격 대상자는 더 이상 알 수 없다.

인증 기관은 암호화된 트래픽이 스푸핑되는 것을 방지하려고 존재한다. 공격자는 합법적인(보안된) 웹사이트에서 제어 중인 악의적인 서버로 트래픽을 전환하는 방법을 찾는다면 일반적으로 웹사이트의 인증서에 해당하는 복호화 키를 소유하지 않는다. 즉 사이트의 디지털 인증서에 연결된 암호화 키를 사용해 암호화된 인터셉트 트래픽을 해독할 수 없다.

반면에 공격자가 소유한 복호화 키에 해당하는 대체 디지털 인증서를 제공한다면 인증서는 신뢰할 수 있는 인증 기관이 확인되지 않는다. 스푸핑된 웹사이트를 방문하는 브라우저는 사용자에게 보안 경고를 표시해 사용자가 계속하지 못하도록 강력하게 금지한다.

해당 방식으로 인증 기관은 사용자가 방문 중인 웹사이트를 신뢰할 수 있도록 허용한다. 브라우저 표시줄에서 자물쇠 아이콘을 클릭해 웹사이트에서 사용 중인 인증서를 볼 수 있다. 여기에 설명된 정보는 특별히 흥미롭지 않지만 브라우저는 인증서가 유효하지 않을 때 경고하는 기능을 수행한다.

디지털 인증서 획득

인증 기관에서 웹사이트의 디지털 인증서를 가져오려면 몇 가지 단계를 거쳐야 한다. 인증 기관에서 사용자가 도메인을 소유하고 있는지 확인한다. 디지털 인증서를 가져오는 정확한 방법은 선택한 인증 기관에 따라 다르다.

첫 번째 단계는 임의로 생성된 공용 및 개인 암호화 키가 들어 있는 작은 디지털 파일인 키 쌍^{key pair}을 생성한다. 그런 다음 키 쌍을 사용해 웹사이트의 공개 키와 도메인 이름이 포함된 인증서 서명 요청^{CSR, Certificate Signing Request}을 생성하고 해당 요청을 인증 기관에 업로드한다. 서명 요청을 수락하고 인증서를 발급하기 전에 인증 기관에서 사용자가 CSR에 포함된 인터넷 도메인을 제어할 수 있음을 증명해야 한다. 도메인 소유권이 확인되면 인증서를 다운로드하고 키 쌍과 함께 웹 서버에 설치할 수 있다.

키 쌍 및 인증서 서명 요청 생성

키 쌍과 CSR은 일반적으로 명령줄 도구인 openssl을 사용해 생성된다. CSR에는 도메인 이름 및 공용 키 외에 조직의 법적 이름 물리적 위치와 같은 신청자에 다른 정보가 포함돼 있는 경우가 많다. 해당 인증서는 서명된 인증서에 포함되지만 인증 기관에서 유효성을 검사하도록 선택하지 않는 한 필수 사항은 아니다. 서명 요청을 생성하는 동안 도메인 이름은 종종 기록상의 이유로 고유 이름^{DN, Distinguished Name} 또는 정규화된 도메인 이름 ^{FQDN, Fully Qualified Domain Name}이라고 한다. 목록 13-1에는 openssl을 사용해 인증서 서명 요청을 생성하는 방법이 나와 있다.

```
openssl req -new -key ./private.key -out ./request.csr
```

목록 13-1 명령줄에서openssl을 사용해 인증서 서명 요청 생성

private.key 파일에는 새로 생성된 개인 키(openssl로 생성할 수도 있음)가 포함돼야 한다. openssl 도구는 도메인 이름을 포함해 서명 요청에 통합하기 위한 세부 정보를 요청한다.

도메인 검증

도메인 검증^{domain verification}은 인증 기관이 인터넷 도메인에 인증서를 신청하는 사람이 도메인을 실제로 제어하는지 확인하는 프로세스다. 디지털 인증서를 신청할 때 특정 인터넷 도메인으로 전송된 트래픽을 해독할 수 있어야 한다고 명시한다. 인증 기관은 실사의 일환으로 사용자가 해당 도메인을 소유하고 있는지 확인하는 작업을 고집한다.

도메인 검증은 일반적으로 도메인에 DNS 항목을 임시로 편집해야 하므로 사용자가

DNS에 편집 권한이 있음을 증명한다. 도메인 검증은 DNS 스푸핑 공격에서 보호하는 역할을 한다. 즉 공격자는 편집 권한이 없는 한 인증서를 신청할 수 없다.

확장 유효성 검사 인증서

일부 인증 기관에서 확장 유효성 검사EV, Extended Validation 인증서를 발급한다. 이를 위해서는 인증 기관이 인증서를 신청하는 법적 실체의 정보를 수집하고 검증해야 한다. 그런 다음 정보는 디지털 인증서에 포함되며 웹 브라우저로 웹사이트를 방문하는 사용자에게 제공된다. EV 인증서는 일반적으로 회사 이름이 브라우저 URL 표시줄의 자물쇠 아이콘 옆에 표시되므로 대형 조직에서는 널리 사용되고 있다.

인증서 만료 및 해지

디지털 인증서의 수명은 유한하며(일반적으로 연 또는 월 단위) 인증 기관에서 재발행해야 한다. 인증 기관은 또한 인증 소유자가 자발적으로 해지된 인증서를 추적한다. 디지털 인증서에 해당하는 개인 키가 손상된다면 사이트 소유자로서 새 인증서를 신청한 다음 이전 인증서를 해지하는 것이 중요하다. 브라우저는 만료되거나 해지된 인증서를 가진 웹사이트를 방문할 때 사용자에게 경고를 표시한다.

자체 서명된 인증서

일부 환경, 특히 시험 환경에서 인증기관에 인증서를 취득하는 것은 불필요하거나 비실용적이다. 예를 들어 내부 네트워크에서만 사용할 수 있는 테스트 환경은 인증 기관에서 확인할 수 없다. 그러나 테스트 환경에서는 HTTPS를 계속 지원할 수 있으므로 해결책은 자체 인증서(자체 서명 인증서)를 생성하는 것이다.

openssl과 같은 명령줄 도구는 자체 서명된 인증서를 쉽게 생성할 수 있다. 자체 서명된 인증서가 있는 사이트의 브라우저는 일반적으로 사용자에게 보안 경고(이 사이트의 보안 인증서는 신뢰할 수 없음)를 내리지만 사용자는 위험을 감수하고 계속 진행할 수 있다. 테스트 환경을 사용하는 모든 사용자가 해당 제한 사항과 경고가 발생하는 이유를 알고 있는지 확인해야 한다.

인증서 비용을 지불해야 하는가?

인증 기관은 전통적으로 상업적 기관이었다. 오늘날에도 발급되는 각 증명서 중 대부분은 고정 수수료를 부과한다. 2015년부터 캘리포니아 비영리 단체인 Let's Encrypt는 무료 인증서를 제공해 왔다. Let's Encrypt는 Mozilla Foundation(파이어폭스 브라우저의 출시를 조정하는 것)과 Electronic Frontier Foundation(샌프란시스코에 기반을 둔 디지털 권리 비영리 단체)이 설립했다. 따라서 상업용 인증 기관에서 제공하는 확장 유효성 검사 기능이 필요하지 않는 한, 인증서의 비용을 지불할 이유가 없다.

디지털 인증서 설치

인증서와 키 쌍이 있으면 다음 단계는 웹 서버가 HTTPS를 사용해 전환하도록 하고 TLS 핸드셰이크의 일부로 인증서를 제공한다. 호스팅 공급자 및 서버 기술에 따라 다르지만 일반적으로 매우 간단하고 문서화가 잘 돼 있다. 간략하게 설명해야 하는 일반적인 배포 프로세스를 살펴본다.

웹 서버 대 애플리케이션 서버

이 책에서 여기까지는 웹 서버를 HTTP 요청을 가로채고 응답하기 위한 것이라고 설명했으며, 어떻게 정적 콘텐츠를 다시 보내거나 각각의 요청에 대응해 코드를 실행하는지 이야기했다. 정확한 설명이지만 웹사이트가 일반적으로 실행 중인 애플리케이션 한 쌍으로 배포된다는 사실을 뒷받침한다.

일반적인 웹사이트를 실행하는 첫 번째 애플리케이션은 정적 콘텐츠를 제공하고 낮은 수준의 TCP 기능을 수행하는 웹 서버다. 일반적으로 Nginx 또는 Apache HTTP Server와 같은 것이다. 웹 서버는 C로 작성되며 낮은 수준의 TCP 기능을 신속하게 수행하도록 최적화돼 있다.

두 번째 애플리케이션은 애플리케이션 서버의 한 쌍으로, 웹 서버에서 다운스트림에 위치하며 사이트의 동적 콘텐츠를 구성하는 코드와 템플릿을 호스트한다. 각 프로그래밍 언어마다 많은 애플리케이션 서버를 사용할 수 있다. 일반적인 애플리케이션 서버는 자바 언어로 작성된 웹사이트의 경우 톰캣 또는 제티, 루비 온 레일즈 웹사이트의 경우 퓨마 또는 유니콘, 파이썬 웹사이트의 경우 장고^{Django}, 플라스크^{Flask} 또는 토네이도^{Tornado}

등이 될 수 있다.

다소 헷갈릴 수 있는 부분은 웹 개발자들이 코드 작성에 대부분의 시간을 할애한 환경이기 때문에 종종 사용하는 애플리케이션 서버를 '웹 서버'라고 무심코 언급하곤 한다. 실제로 애플리케이션 서버는 웹 서버의 효율성이 떨어지더라도 모든 작업을 수행할 수 있기 때문에 애플리케이션 서버를 자체적으로 구축하는 것이 완벽하게 가능하다. 웹 개발자가 자신의 컴퓨터에 코드를 작성하고 테스트할 때 매우 일반적인 설정이다.

HTTPS를 사용하도록 웹 서버 구성

디지털 인증서와 암호화 키는 애플리케이션 서버보다 훨씬 빠르기 때문에 대부분의 웹 서버에 배포된다. HTTPS를 사용하려면 웹 서버를 전환하면 웹 서버가 표준 HTTPS 포트(443)에서 트래픽을 수신하도록 웹 서버의 구성을 업데이트하고 TLS 세션을 설정할 때 사용할 디지털 인증서 및 키 쌍의 위치를 알려 주는 문제가 발생한다. 목록 13-2은 Nginx 웹 서버의 구성 파일에 인증서를 추가하는 방법을 보여 준다.

```
server {
    listen 443 ssl;
    server_name        www.example.com;
    ssl_certificate        www.example.com.crt;
    ssl_certificate_key www.example.com.key;
    ssl_protocols        TLSv1.2 TLSv1.3;
    ssl_ciphers        HIGH:!aNULL:!MD5;
}
```

목록 13-2 Nginx 구성 시 디지털 인증서(www.example.com.crt) 및 암호화 키(www.example.com.key)의 위치 설명

해당 방식으로 TLS 기능을 처리하는 웹 서버는 수신 HTTPS 요청을 해독하고 애플리케이션 서버에서 처리해야 하는 모든 요청을 암호화되지 않은 HTTP 요청으로 전달한다. 이를 웹 서버에서 HTTPS 종료라고 한다. 웹과 애플리케이션 서버 간의 트래픽은 안전하지 않지만(암호화가 제거됐기 때문에) 트래픽이 물리적 시스템을 벗어나지 않으므로 일반적으로 보안 위험이 아니다(또는 최소한 개인 네트워크를 통해서만 전달된다).

HTTP는 어떤가?

포트 443에서 HTTPS 요청을 수신하도록 웹 서버를 구성하려면 구성 파일을 몇 개 수정해야 한다. 그런 다음 웹 서버가 표준 HTTP 포트(80)에서 암호화되지 않은 트래픽을 처리하는 방법을 결정해야 한다. 일반적인 방법은 웹 서버에서 안전하지 않은 트래픽을 보안 URL로 리다이렉션하도록 지시한다. 예를 들어 사용자 에이전트가 http://www.example.com/page/123을 방문한다면 웹 서버는 HTTP 301 응답으로 응답하고 대신 https://www.example.com/page/123을 방문하도록 지시한다. 브라우저는 TLS 핸드셰이크를 협상한 후 포트 443에서 동일한 요청을 전송하라는 명령으로 메시지를 인식한다. 목록 13-3에는 포트 80의 모든 트래픽을 Nginx 웹 서버의 포트 443으로 리다이렉션하는 방법이 나와 있다.

```
server {
    listen 80 default_server;
    server_name _;
    return 301 https://$host$request_uri;
}
```

목록 13-3 Nginx 웹 서버의 모든 HTTP를 HTTPS로 리다이렉션

HTTP 엄격한 전송 보안

사이트는 브라우저와 안전하게 통신하도록 설정돼 있으며 HTTP를 사용하는 브라우저는 HTTPS로 리다이렉션한다. 중요한 데이터가 HTTP로 초기 연결 중에 전송되지 않도록 해야 한다.

브라우저가 이전에 본 사이트를 방문할 때 브라우저는 이전에 웹사이트가 요청의 쿠키 헤더에 제공한 쿠키를 반환한다. 웹사이트에 초기 연결이 HTTP로 수행된다면 후속 요청 및 응답이 HTTPS로 업그레이드되더라도 쿠키 정보가 불안정하게 전달된다.

웹사이트에서 HSTS^{HTTP Strict Transport Security} 정책을 구현해 HTTPS 연결을 통해서만 쿠키를 보내도록 브라우저에 지시해야 한다. 응답에서 Strict-Transport-Security 헤더를 설정해 작업을 수행할 수 있다. Strict-Transport-Security 헤더를 사용하는 최신 브

라우저는 HTTPS만 사용해 사이트에 연결하는 것을 기억한다. 사용자가 http://www.example.com과 같은 HTTP 주소를 명시적으로 입력하더라도 브라우저는 메시지가 표시되지 않고 HTTPS를 사용하는 것으로 전환된다. 이렇게 하면 사이트에 처음 연결하는 동안 쿠키가 탈취당하는 것을 방지할 수 있다. 목록 13-4에는 Nginx를 사용할 때 Strict-Transport-Security 헤더를 추가하는 방법이 나와 있다.

```
server {
    add_header Strict-Transport-Security "max-age=31536000" always;
}
```

목록 13-4 Nginx에서 HTTP 엄격한 전송 보안 설정

브라우저는 최대 사용 기간(초) 동안 HTTP로 쿠키를 보내지 않는 것을 기억하며, 그 후 사이트에서 정책이 변경됐는지 다시 확인한다.

HTTP(및 HTTPS) 공격

13장에서 HTTPS를 사용하지 않기로 선택한다면 발생할 수 있는 최악의 상황은 무엇일까? 암호화되지 않은 HTTP가 어떻게 악용될 수 있는지 지금부터 설명하겠다. 인터넷에서 약하게 암호화되거나 암호화되지 않은 통신을 사용하면 공격이 중간자 공격을 시작할 수 있으므로 HTTP 통신을 조작하거나 스누핑할 수 있다. 해커, 인터넷 서비스 공급자, 정부의 HTTP를 악용한 최근 사례를 살펴본다.

무선 라우터

무선 라우터는 중간자 공격의 일반적인 대상이다. 대부분의 라우터에는 리눅스 운영체제가 기본적으로 설치돼 있어 로컬 인터넷 서비스 공급자ISP, Internet Service Provider로 트래픽을 라우팅하고 간단한 구성 인터페이스를 호스팅할 수 있다. 리눅스 설치는 일반적으로 보안 패치로 업데이트되지 않으며 동일한 운영체제 버전이 수천 가정에 설치되기 때문에 해커에게 완벽한 타깃이 된다.

2018년 5월 시스코^{Cisco} 보안 연구원들은 50만 개 이상의 링크시스^{Linksys} 및 넷기어 ^{Netgear} 라우터가 VPNFilter라는 악성 코드에 감염됐다는 것을 발견했다. VPNFilter는 라우터를 통과하는 HTTP 트래픽을 스누핑해 러시아 정부에 연결된 것으로 생각되는 알려지지 않은 공격자를 대신해 웹사이트 비밀번호와 기타 중요한 사용자 데이터를 훔쳤다. VPN 필터는 다운그레이드^{downgrade} 공격까지 시도해 브라우저가 더 약한 암호화를 사용하거나 암호화를 전혀 사용하지 않도록 인기 있는 사이트에 초기 TLS 핸드셰이크를 방해했다.

HTTPS 트래픽은 수신자 사이트 이외에는 누구에게도 해독할 수 없기 때문에 HTTPS를 사용하는 사이트는 중간자 공격에 면역이 됐다. 다른 웹사이트로의 트래픽은 해커가 도용해 중요한 데이터를 채굴했을 가능성이 높다.

Wi-Fi 핫스팟

해커가 중간자 공격을 시작하는 더 낮은 기술 방법은 공공 장소에 Wi-Fi 핫스팟을 설치하는 것이다. Wi-Fi 핫스팟의 이름에 크게 관심을 기울이는 사람은 거의 없으므로 공격자가 카페나 호텔 로비 같은 공공 공간에 핫스팟을 설치하고 부주의한 사용자가 연결할 때까지 기다리는 것이 쉽다. TCP 트래픽이 해커의 장치에서 ISP로 이동하기 때문에 해커는 트래픽을 디스크에 기록하고 이를 검색해 신용카드 번호와 암호 같은 중요한 세부 정보를 추출할 수 있다. 공격 대상자에게 공격이 발생했다는 유일한 징후는 공격자가 물리적 위치를 떠나 핫스팟을 종료하고 공격 대상자의 인터넷 연결을 끊을 때 발생한다. 해커가 캡처한 트래픽을 읽을 수 없으므로 트래픽을 암호화하면 공격이 중단된다.

인터넷 서비스 공급자

인터넷 서비스 공급자들은 개별 사용자와 기업을 인터넷 백본^{backbone}에 연결하는데 이는 전달되는 데이터의 잠재적으로 민감한 성격을 감안할 때 엄청난 신뢰의 위치다. 인터넷 서비스 공급자들이 HTTP 요청을 스누핑하거나 간섭하는 것을 막을 것이라고 생각하겠지만, 수년 동안 서버로 흐르는 HTTP 트래픽에 자바스크립트 광고를 주입한 미국의 가장 큰 ISP인 컴캐스트^{Comcast}와 같은 회사들에게는 그렇지 않다. 컴캐스트는 서비스로서

하고 있다고 주장했지만(많은 광고가 사용자에게 월별 데이터 요금제를 이미 얼마나 많이 사용했는지 알려 줬다), 디지털 권리 운동가들은 해당 접근 방식을 우편 배달부가 광고 자료를 봉인된 문자로 흘려보내는 것과 비슷하다고 봤다.

HTTPS를 사용하는 웹사이트는 각 요청과 응답의 내용이 ISP에 불투명하기 때문에 조작에 면역이 된다.

정부 기관

정부 기관들이 여러분의 인터넷 트래픽을 염탐하는 것은 음모론처럼 보일지 모르지만, 많은 증거는 그 일이 실제로 일어났다는 것을 보여 준다. 미국 국가안보국NSA, National Security Agency은 감시를 위해 중간자 공격을 성공적으로 실시했다. 전직 NSA 계약자 에드워드 스노든Edward Snowden이 유출한 내부 발표는 브라질 국영석유회사인 페트로브라스Petrobras가 어떻게 스파이 활동을 했는지 기술했다. NSA는 구글 웹사이트의 디지털 인증서를 얻은 다음, 구글로 트래픽을 프록시로 연결하는 동안 사용자 자격 증명을 획득하는 유사한 사이트를 호스팅했다. 이런 종류의 프로그램이 얼마나 널리 퍼졌는지 잘 모르지만 생각만 해도 상당히 불안하다(정부에서 이 글을 읽는 사람이 있다면, 사실 이런 종류의 프로그램은 우리를 안전하게 지켜 주며 책의 저자는 진심으로 이 프로그램을 지지한다).

요약

HTTPS를 사용해 웹 브라우저와 사용자의 사이트 간 통신이 비공개로 유지되고 조작될 수 없도록 해야 한다. HTTPS는 TLS로 전송되는 HTTP다. TLS 통신은 웹 서버와 사용자 에이전트가 TLS 핸드셰이크에 참여할 때 시작된다. TLS 핸드셰이크 도중 브라우저는 지원할 수 있는 암호 모음 목록을 제공한다. 각 암호 제품군에는 키 교환 알고리듬, 블록 암호, 메시지 인증 코드 알고리듬이 포함돼 있다. 웹 서버는 지원하는 암호를 선택하고 디지털 인증서를 반환한다.

그런 다음 브라우저는 디지털 인증서에 첨부된 공개 키를 사용해 (임의로 생성된) TLS 세션 식별자를 키 교환 알고리듬으로 암호화한 다음 웹 서버로 전송한다. 마지막으로 양쪽 모두 세션 식별자를 가지고 있을 때, 선택한 블록 암호로 암호화돼 앞뒤로 전송되는 메시지의 암호화 복호화 키로 사용한다. 각 데이터 패킷의 신뢰성은 메시지 인증 코드 알고리듬을 사용해 검증된다.

디지털 인증서는 소수의 인증 기관에서 발급하며 인증서를 발급하기 전에 DNS에서 선택한 도메인의 소유권을 증명해야 한다. 인증 기관은 브라우저와 웹사이트 간에 신뢰할 수 있는 서드 파티 역할을 수행함으로써 스푸핑된 웹사이트가 위조 인증서를 표시하는 것을 방지한다.

웹사이트의 인증서를 얻었으면 HTTPS로 콘텐츠를 제공해야 한다. 즉 포트 443을 통한 트래픽을 허용하도록 웹 서버를 구성하고 인증서 및 복호화 키를 찾을 위치를 알려 주며 포트 80의 HTTP 트래픽을 포트 443의 HTTPS 트래픽으로 리다이렉션한다. 마지막으로 HTTP 전송 보안 정책을 설정해 HTTPS로 업그레이드하기 전에 HTTP 요청에 중요한 데이터(예: 세션 쿠키)를 보내지 않도록 브라우저에 지시해야 한다.

웹 서버 기술을 자주 업그레이드해 가장 최신의(따라서 안전한) 암호 세트를 사용하고 있는지 확인해야 한다. 암호화 표준은 오래된 알고리듬이 손상되거나 취약한 것으로 확인됨에 따라 지속적으로 연구되고 개선되고 있다.

웹 서버를 최신 상태로 유지해야 하는 문제를 논의하는 동안 웹사이트 서비스에 사용하는 서드 파티 애플리케이션을 테스트, 보안, 관리하는 방법을 좀 더 자세히 알아보길 바란다. 14장에서 여러분이 할 일이다!

14

서드 파티

요즘은 대부분의 웹 개발자들이 소프트웨어를 처음부터 만들지 않는다. 운영체제에서 웹 서버, 사용하는 프로그래밍 언어 라이브러리에 이르기까지 웹사이트에 전원을 공급하는 대부분의 코드는 다른 사용자가 작성한다. 그러면 다른 사람의 코드에 있는 취약점을 어떻게 관리할 수 있을까?

해커는 널리 사용되는 소프트웨어 구성 요소의 알려진 취약점을 공격하므로 서드 파티를 보호하는 것이 중요하다. 예를 들어 해커가 웹에서 안전하지 않은 워드프레스 인스턴스를 검색하는 것이 특정 웹사이트를 선택하고 취약함을 알아내는 것보다 훨씬 더 효율적이다. 따라서 악의적인 검색으로 이어지지 않도록 보안 패치를 최신 상태로 유지하는 것이 중요하다.

14장에서는 서드 파티 보안의 세 가지 접근 방식을 설명한다. 사용하는 소프트웨어 구성 요소인 종속성의 보안 권고 사항보다 앞서 나가는 방법을 알아본다. 종속성을 올바르게 구성하는 것이 중요하므로 해커들이 활용할 수 있는 백도어를 실수로 열어 두지 않아야 한다. 마지막으로 서드 파티 서비스와 관련된 보안 위험(웹 서버에서 호출하거나 자바스크립트 가져오기로 웹 페이지에 로드되는 다른 사용자의 서버에서 실행되는 코드)을 확인할 수 있다. 특히 광고 네트워크로 악성 코드를 배포해(이른바 멀버타이징^{malvertising}이라고 불리는) 놀라울 정도로 인기 있는 악성 코드 배포 방법을 살펴보고 사이트에 광고가 포함돼 있다면 사용자를 보호하는 방법을 살펴본다.

종속성 보호

2014년 4월 대부분의 리눅스(및 기타 운영체제) 버전에 TLS를 구현하는 오픈 소스 C 라이브러리인 OpenSSL의 작성자는 하트블리드 버그$^{Heartbleed bug}$의 존재를 공개했다. 버퍼 오버리드$^{buffer over-read}$를 사용해 공격자는 취약한 라이브러리로 서버에서 임의의 메모리 청크를 읽을 수 있으며, 암호화 키, 사용자 이름, 암호, 기타 민감한 데이터를 훔칠 수 있었다. 인터넷에서 가장 인기 있는 2개의 웹 서버인 Apache와 Nginx는 통신 보안을 위해 OpenSSL을 사용했으며, 보안 회사 AVG에서 근무하는 연구원들은 하루아침에 50만 개 이상의 웹사이트가 공격에 취약한 것으로 추정했다. 영향을 받는 웹사이트의 수가 너무 많기 때문에 하트블리드 버그 취약점은 가장 위험한 버그라고 불려 왔다.

버그를 패치한 새로운 버전의 OpenSSL은 취약점이 공개된 당일 릴리스했지만 패치하지 않은 웹 서버는 이후 몇 달 동안 인터넷상에서 흔히 발견됐다. 패치하지 않은 웹 서버를 실행하기에 위험한 시기였다. 해커들은 취약점을 이용하는 가장 좋은 방법을 찾으려고 했으며 취약한 사이트가 줄어들면서 나머지 웹 서버를 대상으로 삼았다.

모든 웹사이트가 서드 파티 코드를 사용하며 모든 서드 파티 라이브러리인 OpenSSL과 같은 보안 전문가가 작성한 라이브러리도 보안 문제가 있을 수 있다. 취약점을 사전에 파악하려면 보안 문제가 공개되는 즉시 파악하고 소프트웨어를 신속하게 패치해야 한다. 여기에는 세 가지 측면이 있다. 즉 실행 중인 종속성을 정확하게 파악하고, 종속성을 신속하게 업데이트할 수 있으며, 종속성의 보안 문제에 경계심을 유지해야 한다. 세 가지 측면을 차례대로 설명한다.

실행 중인 코드 파악

종속성을 보호하려면 첫 번째 단계는 종속성이 무엇인지 알아야 한다. 이는 분명해 보이지만 현대의 소프트웨어 스택^{stack}은 복잡하고 여러 층으로 돼 있어 나중에 잊어버릴 수 있는 소프트웨어 개발 수명 주기 개발 단계에서 새 라이브러리를 쉽게 추가할 수 있다.

종속성을 정리하려면 실제로 사용해야 하는 수많은 도구가 있다.

종속성 관리 도구

대부분의 프로그래밍 언어에는 개발 팀이 구성 파일에 서드 파티 종속성을 지정할 수 있는 종속성 관리자^{dependency manager}가 함께 제공된다. 설명된 소프트웨어 라이브러리는 빌드 프로세스^{build process}의 일부로, 요청 시 다운로드된다. 종속성 관리자를 사용하면 서버에 배포할 때처럼 새로운 종속성을 쉽게 포착하고 새로운 환경에서 소프트웨어 스택을 재구성할 수 있다.

실행 중인 각 종속성의 버전을 확실히 알고 있으려면 종속성 목록의 각 종속성의 명시적 버전 번호를 지정하는 습관이 있어야 한다. 종속성 관리 시스템에서 사용할 수 있는 패키지는 인터넷의 원격 저장소에서 호스팅된다. 패키지 작성자는 패키지의 새 버전을 릴리스할 때 새 버전 번호와 함께 저장소에 추가된다. 기본적으로 대부분의 종속성 관리자는 새 환경에서 빌드를 처음 실행할 때 각 종속성의 최신 버전을 가져온다. 종속성의 최신 버전을 가져오는 것은 초기 개발 시 적절한 기본 동작이지만 코드를 릴리스할 때까지 종속성 구성 파일에는 버전 번호가 명시적으로 나열돼 있어야 한다. 보안 권고 사항에는 어떤 버전의 종속성이 취약한지 나와 있으므로 각 환경에서 실행 중인 버전을 핀으로 고정하면 패치해야 하는 항목이 표시된다.

선언한 종속성 자체에는 종속성이 있을 수 있으며 종속성 관리자도 라이브러리를 쉽게 가져올 수 있다. 각 종속성에는 다른 종속성인 분기가 있기 때문에 종속성 트리^{dependency tree}를 설명한다. 보안 위험을 평가할 때는 전체 종속성 트리를 고려해야 한다. 종속성 관리자가 명령줄에 전체 트리(종속성의 종속성 포함)를 출력할 수 있다. 목록 14-1은 Node.js 프로젝트의 종속성 트리를 보여 주며, @blueprintjs/core 라이브러리가 어떻게 popper.js 라이브러리를 하위 종속성으로 갖고 있는지 보여 준다.

```
my_project@0.0.0 /usr/code/my_project
├─┬ @blueprintjs/core@3.10.0
│ ├─┬ @blueprintjs/icons@3.4.0
│ │ ├── classnames@2.2.6 deduped
│ │ └── tslib@1.9.3 deduped
│ ├── @types/dom4@2.0.1
```

```
|  ├── classnames@2.2.6 deduped
|  ├── dom4@2.1.4
|  ├── normalize.css@8.0.1
|  ├── popper.js@1.14.6
|  ├── react-popper@1.3.3 deduped
```

목록 14-1 npm 목록에는 노드 패키지 관리자의 전체 종속성 트리가 표시된다.

운영체제 패치

프로그래밍 언어 종속성을 추적할 뿐만 아니라 운영체제 수준에서 배포된 소프트웨어 패키지도 추적해야 한다. 운영체제 벤더(예: 레드햇^Red Hat 및 마이크로소프트)는 보안 패치를 자주 발행하므로 사용자는 지정된 환경에서 사용 중인 각 운영체제 라이브러리의 버전을 추적하고 서버를 적시에 업그레이드하기 위한 전략을 수립해야 한다. 데이터 센터에서 실행 중인 물리적 서버가 있다면 회사는 전담 시스템 관리자가 있을 수 있다. 클라우드의 가상화된 서버(예: Amazon EC2)에서 소프트웨어를 실행한다면 배포의 일부로 운영체제 버전을 정기적으로 업데이트해야 한다. 컨테이너를 인스턴스화할 때 설치할 소프트웨어가 도커 구성 파일에 명시적으로 나열되기 때문에 컨테이너를 컨테이너로 사용하는 것도 운영체제 종속성을 추적하는 좋은 방법이다.

무결성 검사

마지막 고려 사항은 실행 중인 것으로 생각되는 코드가 실제로 실행 중인 코드인지 확인해야 한다는 것이다. 종속성 관리자와 패치 적용 도구가 도움이 된다. 체크섬^checksum을 사용해 소프트웨어 구성 요소가 손상되지 않은 상태로 전송되도록 보장한다. 체크섬은 종속성이 저장소에 업로드될 때 계산되고, 종속성이 사용되도록 다운로드될 때 다시 계산되고 검증될 수 있는 디지털 서명이다. 브라우저에 자바스크립트 코드 및 기타 자원을 배포할 때 동일한 보증을 제공하려고 노력해야 한다.

　최신 브라우저를 사용하면 HTML의 <script> 및 <style> 태그에 하위 자원 무결성 검사를 추가할 수 있다. 빌드 프로세스는 클라이언트 측에서 가져오려는 각 자원 파일의 체크섬을 생성하고 체크섬을 각 가져오기 태그의 무결성 속성에 할당해야 한다. 목록 14-2

는 openssl 유틸리티를 사용해 체크섬을 생성하는 방법을 보여 준다.

```
cat FILENAME.js | openssldgst -sha384 -binary | openssl base64 -A
```

목록 14-2 유닉스에서 체크섬을 생성하려면 자바스크립트 파일 FILENAME.js를 openssl에 파이핑(piping)해 다이제스트를 생성하고 Base64에서 인코딩한다.

브라우저가 스크립트를 예상 체크섬과 비교해 가져온 코드를 실행하기 전에 일치하는 항목이 있는지 확인한다. 따라서 서버의 액세스 권한을 얻은 해커가 악의적인 코드로 자바스크립트 파일을 대체하기가 훨씬 어려워진다. 왜냐하면 해커들은 목록 14-3에 표시된 것과 같이 <script> 태그를 생성하는 코드에도 액세스하고 변경해야 하기 때문이다.

```
<script src="https://example.com/example-framework.js"
        integrity="sha384-oqVuAfXRKap7fdgcCY5uykM6+R9GqQ8K/uxy9rx7HNQlG"
        crossorigin="anonymous"></script>
```

목록 14-3 파일의 체크섬을 계산해 스크립트를 가져오는 HTML 태그의 무결성 속성에 추가해 가져온 자바스크립트 파일의 무결성을 확인한다.

새로운 버전을 신속하게 구현할 수 있다

보안 문제에 대응하려면 패치를 신속하게 배포할 수 있어야 한다. 즉 스크립트로 작성된 릴리스 프로세스를 순서대로 수행할 수 있어야 한다. 5장에서는 릴리스 프로세스를 순서대로 수행해야 한다는 내용을 다뤘다. 릴리스 프로세스는 신뢰할 수 있고 재현 가능하며 되돌릴 수 있어야 하며, 릴리스는 소스 관리 시스템의 코드 분기에 연결돼야 한다. 각 릴리스에 배포된 각 종속성의 버전을 추적할 수 있도록 종속성 관리자가 사용하는 구성 파일은 소스 관리하에 보관해야 한다.

서드 파티 구성 요소의 보안 패치를 별도로 배포해 종속 버전을 업그레이드하면서 사용자 코드 변경 사항을 릴리스하지 않는 경우가 많다. 서드 파티 코드 변경 사항만 포함된 릴리스에서는 여전히 웹사이트를 다시 테스트해야 한다. 즉 업그레이드된 종속성이 사이트의 기존 기능을 손상시키지 않도록 해야 한다. 회귀 검사는 유닛 검사의 범위가 넓으면 훨씬 더 형식적이다. 유닛 테스트^{unit test} 실행 중에 실행되는 코드베이스의 행이 많을수록 수동 테스트가 필요하지 않다. 양호한 유닛 테스트 작성에 시간을 투자하면 보안 패치를 보다 빠르고 쉽게 배포할 수 있다.

보안 문제의 경계 유지

신중하게 관리되는 종속성과 신뢰할 수 있는 릴리스 프로세스를 통해 사용자는 사용하는 서드 파티를 안전하게 보호할 수 있다. 보안 문제가 드러날 때 퍼즐의 마지막 부분은 루프에 머문다. 인터넷 덕분에 추적할 수 있는 많은 방법이 있다.

소셜 미디어

보안 권고 사항은 소셜 미디어와 트위터, 레딧, 해커 뉴스(https://news.ycombinator.com/)와 같은 뉴스 사이트로 빠르게 전파되므로 보안 뉴스를 신속하게 얻을 수 있는 좋은 방법이다. 치명적인 소프트웨어 취약점은 https://www.reddit.com/r/programming/ 및 /r/dechnology와 같은 하위 문서에서 논의되며, 일반적으로 해커 뉴스의 첫 페이지를 장식하게 된다.

만약 트위터에서 기술 전문가들과 소프트웨어 저자들을 팔로우한다면 보안 문제가 종종 오늘의 주제가 된다. 또한 소프트웨어 세계의 새로운 발전을 따라잡는 좋은 방법이기도 하다.

메일 목록 및 블로그

프로그래밍 언어에는 종종 큰 뉴스를 게시하는 메일 목록과 채널이 있다. 예를 들어 파이썬 소프트웨어 재단^{Python Software Foundation}은 주간 뉴스레터를 발행하고 자체적인 슬랙 채널(Slack channel)을 갖고 있다. 기술 스택과 관련된 모든 항목을 구독해야 한다.

수많은 블로그가 정보 보안을 주제로 존재한다. 브라이언 크렙스^{Brian Krebs}(https://krebsonsecurity.com/)와 브루스 슈나이어^{Bruce Schneier}(https://www.schneier.com/)로부터 오늘의 보안 문제에 통찰력 있는 설명을 확인해 봐야 한다.

공식 자문

호스팅 공급자 및 소프트웨어 벤더의 보안 경고에 주의해야 한다. 하트블리드 규모의 주요 보안 문제가 발생하면 호스팅 회사가 고객과 협력해 패치 적용 프로세스를 안내한다. 마이크로소프트는 매주 화요일(패치 화요일)에 새 패치를 발행하는 것으로 유명하므로 마이크로소프트 기술을 사용한다면 뉴스레터에 등록해야 한다.

소프트웨어 도구

자동화된 도구는 기본 정보를 제공할 뿐만 아니라 종속성에 알려진 취약점이 있는지 확인할 수 있다. NPM^{Node Package Manager}은 이제 취약점의 오픈 소스 데이터베이스와 종속성 버전을 교차 검사하는 데 사용할 수 있는 `npm audit` 명령을 통합하므로 Node.js가 주도한다. 루비를 위한 동등한 도구는 자바와 .NET과 같이 `bundler-audit gem`은 OWASP^{Open Web Application Security Project}는 `dependency-check`라는 명령줄 도구를 게시한다. 명령줄 도구를 빌드 프로세스에 통합하면 코드가 작성될 때마다 잠재적인 취약점을 경고하고 각 취약점 주변의 위험을 평가할 수 있다.

　소스 코드 저장소도 도움이 될 수 있다. 깃허브는 사이트에 호스팅된 코드를 자동으로 검색해 취약한 종속성이 발견될 때마다 보안 경고를 보낸다.

업그레이드 시기 파악

모든 보안 문제가 동등한 우선순위는 아니라는 점을 유념해야 한다. 특히 특정 조언의 보안 문제가 다른 요인으로 시스템에서 완화될 수 있기 때문에 지속적으로 종속성을 업그레이드하는 것은 많은 시간이 필요할 수 있다. 대규모 조직에서는 보안 경고를 검토하고 우선순위를 지정한 다음 적절한 작업을 선택하는 공식 프로세스를 갖고 있다. 팀이 관련 위험을 평가했다면 다음 번 예정된 릴리스에서 사소한 보안 업그레이드를 포함할 수 있다.

구성 보안

소프트웨어는 구성된 만큼만 안전하며, 특히 서드 파티 소프트웨어에 해당한다. 새 데이터베이스를 설치하고 기본 사용자 계정 및 암호로 실행을 시작하면 문제가 발생할 수 있다. 해커들은 많은 사이트 소유자가 소프트웨어를 설치할 때 구성에 대해 사용자 정의를 소홀히 할 것을 알고 있기 때문에 종종 인터넷에서 기본 설정으로 실행 중인 소프트웨어 구성 요소를 검색한다.

취약한 구성으로 소프트웨어를 실행 중인 사실을 전 세계에 알리고 있을 수 있다. 정보 보안 컨설팅 그룹인 오펜시브 시큐리티 Offensive Security는 간단한 구글 검색을 통해 찾을 수 있는 안전하지 않은 소프트웨어의 목록인 구글 해킹 데이터베이스를 호스팅한다. 구글 검색 스파이더는 웹의 페이지를 완벽하게 인덱싱하고 검색을 세분화하기 위한 강력한 도구를 제한한다. 예를 들어 /etc/certs의 구글 색인은 자신의 디지털 인증서 디렉터리를 전 세계에 노출시키는 수백만 개의 웹 서버를 나열하는 취약점이며 주요 보안 결함이다!

보안 구성으로 종속성을 배포하는 것은 해킹을 방지하는 데 중요하다. 보안 구성을 사용하려면 강력한 자격 증명으로 서비스를 설정하고, 구성 정보를 안전하게 저장하며, 공격자가 환경의 한 부분에 액세스할 수 있다면 수행할 수 있는 손상을 제한해야 한다. 어떻게 하는지 살펴보도록 하자.

기본 자격 증명 사용 안 함

많은 소프트웨어 패키지에는 처음 사용자가 쉽게 시작하고 실행할 수 있도록 기본 로그인 자격 증명이 함께 주어진다. 소프트웨어를 테스트 또는 운영 환경에 배포하기 전에 자격 증명을 사용하지 않도록 설정해야 한다. 데이터베이스, 웹 서버 또는 콘텐츠 관리 시스템이 admin 계정과 함께 배포된다면 인터넷에서 취약한 소프트웨어를 검색하는 봇bot에게 빠르게 탐지된다.

디렉터리 리스팅 비활성화

웹 서버는 너무 많이 공유하는 경향이 있다. 예를 들어 이전 버전의 아파치 웹 서버는 URL 경로를 파일에 매핑mapping하며, URL에서 파일 이름이 누락된다면 디렉터리가 포함된 파일을 쉽게 나열한다. 디렉터리 리스팅directory listing은 해커가 중요한 데이터 파일과 보안 키를 검색할 수 있게 파일 시스템을 탐색하도록 한다. 웹 서버 구성에서 디렉터리

리스팅을 사용 불가능으로 설정해야 한다. 목록 14-4는 아파치 웹 서버에서 디렉터리 리스팅 비활성화하는 방법을 보여 준다.

```
<Directory /var/www/>
    Options Indexes FollowSymLinks
    AllowOverride None
    Require all granted
</Directory>
```

목록 14-4 키워드 색인을 제거해 아파치 구성 파일이 열려 있는 디렉터리 리스팅을 생성하지 못하도록 한다.

구성 정보 보호

웹 서버 구성에는 데이터베이스 자격 증명 및 API 키와 같은 중요한 정보가 포함될 수 있다. 대부분의 개발 팀은 소스 관리에 구성 파일을 저장해 배포 작업을 더 쉽게 한다. 그러나 해커가 소스 관리 시스템에 액세스할 때 수행할 수 있는 작업을 생각해 봐야 하며, 중요한 정보는 해커가 가장 먼저 검색한다. 데이터베이스 자격 증명, API 키, 개인 암호화 키, 인증서, 기타 중요한 구성 세부 정보를 소스 관리 외부에서 보관해야 한다.

한 가지 일반적인 방법은 운영체제 수준에서 환경 변수에 민감한 구성을 기록하고 구성 코드가 시작될 때 환경 변수에서 초기화되도록 하는 것이다. 환경 변수는 서버에 로컬로 저장된 구성 파일을 통해 초기화할 수 있다.

또 다른 방법은 전용 구성 저장소를 사용하는 것이다. 아마존 웹 서비스[AWS]를 사용하면 구성을 시스템 관리자 매개 변수 저장소에 안전하게 저장할 수 있다. 마이크로소프트 서버는 자주 액티브 디렉터리에 인증 정보를 저장하므로 권한이 세분화될 수 있다. 데이터베이스 테이블에 구성을 저장하는 것도 다른 옵션이지만 공격자가 데이터베이스에 액세스한다면 공격을 확대하는 방법을 고려해야 한다(웹 서버가 나머지 구성을 로드하려면 데이터베이스 자격 증명에 액세스해야 한다).

구성 정보를 보호하는 확실한 방법 중 하나는 AES-128과 같은 알고리듬으로 암호화된 형태로 저장하는 것이며, 해커가 자격 증명을 도용하기 전에 구성 데이터와 복호화 키를 손상시켜야 함을 의미한다. 복호화 키를 구성 파일과 다른 위치에 저장하지 않는다면 보안 이점이 무시된다.

테스트 환경 강화

사전 프로덕션 환경은 일반적으로 운영 환경과 동일한 소프트웨어를 설치하지만 보안성이 떨어지는 경우가 많다. 테스트 환경에 중요한 데이터가 포함돼 있다면(예: 테스트를 지원하려고 프로덕션 환경에서 데이터를 복사하는 경우) 테스트 환경을 운영 환경만큼 안전하게 구성해야 한다. 중요한 것은 프로덕션 및 비프로덕션에서는 자격 증명 또는 API 키를 공유해서는 안 된다. 따라서 테스트 서버를 손상시킨다면 해커가 수행할 수 있는 피해를 제한하는 것이 중요하다.

보안 관리 프론트엔드

일부 소프트웨어 구성 요소에는 인터넷을 통해 사용할 수 있는 관리 도구가 함께 제공된다. 관리 인터페이스는 해커가 즐겨 찾는 대상이다. 예를 들어 /wp-login.php 페이지가 있는지 테스트해 취약한 워드프레스WordPress 인스턴스의 악의적인 봇을 자주 보게 된다.

관리 프론트엔드frontend를 사용하지 않으려면 구성에서 프론트엔드를 사용하지 않도록 설정해야 한다. 기본 로그인 자격 증명을 사용하려면 기본 로그인 자격 증명을 모두 제거하고 가능하면 자격 증명에 액세스할 수 있는 IP 범위를 제한해야 한다. 자세한 방법은 소프트웨어 스택 설명서를 참조하거나 스택 오버플로(https://stackoverflow.com/)에서 검색하면 된다.

서버에서 실행되는 서드 파티를 보호하는 방법을 배웠다. 이제 다른 사용자의 서버에서 실행되는 코드와 안전하게 통합하는 방법을 알아본다.

사용하는 서비스 보안

서드 파티 서비스는 최신 웹 개발에 널리 사용된다. 페이스북 로그인으로 인증, 구글 애드센스AdSense를 사용해 사이트에 광고를 게시하고, 아카마이Akamai(정적 콘텐츠 호스팅), 센드그리드SendGrid(트랜잭션 이메일 전송), 스트라이프Stripe를 사용해 결제할 수 있다.

서비스를 웹사이트에 통합한다는 것은 일반적으로 서비스 공급자와 계정을 만들고, 비밀 액세스 자격 증명을 제공받으며, 서비스를 사용하도록 웹사이트 코드를 변경하는 것을 의미한다. 여기서 두 가지 보안 고려 사항이 발생한다. 첫째, 해커는 서비스로 계정에 액세스하려고 액세스 자격 증명을 도용하는 경우가 많다. 이를 통해 사용자 정보를 캐내거나 결제 프로세서의 경우 금융 거래를 시작할 수 있다. 둘째, 해커들이 광범위한 대상에 액세스하려고 서비스 공급자를 손상시키기 때문에 모든 시드 파티 서비스는 사이트의 잠재적인 공격 벡터다.

먼저 액세스 자격 증명을 안전하게 저장하는 방법을 살펴본다.

API 키 보호

대부분의 서드 파티 서비스는 사용자가 등록할 때 API 키를 발급하며, 사용자의 코드는 API와 상호작용할 때 키를 액세스 토큰으로 표시해야 한다. API 키는 안전하게 저장돼야 한다. 일반적으로 이전 절에서 설명한 대로 API 키를 서버의 구성에 안전하게 저장해야 한다.

일부 API는 두 가지 API 키를 발행한다. 브라우저에 안전하게 전달할 수 있는 공개 키와 자바스크립트에서 API 호출을 수행하는 데 사용되고, 더 민감한 작업을 위해 서버 측에서 개인 API를 호출하는 데 사용되는 서버에 안전하게 보관돼야 하는 개인 키를 발행한다. 공개 키에 연결된 권한이 더 적다. 키가 섞이지 않도록 코드를 확인해야 한다! 권한 높은 개인 키를 실수로 클라이언트에게 보내는 것을 원하지 않는다. 구성 변수의 이름을 SECRET_KEY로 지정하는 것처럼 간단한 방법으로 개발 팀에 위험을 알릴 수 있다.

다른 서비스를 사용하면 클라이언트에 전달할 수 있는 임시 액세스 토큰을 생성할 수 있다. 일반적으로 토큰은 한 번만 사용하거나 제한된 시간 내에 악의적인 사용자의 남용을 방지할 수 있다. 액세스 토큰은 재전송 공격에서 보호하며, 공격자는 작업을 반복하려고 HTTP 요청을 다시 보낸다(예: 지불 복제). 사용자가 이미 자신을 인증한 경우에만 코드가 액세스 토큰을 생성하는지 확인해야 한다. 그렇지 않으면 공격자는 필요에 따라 새 액세스 토큰을 생성할 수 있다.

웹훅 보호

대부분의 API 통합에는 웹 서버 또는 브라우저에서 서비스 공급자의 API로 HTTPS 호출이 포함된다. 서비스 공급자가 반대 방향으로 요청을 해야 한다면(예: 알림을 보내기 위해) 웹훅^{webhook}을 구현하도록 요청할 수 있다. 웹사이트에서 서비스 공급자가 이벤트가 발생할 때 HTTPS 요청을 보내는 간단한 '역 API'다. 예를 들어 사용자가 보낸 이메일을 열거나 결제 프로세서가 결제를 시작할 때 웹훅 호출을 받을 수 있다.

공개 URL이기 때문에 웹훅은 서비스 제공 업체뿐만 아니라 인터넷상의 누구라도 호출할 수 있다. 서비스 공급자가 웹훅 호출과 함께 자격 증명 전송을 지원한다면 웹훅 호출을 처리하기 전에 자격 증명이 올바른지 확인해야 한다.

웹훅 호출이 단순 정보 제공용이고 민감한 데이터가 포함돼 있지 않으면 자격 증명이 첨부되지 않은 상태로 전송될 수 있어 공격자는 웹훅 호출을 쉽게 스푸핑할 수 있다. 추가로 웹훅 호출을 수행하기 전에 서비스 제공자의 API에 대한 추가 콜백으로 알림을 확인할 준비를 해야 한다.

서드 파티에서 제공하는 보안 콘텐츠

다른 사람의 도메인에서 악의적인 콘텐츠를 제공하는 방법을 찾는 것은 해커들이 즐겨 쓰는 수법이다. 피해자들은 신뢰하는 사이트에서 잘못된 보안 의식을 가질 수 있다. 사용자들은 브라우저의 자물쇠 아이콘을 신뢰하기 때문에 해커가 대기업의 보안 인증서로 악성 코드를 배포하는 방법을 찾는다면 더 많은 피해자들을 속여 악의적인 콘텐츠를 다운로드받게 할 수 있다.

많은 웹사이트가 자주 액세스하는 콘텐츠를 제공하려고 콘텐츠 전송 네트워크^{CDN} 또는 클라우드 기반 스토리지(예: Amazon S3)를 사용한다. 웹 개발자는 서비스와 통합할 때 종종 DNS를 변경해 도메인에서 서비스로 트래픽을 라우팅한다(예: subdomain.example.com과 같은 하위 도메인의 트래픽을 서비스로 리다이렉션). 이렇게 하면 서드 파티에서 제공하는 콘텐츠를 사이트의 보안 인증서로 암호화할 수 있다.

해커는 종종 IP 주소를 가리키는 하위 도메인에서 초기화되지 않았거나 비활성화된 서비스를 설명하는 DNS 항목을 인터넷에서 검색해 하위 도메인 인수를 시도한다. 그런 다음 서비스 제공업체에 등록하고 나열된 IP 주소 중 하나에 스쿼트^{squat}되며, 공격 대상자의 도메인을 사용해 악의적인 콘텐츠 링크를 만들 수 있다.

웹사이트가 CDN 또는 클라우드 기반 저장소에서 호스팅하는 콘텐츠를 제공한다면 DNS 항목이 활성 IP 주소만 가리키도록 주의해야 한다. 서비스가 사용자의 통제하에 가동되고 있는지 확인한 후에만 DNS를 변경하고, 서비스 공급자를 변경한다면 DNS를 즉시 취소한다.

서비스 공급자와의 통합을 보호하는 방법을 알았으니 이제 다른 방향으로 위협을 알아본다.

공격 벡터로서의 서비스

서드 파티 서비스는 잠재적으로 웹사이트의 악의적인 공격 벡터^{attack vector}다. 서드 파티 도메인에서 가져오는 모든 자바스크립트에는 보안 위험이 수반되기 때문에 클라이언트 측에서 통합하는 서비스에서는 특히 위험하다.

예를 들어 사이트에 구글 애널리틱스^{Google Analytics} 도구를 추가하면 구글에 계정을 등록해 추적 ID를 얻은 다음, 목록 14-5에 표시된 것처럼 사용자 활동을 추적할 페이지에서 외부 자바스크립트를 가져온다.

```
<script src="https://www.googletagmanager.com/gtag/js?id=GA_TRACKING_ID"></script>
```

목록 14-5 웹 페이지에 구글 애널리틱스를 추가하는 방법

가져온 코드는 사용자가 입력하는 중요한 데이터를 포함해 페이지의 DOM에 있는 모든 항목을 읽을 수 있다. 예를 들어 사용자가 자격 증명을 입력하도록 속이려고 오해의 소지가 있는 잠재적인 방법으로 DOM을 변경할 수도 있다. 클라이언트 측 서비스를 추가할 때 위험을 고려하는 것이 중요하다. 악의적인 코드는 서드 파티 서비스 자체 또는 서비스가 손상된 공격자가 제공할 수 있다(구글 애널리틱스는 공격자에게 손상된 적이 없다. 여기서는 단순히 예로써 사용한다).

불행히도 브라우저 보안 모델은 서드 파티로부터 가져온 클라이언트 측 코드를 실행

하는 방법을 고려할 때 복잡하지 않다. 브라우저 내의 자바스크립트 코드는 샌드박스 내에서 실행되므로 기본 운영체제와 분리돼 디스크의 파일에 액세스할 수 없지만 웹 페이지의 다른 소스에서 가져온 자바스크립트 파일은 모두 동일한 샌드박스 내에서 재생된다.

곧 나올 웹 컴포넌트 사양(https://www.webcomponents.org/)은 현재 HTML 표준 위원회가 개발하고 있으며, 코드와 페이지 요소에 더 많은 권한을 규정하고 있다. 그러나 이러한 세부 정보가 마무리되고 구현되는 동안에는 적절한 보안 예방 조치를 사이트에 구현해야 한다. 서드 파티 채널, 즉 멀버타이징^{malvertising} 공격의 가장 일반적인 벡터가 무엇인지 살펴보고, 클라이언트 측 통합을 보호하는 방법을 알아본다.

멀버타이징을 경계하라

광고는 현대 웹의 많은 부분을 차지한다. 인터넷상의 많은 콘텐츠는 광고 수익의 자금이 지원되고, 회사들은 온라인 광고에 연간 1,000억 달러 이상을 소비한다. 광고는 일반적으로 서드 파티 광고 플랫폼으로 웹사이트에 배치된다. 온라인 광고계에서 발행인으로 불리는 사이트 소유자는 광고 플랫폼에 가입한 후 광고가 나타나는 장소로서 사이트의 다양한 영역을 구분하게 된다. 광고 플랫폼은 각 페이지에서 직접 가져온 자바스크립트를 사용해 사이트가 로드될 때 공간을 채운다.

구글 애드센스^{Google AdSense}와 같은 주요 광고 플랫폼은 분석을 사용해 게시자가 호스팅하는 콘텐츠 유형과 사이트를 방문하는 사람들의 유형을 식별해 게재할 광고 유형을 결정한다. 광고 게시자는 광고주들을 직접 상대하거나 광고 구매자들이 광고 블록을 구매하는 거래소에 광고 공간을 배치하기도 한다(광고 구매자는 운동화 사이트를 방문하는 18~25세 남성들과 같은 특정 인구통계학적 정보를 위해 1,000개의 광고 인상을 구매할 수 있다).

광고로서 게시글의 광고 통제권을 갖고 있지만, 일반적으로 사전에 각각의 광고를 승인할 수는 없다. 예를 들어 구글 애드센스는 광고 게시자들이 광고의 범주나 특정 웹 도메인을 차단하거나 특정 광고가 이미 사용자에게 보여지기 시작한 후 거부할 수 있게 한다.

해커들이 광고 플랫폼을 공격 벡터로 자주 사용해 보안에 위험하다. 악성 광고를 통해 공격자는 악성 코드로 많은 사이트를 한 번에 대상으로 지정할 수 있다. 악성 광고는 인터넷에서 점점 더 흔한 위협으로 광고 게시자와 광고 네트워크를 당황하게 하고 사용자들을 피해자로 만들 수 있다.

악성 코드 전송 방지

광고의 악성 코드는 일반적으로 실제 악성 코드인 페이로드 payload를 전달하기 전에 특정 브라우저와 운영체제가 취약한지 여부를 결정하는 익스플로잇 킷 exploit kit을 통해 전달된다. 페이로드에는 브라우저를 리다이렉션하거나 브라우저를 잠그거나 플러그인의 취약점을 통해 제공되는 바이러스 또는 랜섬웨어, 심지어 사용자의 브라우저에서 암호 화폐를 채굴하는 자바스크립트 코드가 포함될 수 있다.

익스플로잇 킷 작성자는 보안 연구원과 군비 경쟁을 벌이고 있다. 탐지를 방지하려고 익스플로잇 킷은 동적으로 생성된 URL에서 호스팅되고 간헐적으로만 트리거해 자동 검색을 방지한다. 익스플로잇 킷은 가상머신에서 실행 중인 악성 코드를 탐지해 악성 코드 분석을 방지하려는 시도까지 관찰됐다(악성 코드 연구자는 분석할 때 유해한 코드에게서 피해를 막으려고 종종 가상머신을 사용한다).

사용자가 사이트의 광고를 통해 전달되는 악성 코드에 노출되면 사용자가 위험에 처하게 된다. 신뢰할 수 있는 광고 플랫폼과 파트너 관계를 유지하고, 웹 페이지의 보안 프레임에 광고를 배포하며, 지속적으로 악의적인 광고를 감시함으로써 광고를 보호할 수 있다.

평판이 좋은 광고 플랫폼 사용

대부분의 경우 멀버타이징에게서 보호하는 것은 광고 플랫폼의 책임이다. 광고 플랫폼은 광고 구매자들과 관계를 맺고 있는 사람들인데, 광고 플랫폼만이 악의적인 행위자들을 발견할 수 있는 충분한 시야를 갖고 있다.

구글은 단연코 가장 큰 광고 플랫폼이다. 구글은 소규모 광고 게시자들이 셀프 서비스 애드센스 플랫폼을 사용해 그들의 사이트를 수익화할 수 있도록 허용한다. 대형 광고 게시자는 광고 파트너를 지정하고 가격을 정할 수 있는 플랫폼인 AdX에 액세스할 수 있다. 두 플랫폼 모두 서드 파티 광고 네트워크에서 광고를 가져온다.

구글은 수익의 많은 부분이 광고 플랫폼에 달려 있기 때문에 악의적인 광고에게서 방어하는 데 공을 들이고 있다. 광고 플랫폼을 선택할 때 애드센스 또는 AdX를 가장 먼저 선택해야 한다.

그러나 구글은 평판상의 이유로 일부 유형의 사이트에서는 사용하지 않기로 결정했다. 예를 들어 어른을 주제로 한 콘텐츠나 폭력적인 콘텐츠를 진행한다면 애드센스 승인을 받기가 어렵다. 시나리오에서는 적은 자원과 적은 의향을 가진 소규모 광고 플랫폼을 사용해 악성 코드에서 보호해야 할 수 있다. 플랫폼을 선택하기 전에 조사를 해야 한다.

SafeFrame을 사용하라

웹 페이지에서 서드 파티 콘텐츠를 분리하는 가장 효과적인 방법은 콘텐츠를 <iframe> 태그 안에 호스트하는 것이다. iframe$^{inline frame}$ 내에 로드된 자바스크립트 코드가 포함된 페이지의 DOM에 액세스할 수 없다. HTML5는 샌드박스 속성을 <iframe> 태그에 추가해 더욱 세분화된 컨트롤을 추가한다. 샌드박스 속성을 사용하면 프레임에 포함된 콘텐츠가 POST 요청을 제출할 수 있는지 또는 새 창을 열 수 있는지 여부를 지정할 수 있다.

광고 산업은 SafeFrame이라고 불리는 표준을 채택했다. 그것은 광고 게시자들이 광고를 iframe으로 운영해야 한다고 명시할 수 있게 한다. SafeFrame 표준은 <iframe> 태그를 사용하고 광고주가 iframe의 기본 제한 중 일부를 극복할 수 있도록 하는 자바스크립트 API를 추가한다. API로 광고 스크립트가 프레임을 볼 수 있는 시점을 알고 크기 변화에 대응할 수 있다.

광고 플랫폼에는 SafeFrame 호환 광고만 표시하는 옵션이 있다. 옵션을 선택한다면 렌더링할 때 웹 페이지를 간섭하려는 악의적인 광고 스크립트가 중지된다.

광고 기본 설정 맞춤

대부분의 광고 플랫폼에서는 사용자에게 표시하는 광고 콘텐츠의 유형을 사용자가 지정할 수 있다. 구글 애드센스를 사용한다면 구글 인증 광고 네트워크의 콘텐츠만 표시해야 한다. 해커들은 악성 코드를 전달하려고 더 작고, 없어진 광고 네트워크를 위해 만료된 도메인을 구입하는 것으로 알려져 있다.

여러분에게 보여 주는 광고의 종류도 살펴보라. 다운로드 가능한 유틸리티라고 설명하는 것뿐만 아니라 부자가 되는 빠른 계획과 다단계 마케팅 캠페인 광고를 차단하고 싶을 것이다.

의심스러운 광고 검토 및 보고

광고 플랫폼 대시보드^{dashboard} 내에서 사이트에 표시되는 광고를 주기적으로 검토한다(다음을 기억해야 한다. 광고는 방문자에게 맞춤 제공되므로 브라우저에서 사이트를 방문하는 것만으로는 모든 범위의 광고가 표시되지 않는다). 의심스러워 보이는 것을 보고하고 차단한다. 사용자가 사이트를 나갈 때 보내는 URL을 기록하는 것도 좋다. 따라서 호스팅하는 광고가 사용자를 의심스러운 사이트로 이동하는지 여부를 추적할 수 있다.

요약

서드 파티 코드의 취약점은 웹사이트에 위협이 된다. 종속성 관리자를 사용해 서드 파티 종속성을 추적하고 종속성 인벤토리^{inventory}를 소스 관리하에 유지하며 명시적 종속성 버전의 이름을 지정한다. 보안 권고 사항이 발행될 때 종속성을 쉽게 업그레이드할 수 있도록 빌드 및 배포 프로세스에 스크립트가 작성됐는지 확인한다(운영체제 패치를 포함해야 한다). 보안 권고 사항이 언제 발행되는지 알 수 있도록 소셜 미디어 및 뉴스 사이트에 계속 참여해야 한다. 감사 도구를 사용해 종속성 트리에서 취약한 소프트웨어 구성 요소를 탐지한다. 웹 페이지에서 자바스크립트를 가져올 때 무결성 속성을 사용하면 브라우저에서 파일의 유효성을 확인할 수 있다.

취약한 구성으로 실행되고 있지 않은지 확인해야 한다. 해커는 간단한 구글 검색을 사용해 안전하지 않은 소프트웨어 구성 요소를 검색한다. 시스템의 기본 자격 증명을 모두 비활성화하고 웹 서버 구성에서 디렉터리 리스팅을 비활성화한다. 중요한 구성 세부 정보(예: 데이터베이스 액세스 인증 정보 또는 API 키)를 소스 관리에서 벗어나도록 하고, 대신 전용 구성 저장소에 보관한 후 시작할 때 로드한다. 테스트 환경 및 관리 프론트엔드는 해커의 일반적인 대상이기 때문에 보안 구성에 주의해야 한다.

중요한 API 키를 전달하거나 토큰에 액세스하지 않도록 주의해야 한다. 스푸핑 공격에서 모든 웹훅을 보호한다. 콘텐츠 전송 네트워크나 클라우드 스토리지에서 호스팅하는 등 도메인 아래의 다른 위치에서 호스팅되는 콘텐츠를 서비스한다면 공격자가 시스템에 악성 코드를 설치할 수 없는지 확인하고 보안 인증서에서 콘텐츠를 서비스한다.

사이트에서 호스팅하는 모든 광고가 제공하는 악성 코드 관련 위험을 파악한다. 평판이 좋은 광고 네트워크를 사용하고 이 네트워크에서 허용하는 모든 SafeFrame 기반 보안 설정을 활용한다. 정기적으로 사이트에 게시되는 광고를 검토해야 한다. 의심이 가는 광고는 모두 신고하고 블랙리스트에 올려야 한다.

15장에서는 XML 구문 분석 관련 취약점을 살펴본다. XML은 현대 인터넷의 어느 곳에서나 볼 수 있는 부분이며 시스템을 손상시키려는 해커들의 공통 타깃이다.

15

XML 공격

웹에서 사람이 읽을 수 있는 문서는 HTML$^{\text{HyperText Markup Language}}$로 표시된다. 기계로 읽을 수 있는 파일은 XML$^{\text{Extensible Markup Language}}$이라는 유사한 데이터 형식으로 저장된다.

XML은 HTML보다 일반적인 구현으로 생각할 수 있다. 마크업에서 태그와 속성 이름은 HTML 규격에 있는 것처럼 고정되기보다는 문서 작성자로 선택될 수 있다. 목록 15-1에서 <catalog>, <book>, <author>와 같은 태그를 사용해 책 카탈로그를 설명하는 XML 파일을 볼 수 있다.

```
<?xml version="1.0"?>
<catalog>
    <book id="7991728882998">
        <author>Sponden, Phillis</author>
        <title>The Evil Horse That Knew Karate</title>
        <genre>Young Adult Fiction</genre>
        <description>Three teenagers with very different personalities
team up to defeat a surprising villain.</description>
    </book>
    <book id="28299171927772">
        <author>Chenoworth, Dr. Sebastian</author>
```

```
    <title>Medical Encyclopedia of Elbows, 12th Edition</title>
    <genre>Medical</genre>
    <description>The world's foremost forearm expert gives detailed diagnostic
and clinical advice on maintaining everyone's favorite joint.</description>
  </book>
</catalog>
```

목록 15-1 책 카탈로그를 설명하는 XML 문서

특히 웹 초기에는 XML 데이터 형식이 널리 보급됐기 때문에 XML 구문 분석(XML 파일을 메모리 내 코드 개체로 변환하는 프로세스)이 지난 수십 년 동안 모든 브라우저 및 웹 서버에서 구현됐다. 그러나 안타깝게도 XML 파서는 해커의 표적이다. 사이트에서 XML을 설계로 처리하지 않더라도 웹 서버에서 기본적으로 데이터 형식을 구문 분석할 수 있다. 15장에서는 XML 파서를 공격하는 방법과 공격을 완화하는 방법을 설명한다.

XML의 사용

XML은 HTML과 마찬가지로 태그 사이에 데이터 항목을 포함하고 태그가 서로 내장될 수 있도록 한다. XML 문서의 작성자는 의미론적으로 의미 있는 태그 이름을 선택해 XML 문서가 자체 설명되도록 할 수 있다. XML은 매우 읽기 쉬워 데이터 형식이 다른 애플리케이션의 사용을 위해 데이터를 인코딩하려고 널리 채택됐다.

XML의 용도는 다양하다. 클라이언트 소프트웨어가 인터넷으로 함수를 호출할 수 있도록 하는 API는 XML을 사용해 자주 수락하고 응답한다. 서버에 비동기식으로 다시 통신하는 웹 페이지의 자바스크립트 코드는 XML을 사용하는 경우가 많다. 웹 서버가 포함된 여러 유형의 애플리케이션은 XML 기반 구성 파일을 사용한다.

지난 10년 동안 애플리케이션 중 일부는 XML보다 더 적합하고 상세하지 않은 데이터 형식을 사용하기 시작했다. 예를 들어 JSON은 자바스크립트와 다른 스크립트 언어로 데이터를 인코딩하는 자연스러운 방법이다. YAML 언어는 의미 있는 들여쓰기를 사용하므로 구성 파일을 위한 더 간단한 형식이 된다. 그럼에도 모든 웹 서버는 XML 파싱^{parsing}을 어떤 방식으로든 구현하므로 XML 공격의 보안을 유지해야 한다.

XML 취약점은 일반적으로 검증 프로세스 중에 발생한다. XML 문서를 구문 분석하는

맥락에서 검증이 무엇을 의미하는지 잠시 살펴본다.

XML 유효성 검사

XML 파일 작성자는 문서에서 사용되는 태그 이름을 선택할 수 있으므로 데이터를 읽는 모든 애플리케이션은 어떤 태그가 예상되고 어떤 순서로 나타날지 알아야 한다. XML 문서의 예상 구조는 종종 문서의 유효성을 검사할 수 있는 공식 문법으로 설명된다.

문법 파일은 언어 내에서 어떤 문자 시퀀스가 유효한 표현식인지 파서에 지시한다. 예를 들어 프로그래밍 언어 문법은 변수 이름에 영숫자 문자alphanumeric character만 포함될 수 있으며 +와 같은 특정 연산자는 2개의 입력을 요구하도록 지정할 수 있다.

XML에는 XML 문서의 예상 구조를 설명하는 두 가지 주요 방법이 있다. 문서 유형 정의DTD, Document Type Definition 파일은 프로그래밍 언어 문법을 설명하는 데 자주 사용되는 BNFBachus-Naur Form 표기법과 유사하다. XML 스키마 정의XSD, XML Schema Definition 파일은 보다 현대적이고 표현적인 대안으로서 XML 문서의 더 넓은 집합을 설명할 수 있다. 이 경우 문법 자체는 XML 파일에 설명돼 있다. 두 가지 XML 검증 방법은 모두 XML 구문 파서에서 광범위하게 지원된다. 그러나 DTD에는 파서를 공격에 노출시킬 수 있는 몇 가지 기능이 포함돼 있으므로 기능에 중점을 둬야 한다.

문서 유형 정의

DTD 파일은 문서에 예상되는 태그, 하위 태그, 데이터 유형을 지정해 XML 파일의 구조를 설명한다. 목록 15-2는 목록 15-1의 <catalog> 및 <book> 태그의 예상 구조를 설명하는 DTD 파일을 보여 준다.

```
<!DOCTYPE catalog [
  <!ELEMENT catalog    (book+)>
  <!ELEMENT book       (author,title,genre,description)>
  <!ENTITY author      (#PCDATA)>
  <!ENTITY title       (#PCDATA)>
  <!ENTITY genre       (#PCDATA)>
```

```
<!ENTITY description (#PCDATA)>
<!ATTLIST book id CDATA>
]>
```

목록 15-2 목록 15-1의 XML 형식을 설명하는 DTD 파일

DTD는 최상위 <catalog> 태그에 0개 이상의 <book> 태그(수량은 + 기호로 표시됨)가 포함돼야 하며, 각 <book> 태그에는 작성자, 제목, 장르, 설명을 설명하는 태그와 ID 특성이 포함돼야 한다고 설명한다. 태그 및 속성은 구문 분석된 문자 데이터(#PCDATA) 또는 문자 데이터(CDATA)를 포함해야 한다.

DTD는 XML 문서에 포함시켜 문서가 자체 검증되도록 할 수 있다. 그러나 인라인 DTD를 지원하는 파서는 공격에 취약하다. XML 문서를 업로드하는 악의적인 사용자가 DTD 자체에서 제공하는 대신 DTD의 내용을 제어할 수 있기 때문이다. 해커는 인라인 DTD를 사용해 XML bomb 파싱 및 서버의 다른 파일에 액세스(XML 외부 엔티티 공격) 동안 문서가 사용하는 서버 메모리 양을 기하급수적으로 늘렸다. XML bomb 공격이 어떻게 작동하는지 살펴보겠다.

XML bomb 공격

XML bomb 공격은 인라인 DTD를 사용해 XML 파서의 메모리 사용량을 폭발시키며, 서버에서 사용할 수 있는 모든 메모리가 소진돼 웹 서버가 중단돼 오프라인 상태가 된다.

XML bomb 공격은 DTD가 내부 엔티티 선언^{internal entity declaration}이라는 구문 분석 시간에 확장되는 간단한 문자열 대체 매크로를 지정할 수 있다는 사실을 활용한다. 텍스트 조각이 XML 파일에서 자주 사용된다면 DTD에서 내부 엔티티로 선언할 수 있다. 이렇게 하면 문서에서 필요할 때마다 엔티티 이름을 간단히 입력할 수 있다. 목록 15-3에서 직원 기록이 포함된 XML 파일은 내부 엔티티 선언을 사용해 회사 이름을 DTD에 지정한다.

```
<?xml version="1.0"?>
<!DOCTYPE employees [
  <!ELEMENT employees (employee)*>
  <!ELEMENT employee (#PCDATA)>
```

```
    <!ENTITY company "Rock and Gravel Company"❶>
]>
<employees>
  <employee>
    Fred Flintstone, &company; ❷
  </employee>
  <employee>
    Barney Rubble, &company; ❸
  </employee>
</employees>
```

목록 15-3 내부 엔티티 선언

문자열 &company❷❸은 Rock and Grail Company❶값의 자리 표시자 역할을 한다. 문서를 구문 분석하면 파서는 &company의 모든 인스턴스를 Rock and Grail Company로 대체하고 목록 15-4에 표시된 최종 문서를 생성한다.

```
<?xml version="1.0"?>
<employees>
  <employee>
    Fred Flintstone, Rock and Gravel Company
  </employee>
  <employee>
    Barney Rubble, Rock and Gravel Company
  </employee>
</employees>
```

목록 15-4 파서가 DTD를 처리한 후 XML 문서

내부 엔티티 선언은 사용하지 않는다면 유용하다. 내부 엔티티 선언이 다른 내부 엔티티 선언을 참조할 때 문제가 발생한다. 목록 15-5는 XML bomb을 구성하는 일련의 중첩된 엔티티 선언을 보여 준다.

```
<?xml version="1.0"?>
<!DOCTYPE lolz [
  <!ENTITY lol "lol">
```

```
<!ENTITY lol2 "&lol;&lol;&lol;&lol;&lol;&lol;&lol;&lol;&lol;&lol;">
<!ENTITY lol3 "&lol2;&lol2;&lol2;&lol2;&lol2;&lol2;&lol2;&lol2;&lol2;&lol2;">
<!ENTITY lol4 "&lol3;&lol3;&lol3;&lol3;&lol3;&lol3;&lol3;&lol3;&lol3;&lol3;">
<!ENTITY lol5 "&lol4;&lol4;&lol4;&lol4;&lol4;&lol4;&lol4;&lol4;&lol4;&lol4;">
<!ENTITY lol6 "&lol5;&lol5;&lol5;&lol5;&lol5;&lol5;&lol5;&lol5;&lol5;&lol5;">
<!ENTITY lol7 "&lol6;&lol6;&lol6;&lol6;&lol6;&lol6;&lol6;&lol6;&lol6;&lol6;">
<!ENTITY lol8 "&lol7;&lol7;&lol7;&lol7;&lol7;&lol7;&lol7;&lol7;&lol7;&lol7;">
<!ENTITY lol9 "&lol8;&lol8;&lol8;&lol8;&lol8;&lol8;&lol8;&lol8;&lol8;&lol8;">
]>
<lolz>&lol9;</lolz>
```

목록 15-5 billion laughs 공격이라고 알려진 XML bomb 공격의 한 종류

목록 15-5의 XML 파일을 구문 분석하면 &lol9; 문자열이 &lol8; 문자열의 10개 항목으로 대체된다. 그런 다음 &lol8;의 각 발생은 10개의 &lol7; 발생 문자열로 대체된다. XML 파일의 최종 형식은 10억 개 이상의 lol 문자열이 포함된 <lolz> 태그로 구성된다. 단순 XML 파일은 DTD가 완전히 확장되면 XML 파서를 손상시킬 수 있을 정도로 3GB 이상의 메모리를 차지한다!

XML 파서에서 사용할 수 있는 메모리를 모두 사용하면 웹 서버가 오프라인 상태가 되고, XML bomb은 해커가 서비스 거부 공격을 시작하는 데 효과적인 방법이다. 공격자가 사이트에서 XML 업로드를 허용하는 URL을 찾으면 버튼 클릭 한 번으로 오프라인으로 전환할 수 있다.

인라인 DTD를 허용하는 XML 구문 파서는 또한 다른 방식으로 엔티티 정의를 이용하는 것보다 은밀한 유형의 공격에 취약하다.

XML 외부 엔티티 공격

DTD에는 외부 파일의 내용이 포함될 수 있다. XML 파서가 인라인 DTD를 처리하도록 구성된다면 공격자는 외부 엔티티 선언external entity declaration을 사용해 로컬 파일 시스템을 탐색하거나 웹 서버 자체에서 네트워크 요청을 트리거할 수 있다.

일반적인 외부 엔티티는 목록 15-6과 같다.

```
<?xml version="1.0" standalone="no"?>
<!DOCTYPE copyright [
  <!ELEMENT copyright (#PCDATA)>
  <!ENTITY copy PUBLIC "http://www.w3.org/xmlspec/copyright.xml"❶>
]>
<copyright>&copy; ❷</copyright>
```

목록 15-6 외부 엔티티를 사용해 XML 파일에 저작권 텍스트 포함

XML 1.0 규격에 따르면 파서는 외부 엔티티에 지정된 파일의 내용을 읽고 엔티티가 참조되는 모든 위치의 데이터를 XML 문서에 삽입해야 한다. 목록 15-6에서 http://www. w3.org/xmlspec/copyright.xml❶에서 호스팅되는 데이터가 ©❷가 나타나는 모든 위치의 데이터를 XML 문서에 삽입한다.

외부 엔티티 선언에서 참조하는 URL은 접두사에 따라 다양한 네트워크 프로토콜을 사용할 수 있다. 예제 DTD는 http:// 접두사를 사용하며 파서는 HTTP 요청을 하게 된다. XML 규격은 또한 file:// 접두사를 사용해 디스크의 로컬 파일 읽기를 지원하므로 외부 엔티티 정의는 보안 장애를 발생시킨다.

해커가 외부 엔티티를 이용하는 방법

XML 파서가 오류를 발생시킨다면 오류 메시지에는 종종 구문 분석 중인 XML 문서의 내용이 포함된다. 해커는 오류 메시지를 이용해 외부 엔티티 선언으로 서버의 파일을 읽는다. 예를 들어 악의적으로 조작된 XML 파일에는 리눅스 시스템의 file://etc/passwd와 같은 파일에 참조가 포함될 수 있다. 외부 파일을 파서로 XML 문서에 삽입하면 XML의 형식이 잘못돼 파싱이 실패한다. 그런 다음 파서는 파일 내용을 오류 응답에 포함시켜 해커가 참조된 파일 내의 중요한 데이터를 볼 수 있도록 하며, 해커는 암호 및 기타 기밀 정보가 포함된 취약한 웹 서버에서 중요한 파일을 읽을 수 있다.

외부 엔티티를 사용해 서버 측 요청 위조SSRF, Server-Side Request Forgery 공격을 수행할 수도 있다. SSRF 공격으로 공격자는 서버에서 악의적인 HTTP 요청을 트리거한다. 원시적으로 구성된 XML 파서는 네트워크 프로토콜 접두사가 있는 외부 엔티티 URL을 발견할때마다 네트워크 요청을 한다. 웹 서버가 선택한 URL에서 네트워크 요청을 하도록 속일

수 있는 것은 공격자에게 좋은 기회다! 해커들은 내부 네트워크를 조사하고, 서드 파티에 서비스 거부 공격을 시작하며, 악의적인 URL 요청을 위장한다. 16장에서 SSRF 공격과 관련된 위험을 자세히 알아본다.

XML 구문 파서 보안 방법

XML 공격에서 파서를 보호하려는 간단한 해결책은 구성에서 인라인 DTD 처리를 사용 하지 않도록 설정하는 것이다. DTD는 레거시 기술이며 인라인 DTD는 좋지 않은 아이디 어다. 실제로 대부분의 최신 XML 파서는 기본적으로 강화되므로 즉시 파서를 공격할 수 있는 기능을 사용할 수 없도록 설정되기 때문에 이미 보호돼 있을 수 있다. 확실하지 않 다면 사용 중인 XML 구문 파싱 기술을 확인해야 한다.

다음 절에서는 몇 가지 주요 웹 프로그래밍 언어로 XML 파서를 보호하는 방법을 설 명한다. 코드가 XML을 구문 분석하지 않는다고 생각하더라도 사용하는 서드 파티 종속 성에서는 XML을 어떤 형태로든 사용할 가능성이 높다. 웹 서버가 시작될 때 메모리에 로 드되는 라이브러리를 확인하려면 전체 종속성 트리를 분석해야 한다.

파이썬

defusedxml 라이브러리는 인라인 DTD를 명시적으로 거부하며 파이썬의 표준 XML 구문 분석 라이브러리를 대신하는 드롭인drop-in이다. 파이썬의 표준 라이브러리 대신 모듈을 사용해야 한다.

루비

루비에서 XML을 구문 분석하기 위한 사실상의 표준은 Nokogiri 라이브러리다. Nokogiri 라이브러리는 버전 1.5.4 이후 XML 공격으로 강화됐으므로 코드가 1.5.4 버전 이상을 구 문 분석에 사용해야 한다.

Node.js

Node.js에는 xml2js, parse-xml, node-xml을 포함한 XML 구문 분석을 위한 다양한 모듈이 있다. 대부분은 설계상 DTD 처리를 생략하므로 사용하는 파서의 설명서를 참조해야 한다.

자바

자바에는 다양한 XML 구문 분석 방법이 있다. 자바 사양을 준수하는 파서는 일반적으로 javax.xml.parsers.DocumentBuilderFactory 클래스로 파싱을 시작한다. 목록 15-7XMLConstants.FEATURE_SECURE_PROCESSING 상수를 사용해 인스턴스화된 모든 곳의 클래스에 보안 XML 구문 분석을 구성하는 방법을 보여 준다.

```
DocumentBuilderFactory factory = DocumentBuilderFactory.newInstance();
factory.setFeature(XMLConstants.FEATURE_SECURE_PROCESSING, true);
```

목록 15-7 자바 XML 구문 분석 라이브러리 보안

.NET

.NET에는 System.Xml 네임스페이스에 포함된 XML 구문 분석 방법이 다양하다. XmlDictionaryReader, XmlNodeReader, XmlReader는 기본적으로 안전하며, System.Xml.Linq.XElement와 System.Xml.Linq.XDocument도 포함된다.

System.Xml.XmlDocument, System.Xml.XmlTextReader, System.Xml.XPath.XPathNavigator는 .NET 버전 4.5.2 이후 보안됐다. 이전 버전을 사용한다면 .NET, 보안 파서로 전환하거나 인라인 DTD 처리를 비활성화해야 한다. 목록 15-8은 ProhibitDtd 속성 플래그를 설정해 작업을 수행하는 방법을 보여 준다.

```
XmlTextReader reader = new XmlTextReader(stream);
reader.ProhibitDtd = true;
```

목록 15-8 .NET에서 인라인 DTD 처리를 사용하지 않는다.

기타 고려 사항

외부 실체 엔티티의 위협은 최소 권한 원칙을 따르는 것의 중요성을 보여 주는데, 이는 소프트웨어 구성 요소와 프로세스가 그들의 작업을 수행하는 데 필요한 최소한의 권한 세트를 부여받아야 한다고 명시한다. XML 구문 파서가 아웃바운드 네트워크 요청을 하는 것은 거의 없으며, 웹 서버 전체에 아웃바운드 네트워크 요청을 잠그는 것을 고려해야 한다. 예를 들어 서버 코드가 서드 파티 API를 호출하는 것과 같이 아웃바운드 네트워크 액세스가 필요하다면 방화벽 규칙에서 API의 도메인을 화이트리스트에 추가해야 한다.

마찬가지로 웹 서버가 액세스할 수 있는 디스크의 디렉터리를 제한하는 것이 중요하다. 리눅스 운영체제에서는 실행 중인 프로세스의 루트 디렉터리 변경 시도를 무시하는 chroot jail에서 웹 서버 프로세스를 실행하면 된다. 윈도우 운영체제에서 웹 서버가 액세스할 수 있는 디렉터리를 수동으로 화이트리스트에 추가해야 한다.

요약

XML은 컴퓨터에서 읽을 수 있는 데이터를 인터넷에서 교환하는 데 널리 사용되는 유연한 데이터 형식이다. XML 파서가 인라인 문서 유형 정의DTD를 수락하고 처리하도록 구성된다면 공격에 취약할 수 있다. XML bomb는 인라인 DTD를 사용해 파서의 메모리 사용을 폭발시켜 웹 서버를 손상시킬 수 있다. XML 외부 엔티티 공격은 로컬 파일 또는 네트워크 주소를 참조하며, 파서를 속여 중요한 정보를 노출시키거나 악의적인 네트워크 요청을 만드는 데 사용할 수 있다. 인라인 DTD 파싱을 비활성화하는 강화된 XML 파서를 사용해야 한다.

16장에서는 해커가 웹 서버의 보안 결함을 이용해 서드 파티에 공격을 시작하는 방법을 설명한다. 직접적인 피해자가 아니더라도 좋은 인터넷 시민이 돼 시스템을 사용하는 공격을 중단하는 것이 중요하다.

16

부속품이 되지 마라

악성 행위자들은 인터넷상에 숨길 곳이 많다. 해커는 일상적으로 다른 사람을 가장하고 손상된 서버를 사용해 탐지를 회피한다. 16장에서는 사용자가 공격 대상이 아니더라도 웹으로 공격자가 악의적인 행위를 피할 수 있는 다양한 방법을 알아본다.

부속품이 되지 않도록 하는 것은 좋은 인터넷 시민이 될 수 있도록 도와준다. 실제적으로 해커가 시스템을 다른 사람을 공격하기 위한 출발점으로 사용한다면 도메인과 IP 주소가 주요 서비스에서 블랙리스트에 오르고 호스트 제공자에게 차단될 수도 있다.

16장에서는 인터넷상의 악의적인 행위를 부속품으로 만들 수 있는 몇 가지 취약점을 설명한다. 먼저 두 가지 취약점은 해커가 유해 이메일을 보내는 데 사용된다. 스팸 발송자는 이메일 주소 스푸핑email address spoofing을 사용해 이메일을 보내는 사람을 위장하고 웹사이트의 공개 리다이렉션open redirection을 사용해 이메일의 악의적인 링크를 숨긴다.

그런 다음 다른 사용자의 페이지 프레임 내에서 사이트를 호스트하고 클릭잭킹clickjacking, click-hijacking 공격의 일부로 사용하는 방법을 볼 수 있으며, 사용자의 사이트를 미끼 및 전환 방식으로 사용해 사용자를 속여 유해한 항목을 클릭하도록 한다.

15장에서는 네트워크 요청을 트리거하려면 해커가 XML 구문 파서의 취약점을 어떻게 사용할 수 있는지 살펴봤다. 공격자가 서버에서 아웃바운드^{outbound} 네트워크 액세스를 트리거하는 악의적인 HTTP 요청을 작성할 수 있다면 SSRF 공격을 사용 가능으로 설정한다. SSRF 공격이 실행될 수 있는 일반적인 방법과 공격에서 보호하는 방법을 배우게된다.

마지막으로 봇넷^{botnet}에서 사용하려고 서버에 악성 코드가 설치될 위험을 알아본다. 공격자가 원격으로 제어할 수 있는 좀비 코드를 자신도 모르게 호스트하고 있을 수 있다.

이메일 사기

이메일은 SMTP를 사용해 전송된다. SMTP 설계의 한 가지 주요 실수는 인증 메커니즘이 없다는 것이다. 즉 이메일을 보낸 사람이 보낸 사람 헤더에 원하는 이메일 주소를 첨부할 수 있으며, 비교적 최근까지 수신 에이전트가 보낸 사람이 자신이 누구라고 주장하는지를 확인할 수 있는 방법이 없었다.

물론 결과적으로 우리 모두는 엄청난 양의 스팸 메일을 받는다. 전문가들은 전송되는 모든 이메일의 약 절반이 스팸인 것으로 추정하며, 매일 거의 150억 개의 스팸 메일이 전송된다. 스팸 메일에는 일반적으로 수신자에게 성가신 원치 않는 마케팅 자료가 포함돼 있다.

스팸 메일과 관련된 피싱 이메일은 보낸 사람이 수신자를 속여 암호 또는 신용 카드 세부 정보와 같은 중요한 개인 정보를 노출하도록 한다. 일반적인 방법은 공격 대상자가 사용하는 웹사이트의 암호 재설정 이메일처럼 보이지만 실제 도메인 이름과 표면적으로 유사하게 보이는 도메인인 가짜 도메인의 재설정 링크를 이메일로 보낸다. 가짜 사이트는 공격자를 대신해 사용자의 자격 증명을 수집한 다음 사용자를 실제 사이트로 리다이렉션해 공격 대상자가 더 이상 알지 못하게 한다.

공격에서 훨씬 더 악랄한 형태는 스피어피싱^{spearphishing}으로서 악의적인 이메일의 내용은 소수의 사용자에게 맞춤화된다. 이메일을 보내는 사기꾼들은 종종 동료의 이름을 빠뜨리거나 사칭할 수 있도록 피해자를 상세한 조사를 한다. FBI에 따르면 2016년에서 2019년 사이에 사기꾼이 최고 경영자인 것처럼 가장하고 다른 직원에게 이메일을 보냈고, 전신환 송금을 요청한 사기꾼으로 인해 해커가 260억 달러 이상을 벌어들였다. 260

억 달러 이상의 피해는 법 집행 기관에 신고된 피해금액일 뿐이다.

다행히 메일 서비스 제공업체는 스팸 및 피싱 이메일을 탐지하기 위한 정교한 알고리듬을 개발했다. 예를 들어 지메일은 들어오는 각각의 이메일을 스캔하고 이메일의 합법적인 내용을 신속하게 결정하고, 의심스러워 보이는 메일을 정크 폴더로 보낸다. 스팸 필터는 이메일을 분류할 때 이메일과 제목 줄의 키워드, 이메일 도메인, 메일 본문에 의심스러운 발신 링크가 있는지 확인하는 등 많은 입력을 사용한다.

웹사이트 및 회사는 사용자 지정 도메인에서 이메일을 보낼 수 있으므로 이메일이 스팸으로 표시되지 않도록 하고 도메인에서 보낸 것처럼 가장하는 악의적인 이메일에게서 사용자를 보호해야 한다. 악의적인 이메일에게서 사용자를 보호하려면 발신인 정책 프레임워크를 구현하고 이메일을 생성할 때 도메인 키 식별 메일을 사용하는 몇 가지 방법이 있다.

발신인 정책 프레임워크 구현

발신인 정책 프레임워크^{SPF, Sender Policy Framework}를 구현하려면 사용자의 웹 도메인에서 이메일을 보낼 수 있는 권한이 있는 IP 주소를 DNS에 화이트리스트로 나열해야 한다. SMTP는 TCP 위에 위치하므로 보낸 이메일이 보낸 IP 주소는 보낸 사람 헤더와 같은 방식으로 스푸핑될 수 없다. 도메인 이름 레코드에 IP 주소를 명시적으로 화이트리스트에 표시하면 메일 수신 에이전트는 허용된 원본에서 수신 메일이 발송됐는지 확인할 수 있다.

목록 16-1에는 DNS 레코드에서 발신인 정책 프레임워크를 지정하는 방법이 나와 있다.

```
v=spf1❶ ip4:192.0.2.0/24 ip4:198.51.100.123❷ a❸ -all❹
```

목록 16-1 SPF의 일부로 지정된 도메인에서 이메일을 보낼 수 있는 IP 주소 범위를 화이트리스트에 추가할 수 있는 DNS 레코드

DNS 레코드는 도메인 이름 레코드에 .txt 레코드로 추가된다. 목록 16-1 구문에서 v = 인수 ❶은 사용되는 SPF의 버전을 정의한다. ip4 ❷ 및 a 플래그 ❸은 지정된 도메인에 메시지를 보낼 수 있는 시스템(이 경우 IP 주소 범위 및 도메인(플래그로 표시됨) 자체에 해당

하는 IP 주소)을 지정한다. 레코드 끝에 있는 -all 플래그 ❹는 메일 공급자에게 이전 메커니즘이 일치하지 않으면 메시지를 거부해야 한다고 알려 준다.

도메인 키 식별 메일 구현

도메인 키는 발신 메일의 디지털 서명을 생성하고, 이메일이 도메인에서 합법적으로 전송됐으며 전송 중에 수정되지 않았음을 증명하는 데 사용할 수 있다. DKIM^{Domain Keys Identified Mail}은 공개 키 암호화를 사용해 도메인에서 보내는 메시지를 개인 키로 서명하고 수신인이 DNS에 호스트된 공개 키를 사용해 서명을 검증할 수 있도록 한다. 발신인만 개인 서명 키를 알 수 있으므로 합법적인 서명만 생성할 수 있다. 메일 수신 에이전트는 이메일의 내용과 도메인에 호스트된 공용 서명 키를 결합해 서명을 다시 계산한다. 다시 계산된 서명이 메일에 첨부된 서명과 일치하지 않으면 이메일이 거부된다.

DKIM을 구현하려면 .txt 레코드의 도메인 키를 도메인에 추가해야 하며, 목록 16-2는 해당 예를 보여 준다.

---

k=rsa;❶ p=MIGfMA0GCSqGSIb3DQEBAQUAA4GNADCBiQKBgQDDmzRmJRQxLEuyYiyMg4suA❷

목록 16-2 DNS 시스템에서 (공개) 도메인 키가 호스트되며, 도메인에 이메일을 생성하는 애플리케이션과 해당 개인 키를 공유해야 한다.

목록 16-2에서 k는 키 유형 ❶을 나타내며 p는 서명 ❷를 다시 계산하는 데 사용되는 공개 키다.

이메일 보호: 실제 단계

조직에서 여러 위치에서 이메일을 생성할 수 있다. 웹사이트에서 사용자의 작업의 응답으로 사용자에게 전송되는 이메일(트랜잭션 이메일)은 웹 서버 소프트웨어로 트리거되며 종종 센드그리드^{SendGrid} 또는 메일건^{Mailgun}과 같은 이메일 서비스로 생성된다. 손으로 쓴 이메일은 웹 메일 서비스(예: 지메일) 또는 네트워크에 호스팅된 이메일 서버 소프트웨어(예: 마이크로소프트 익스체인지^{Microsoft Exchange} 또는 포스트픽스^{Postfix})에서 전송된다. 또한 회사 내 팀에서 이메일을 보내려고 이메일 마케팅 또는 메일침프Mailchimp 또는 타이니레터 TinyLetter와 같은 뉴스레터 서비스를 사용할 수 있다.

SPF 및 DKIM을 구현하는 데 필요한 DNS 항목을 생성하고 추가하는 방법은 서비스 공급자 또는 이메일 서버의 설명서를 참조하면 된다. 실제로 많은 트랜잭션 이메일 및 마케팅 서비스에서 서비스에 가입할 때 관련 DNS 항목을 추가해야 하기 때문에 이미 DKIM을 사용하고 있을 수 있다. SPF 구현의 일부로 IP 범위와 도메인을 잠그려면 도메인에서 이메일을 보내는 모든 소프트웨어를 고려해야 한다.

이메일에서 악의적인 링크 숨기기

스팸 알고리듬은 이메일에서 악의적인 링크를 찾고 이를 보호하려고 웹 메일 공급자는 유해하다고 알려진 도메인의 최신 블랙리스트를 보관한다. 도메인의 링크를 검색하는 것은 위험한 이메일을 차단하는 일반적이고 효과적인 방법이다.

따라서 스팸 발송자들은 유해한 링크를 위장하고 이메일에 플래그가 지정돼 정크 폴더로 직접 전송되는 것을 방지하려면 새로운 방법을 고안해야 했다. 그중 한 가지 방법은 비틀리Bitly와 같은 URL 단축 서비스를 사용하는 것인데, URL을 더 짧은 형태로 인코딩하고 사용자가 링크를 방문할 때 리다이렉션한다. 그러나 스팸 공격이 계속 격화되고 있는 가운데 이메일 검색 알고리듬은 이제 알려진 URL 단축 서비스에 링크를 실행하고 최종 대상이 유해한지 여부를 확인한다.

해커들은 이메일에서 악의적인 링크를 숨기는 더 미묘한 방법을 발견했다. 웹사이트를 사용해 인터넷상 임의의 URL 링크를 숨길 수 있다면(사이트의 모든 위치에서 공개 리다이렉션을 구현하는 경우) 해커가 URL 단축 서비스와 같은 방식으로 악의적인 링크를 위장하도록 도울 수 있다. 사용자가 피싱 스캠에 취약할 뿐만 아니라 보내는 실제 이메일은 스팸 탐지 알고리듬으로 블랙리스트에 오르기 쉽다.

리다이렉션 열기

HTTP에서 리다이렉션은 웹 서버가 301(임시 리다이렉션) 또는 302(영구 리다이렉션) 응답 코드로 응답하고 브라우저가 대신 탐색해야 하는 URL을 제공할 때 발생한다. 리다이렉션을 가장 일반적으로 사용하는 방법 중 하나는 인증되지 않은 사용자가 사이트를 방문하려고 한다면 로그인 페이지로 보내는 것이다. 시나리오에서 사이트는 일반적으로 사용자가 자신을 인증한 후 원래 URL로 다시 두 번째 리다이렉션을 실행한다.

두 번째 리다이렉션을 사용하려면 웹 서버가 사용자가 로그인할 때 원래 대상을 기억해야 한다. 이 작업은 로그인 URL의 쿼리 매개 변수 내에서 최종 대상 URL을 인코딩해 수행된다. 즉 해커가 쿼리 매개 변수의 임의의 URL을 인코딩할 수 있는 경우를 말한다(즉 두 번째 리다이렉션이 사용자를 인터넷의 완전히 다른 웹사이트로 보낼 수 있는 경우).

열린 리다이렉션 방지

대부분의 사이트는 외부 URL로 리다이렉션할 필요가 없다. 웹사이트의 어떤 부분이 사용자를 대상으로 리다이렉션할 목적으로 다른 URL 내에 URL을 인코딩한다면 이러한 인코딩된 URL이 절대 URL이 아닌 상대 URL인지 확인해야 한다. 인코딩된 링크는 외부 URL이 아닌 사이트 내부를 가리켜야 한다.

상대 URL은 쉽게 확인할 수 있는 슬래시(/)로 시작한다. 해커들은 상대적인 URL처럼 보이도록 절대 URL을 위장하는 몇 가지 방법을 발견했으므로 코드에서 설명해야 한다. 목록 16-3에는 간단한 패턴 매칭 논리로 URL이 상대 URL인지 확인하는 방법이 나와 있다.

```
import re
def is_relative(url):
    return re.match(r"^\/[^\/\\]"❶, url)
```

목록 16-3 파이썬의 정규식을 사용해 링크가 (웹사이트 내부와) 상대적인지 확인하는 기능

목록 16-3의 패턴 ❶은 URL이 슬래시로 시작돼야 하며 다음 문자는 다른 슬래시 또는 백슬래시(\)가 아니어야 함을 나타낸다. 두 번째 문자는 브라우저가 절대 URL로 해석하는 //:www.google.com과 같은 URL로부터 보호하려고 확인되며, 이 문자는 현재 페이지가 사용 중인 프로토콜에 따라 http 또는 https로 자동 접두사가 된다.

열려 있는 리다이렉션을 방지하기 위한 또 다른 방법은 쿼리 매개 변수 내의 URL 인코딩을 피하는 것이다. 로그인 후 리다이렉션할 URL을 인코딩한다면 쿼리 매개 변수 대

신 임시 쿠키에 URL을 삭제하는 것이 좋다. 공격자는 공격 대상자의 브라우저에서 쿠키를 쉽게 위조할 수 없으므로 악의적인 링크의 문을 닫는다.

기타 고려 사항

일부 유형의 웹사이트는 사용자가 외부 링크를 게시해야 한다. 예를 들어 소셜 뉴스 사이트를 실행한다면 사용자가 외부 URL의 링크를 게시하는 경우가 많다. 사용자가 외부 링크를 게시해 사이트에 적용된다면 구글 세이프 브라우저^{Google Safe Browser} API를 사용해 각 URL을 유해 사이트 블랙리스트와 대조한다.

이메일을 보호하고 코드를 리다이렉션한 후에는 웹 페이지를 다른 사용자의 악의적인 웹사이트에 포함할 수 없도록 하는 것이 중요하다. 클릭잭킹 공격에서 사용자를 보호하는 방법을 알아본다.

클릭잭킹

HTML을 사용하면 <iframe> 태그를 사용해 웹 페이지에 다른 웹 페이지를 포함할 수 있다. 프레임 내에서 페이지에서 실행되는 자바스크립트가 포함된 페이지에 액세스할 수 없기 때문에 서로 다른 웹 도메인의 콘텐츠가 제어된 방식으로 혼합될 수 있다. <iframe> 태그는 일반적으로 서드 파티 콘텐츠를 웹 페이지에 포함시키는 데 사용되며, OAuth와 CAPTCHA 위젯은 종종 쿠키를 보호하는 데 사용된다.

인터넷에서 유용한 모든 것과 마찬가지로 해커들도 <iframe> 태그를 악용하는 방법을 찾아냈다. 현대의 CSS는 z-index 속성을 사용해 페이지 요소를 서로 겹쳐 놓을 수 있게 한다. z-index가 높은 요소는 z-index가 낮은 요소를 숨기고 클릭 이벤트를 먼저 수신한다. 페이지 요소는 불투명도 속성을 사용해 투명하게 만들 수도 있다. <iframe> 태그를 악용하는 기술을 결합하면 해커가 <iframe> 요소 위에 투명한 <div>를 배치한 다음 공격 대상자가 클릭한다고 생각하는 기본 콘텐츠가 아닌 <div>에 저장된 콘텐츠를 모두 클릭하도록 할 수 있다.

클릭잭킹은 다양한 방식으로 사용돼 왔다. 경우에 따라서는 공격자가 원격으로 감시할 수 있게 웹캠을 켜도록 피해자를 속이기도 한다. 또 다른 변형으로는 잭킹과 같은 것으로서 피해자는 자신도 모르는 사이에 페이스북에서 어떤 게시물에 '좋아요'를 누르게 된다. 홍보 목적으로 다크 웹에서 비슷한 것을 파는 것은 해커에게 큰 돈을 낭비하는 행위다.

클릭잭킹 방지

웹사이트를 실행한다면 클릭잭킹 공격의 미끼로 사이트가 사용되지 않는지 확인해야 한다. 대부분의 사이트는 <iframe> 태그로 호스트할 필요가 없으므로 브라우저에 직접 알려야 한다. 최신 브라우저는 목록 16-4에 표시된 것처럼 페이지에는 frame-ancestors가 없어야 한다는 서버 응답을 허용하는 Content-Security-Policy 헤더를 지원한다.

```
Content-Security-Policy: frame-ancestors 'none'
```

목록 16-4 브라우저에 프레임에서 웹사이트를 호스트하지 말라는 헤더

정책을 시행하면 브라우저에서 웹사이트를 프레임에 넣지 않도록 한다.

어떤 이유로 사이트에 <iframe> 태그를 포함해야 한다면 프레임을 호스팅할 수 있는 사이트를 브라우저에 알려야 한다. 동일한 Content-Security-Policy 헤더를 사용해 웹사이트가 자체 프레임 상위 항목이 되도록 지정할 수 있다. 목록 16-5에는 같은 사이트의 다른 부분을 가리키는 프레임이 있다면 키워드 자체를 사용해 사이트가 호스팅할 수 있는 방법이 나와 있다.

```
Content-Security-Policy: frame-ancestors 'self'
```

목록 16-5 자체 프레임이 사이트를 호스팅할 수 있는 헤더

마지막으로 서드 파티 웹사이트가 있어야 사이트를 프레임으로 호스트할 수 있다면 목록 16-6에 표시된 대로 개별 웹 도메인을 화이트리스트에 추가할 수 있다.

```
Content-Security-Policy: frame-ancestors example.com google.com
```

목록 16-6 example.com 및 google.com에서 iframe으로 사이트를 호스팅할 수 있는 헤더

클릭재킹 공격에서 보호하는 방법을 알아봤다. 이제 공격자가 서버에서 악의적인 네트워크 요청을 어떻게 시작하려고 하는지 알아보겠다.

서버 측 요청 위조

악의적인 HTTP 요청을 하는 해커는 종종 요청이 시작된 위치를 위장하려고 한다. 예를 들어 17장에서 다루는 서비스 거부 공격은 여러 IP 주소에서 발생할 때 더욱 효과적이다. 웹 서버에서 보내는 HTTP 요청을 만들고 해커가 요청을 보내는 URL을 제어할 수 있으면 서버 측 요청 위조SSRF 공격에 취약하며 해커가 서버를 사용해 악의적인 요청을 보낼 수 있다.

서버에서 아웃바운드 네트워크 요청을 해야 하는 몇 가지 이유가 있다. 모든 종류의 서드 파티 API를 사용한다면 일반적으로 HTTPS로 웹 서비스를 제공한다. 예를 들어 트랜잭션 이메일을 보내고, 검색을 위한 콘텐츠를 인덱싱하고, 오류 보고 시스템에 예기치 않은 오류를 기록하거나 프로세스 지불하려고 API를 사용할 수 있다. 그러나 공격자는 서버를 조작해 원하는 URL을 호출할 수 있을 때 문제가 발생한다.

일반적으로 SSRF 취약점은 웹 서버에서 보낸 HTTP 요청의 아웃바운드 URL이 서버로 보낸 HTTP 요청의 일부로 불안정하게 구성된다면 발생한다. 해커는 사이트를 스파이더링spidering하고, 모든 페이지를 탐색하고, 해킹 도구를 사용해 사이트에 접속하는 모든 HTTP 매개 변수를 관리 대상 URL로 대체해 SSRF 취약점을 확인한다. 트랩 URL에 대한 HTTP 요청을 탐지한다면 HTTP 요청은 서버에서 트리거돼야 하며 사용자가 SSRF에 취약하다는 것을 알고 있다.

또한 해커는 사이트의 어떤 부분이 XML 콘텐츠를 수락하는지 확인하고 SSRF를 커밋하려고 XML 외부 엔티티 공격을 사용한다. 15장에서 공격 벡터를 설명했다.

서버 측 위조 방지

여러 수준에서 서버 측 위조를 방지할 수 있다. 첫 번째이자 가장 중요한 단계는 아웃바운드 HTTP 요청을 만드는 코드의 모든 부분을 감사한다. API 호출의 일부로 어떤 도메인을 호출해야 하는지 거의 항상 미리 알 수 있으므로 API 호출용 URL은 클라이언트에서 오는 것이 아니라 구성 또는 코드에 기록된 웹 도메인을 사용해야 한다. 이를 보장하는 한 가지 방법은 대개 대부분의 API에서 자유롭게 사용할 수 있는 소프트웨어 개발 키트SDK, Software Development Kit를 사용하는 것이다.

취약점에서 자신을 보호하는 심층적인 방어 관행을 따라야 하므로 네트워크 수준에서도 SSRF에 대한 보호 수단을 설치하는 것이 좋다. 방화벽에 액세스해야 하는 개별 도메인을 화이트리스트에 추가하고 다른 도메인을 모두 금지하면 코드 검토 중에 간과했을 수 있는 보안 문제를 발견할 수 있다.

마지막으로 침투 테스트를 사용해 코드에서 SSRF 취약점을 탐지하는 방안을 고려해 봐야 한다. 침투 테스트 작업은 외부 팀을 사용해 웹사이트의 취약점을 찾거나 자동화된 온라인 도구를 사용해 수행할 수 있다. 실제로 해커가 직접 취약점을 탐지하기 전에 해커가 사용하는 것과 동일한 도구를 사용할 수 있다.

봇넷

해커들은 항상 공격을 강화할 수 있는 여분의 컴퓨팅 능력을 찾고 있다. 해커가 서버를 손상시킨다면 원격 명령을 사용해 제어하는 악성 코드인 봇을 설치하는 경우가 많다. 대부분의 봇은 암호화된 프로토콜을 사용해 서로 통신하는 개별 봇(봇넷)의 P2PPeer-to-Peer 네트워크의 일부로 작동한다.

봇은 종종 노트북과 같은 일반 소비자가 사용하는 기기를 감염시키려고 사용된다. 그러나 서버에 봇을 설치하는 것은 엄청난 일인데, 봇이 훨씬 더 많은 컴퓨팅 성능을 사용할 수 있기 때문이다. 스팸메일 발송자들은 봇넷을 제어할 수 있는 액세스 키를 다크 웹에서 좋은 가격을 지불하고 구매한다. 일반적으로 이러한 예비 컴퓨팅 기능을 사용해 비트코인을 채굴하거나 클릭하면 웹사이트의 페이지 뷰 수를 인위적으로 늘릴 수 있는 악성 행위를 저지른다. 또한 봇넷은 스팸 이메일을 생성하거나 서비스 거부 공격을 수행하는 데 사용된다(해당 내용은 17장에서 다룬다).

악성 코드 감염에게서 보호

서버에 봇 악성 코드가 설치되지 않도록 해야 한다. 6장에서는 서버에 봇을 설치할 수 있는 커맨드 주입 및 파일 업로드 취약점을 설명했다. 취약점을 보호하려고 17장의 조언을 명심해야 한다.

또한 감염에서 서버를 사전 예방적으로 보호해야 한다. 최신 바이러스 백신 프로그램을 실행하면 모든 종류의 악성 코드를 신속하게 찾을 수 있다. 나가는 네트워크 액세스를 모니터링하면 의심스러운 활동이 강조 표시된다. 설치된 봇은 다른 봇을 찾는 다른 IP를 주기적으로 폴링^{polling}한다. 또한 웹 서버에서 무결성 검사를 실행하는 것도 고려해야 한다. 백신 프로그램은 중요한 디렉터리에서 예기치 않은 파일 변경을 검사하는 소프트웨어다.

가상화된 서비스나 컨테이너를 사용한다면 시스템을 재구축하면 일반적으로 설치된 악성 소프트웨어가 제거된다는 장점이 있다. 주기적으로 이미지를 재구성하면 시스템이 봇 감염에서 안전하게 보호된다.

요약

다음을 수행해 인터넷에서 다른 사람의 공격 대상이 되지 않도록 한다.

- 도메인 이름 레코드에 SPF 및 DKIM 헤더를 구현해 보내는 이메일을 보호한다.
- 사이트에 열려 있는 리다이렉션이 없는지 확인한다.
- 콘텐츠 보안 정책을 설정해 사이트가 `<iframe>` 태그로 호스트되는 것을 방지한다.
- 서버가 공격자가 선택한 외부 URL로 HTTP 요청을 전송하도록 속이지 않도록 코드를 감사하고, 아웃바운드 네트워크 액세스를 화이트리스트로 지정해 서버 측 요청 위조 공격에 사용되지 않도록 한다.
- 가상화된 서버, 바이러스 스캐너 또는 취약점 검색 도구를 사용해 봇을 검사 및 제거한다.

17장에서는 웹 서버를 오프라인으로 전환하려고 해커가 사용할 수 있는 무작위 대입 공격 기술인 서비스 거부 공격을 살펴본다.

17

서비스 거부 공격

2016년 10월 21일 인터넷 사용자들이 잠에서 깨어 보니 가장 좋아하는 웹사이트들 중 많은 곳이 접속할 수 없다는 것을 발견했다. 트위터, 스포티파이, 넷플릭스, 깃허브, 아마존 등 많은 웹사이트가 모두 오프라인으로 전환됐다. 근본 원인은 DNS 제공자의 공격이었다. 엄청난 양의 DNS 조회 요청이 인기 있는 DNS 제공업체인 Dyn을 굴복시켰다. 서비스가 완전히 복구되기까지는 하루 중 두 번의 DNS 조회가 더 많이 발생했다.

운영 중단의 규모와 영향은 전례가 없었다(상어가 해저 인터넷 케이블을 뚫고 베트남 전역이 잠시 오프라인 상태가 됐을 때처럼 비슷한 충격을 받은 것이 유일한 사건이었다). 그러나 이는 일반적이고 점점 더 위험한 서비스 거부[DoS, Denial-of-Service] 공격의 최근 모습일 뿐이었다.

서비스 거부 공격은 시스템이나 웹사이트를 손상시키는 것이 아니라 단순히 다른 사용자가 사용할 수 없도록 만드는 것이기 때문에 이 책에서 설명하는 대부분의 취약점 유형과는 다르다. 일반적으로 서비스 거부 공격은 사이트에 인바운드 트래픽이 쇄도해 모든 서버 리소스가 소진되는 방식으로 수행된다. 17장에서는 서비스 거부 공격에 사용되는 몇 가지 일반적인 기술을 설명하고 이를 방어하기 위한 다양한 방법을 제시한다.

서비스 거부 공격 유형

일반적으로 네트워크 요청에 응답하려면 네트워크 요청을 보내는 것보다 더 많은 처리 능력이 필요하다. 예를 들어 웹 서버는 HTTP 요청을 처리할 때 요청을 구문 분석하고, 데이터베이스 쿼리를 실행하고, 로그에 데이터를 쓰고, 반환할 HTML을 구성해야 한다. 사용자 에이전트는 세 가지 정보, 즉 HTTP 동사, 전송 중인 IP 주소 및 URL을 포함하는 요청을 생성하기만 하면 된다. 해커들은 비대칭성을 사용해 합법적인 사용자에게 응답할 수 없도록 네트워크 요청으로 서버를 압도한다.

해커들은 HTTP뿐만 아니라 네트워크 스택의 모든 수준에서 서비스 거부 공격을 시작하는 방법을 발견했다. 해커들이 과거에 얼마나 성공적이었는지를 고려하면 앞으로 더 많은 방법이 발견될 것이다. 공격자의 툴킷에 있는 몇 가지 도구를 살펴본다.

인터넷 제어 메시지 프로토콜 공격

ICMP^{Internet Control Message Protocol}는 서버, 라우터, 명령줄 도구가 네트워크 주소가 온라인인지를 확인하는 데 사용된다. 프로토콜은 간단하다. 요청이 IP 주소로 전송되고 응답 서버가 온라인이면 온라인 상태인지 확인하는 메시지를 다시 보낸다. ping 유틸리티를 사용해 서버에 액세스할 수 있는지 확인한다면 후드에서 ICMP를 사용한다.

ICMP는 가장 간단한 인터넷 프로토콜이고 처음부터 악의적으로 사용됐다. ping flood 시도는 ICMP 요청의 끝없는 스트림을 전송해 서버를 압도하려고 하며 몇 줄의 코드로 시작할 수 있다. 더 정교한 공격은 서버를 손상시키려는 시도로 손상된 ICMP 패킷을 보내는 ping of death 공격이다. ping of death 공격은 들어오는 ICMP 패킷에서 경계 검사를 올바르게 수행하지 않는 이전 소프트웨어를 활용한다.

전송 제어 프로토콜 공격

대부분의 ICMP 기반 공격은 현대의 네트워크 인터페이스로 제거될 수 있으므로 공격자는 네트워크 스택에서 TCP로 더 높게 이동했으며, 이는 대부분의 인터넷 통신을 뒷받침한다.

TCP 통신은 TCP 클라이언트가 동기화^{SYN, Synchronize} 메시지를 서버에 보내는 것으로 시작되고, SYN 메시지는 동기화 확인$^{\text{SYN-ACK, Synchronize Acknowledgement}}$ 응답으로 응답한다. 그런 다음 클라이언트는 최종 ACK 메시지를 서버로 전송해 핸드셰이크를 완료해야 한다. TCP 핸드셰이크를 완료하지 않고 SYN 메시지$^{\text{SYN flood}}$로 서버에 과부하를 일으키면 해킹 도구는 많은 수의 '반쯤 열린' 연결을 서버에 남겨 합법적인 클라이언트의 연결 풀^{pool}을 모두 소모한다. 그런 다음 합법적인 클라이언트가 연결을 시도할 때 서버는 연결을 거부한다.

애플리케이션 계층 공격

웹 서버 애플리케이션 계층 공격은 HTTP 프로토콜을 남용한다. 슬로로리스^{Slowloris} 공격은 서버의 많은 HTTP 연결을 열고 부분 HTTP 요청을 주기적으로 전송해 연결을 계속 열어 두므로 서버의 연결 풀이 모두 소모된다. RUDY$^{\text{R-U-Dead-Yet?}}$ 공격은 임의의 긴 Content-Length 헤더 값을 가진 서버로 끝없는 POST 요청을 전송해 서버가 의미 없는 데이터를 읽느라 분주하게 만든다.

해커들은 또한 특정 HTTP 엔드포인트를 이용해 웹 서버를 오프라인으로 만드는 방법을 찾아냈다. 확장 시 크기가 기하급수적으로 증가하는 파일을 파일 업로드 기능으로 업로드하면 서버의 사용 가능한 디스크 공간이 소진될 수 있다. HTTP 요청의 내용을 메모리 내 코드 개체로 변환하는 역직렬화를 수행하는 모든 URL도 취약할 수 있다. 엔드포인트를 이용한 공격의 한 예시는 15장에서 살펴본 XML bomb 공격이다.

반사 및 증폭된 공격

효과적인 서비스 거부 공격을 시작하는 데 한 가지 어려움은 악성 트래픽을 생성할 수 있는 충분한 컴퓨팅 성능을 찾는 것이다. 해커는 서드 파티 서비스를 사용해 트래픽을 생성함으로써 제한을 극복한다. 해커가 의도한 공격 대상자의 스푸핑된 반환 주소를 사용해 악의적인 요청을 서드 파티에게 전송함으로써 해커는 대상에게 응답을 반영해 주소의 트래픽에 응답하는 서버를 압도할 수 있다. 반사된 공격은 또한 공격의 원천을 감추고, 고정시키기 더 어렵게 만든다. 서드 파티 서비스가 초기 요청보다 더 크거나 더 많은 응답으로 응답한다면 응답 크기가 클수록 공격력이 증폭된다.

지금까지 가장 피해가 큰 서비스 거부 공격 중 하나는 반사를 사용해 자행된 공격이다. 한 명의 공격자는 초당 1.3테라바이트^{terabyte}의 데이터를 생성해 2018년 깃허브 웹사이트를 공격할 수 있었다. 해커는 다수의 안전하지 않은 멤캐시드^{Memcached} 서버를 찾아 깃허브 서버의 IP 주소로 서명된 사용자 데이터그램 프로토콜^{UDP, User Datagram Protocol} 요청을 전송함으로써 이를 달성했다. 각 응답은 원래 요청보다 약 50배 더 컸으며, 공격자의 컴퓨팅 성능을 동일한 요소로 곱한 효과가 있었다.

분산 서비스 거부 공격

단일 IP 주소에서 서비스 거부 공격이 시작되면 IP의 트래픽을 차단하고 공격을 중지하는 것은 비교적 쉽다. 깃허브의 2018년 공격과 같은 최신 서비스 거부 공격은 다수의 협력 소스, 즉 분산 서비스 거부^{DDoS, Distributed Dnial-of-Service} 공격에서 비롯된다. 반사를 사용하는 것 외에도 해당 공격은 일반적으로 다양한 컴퓨터와 인터넷 연결 장치를 감염시킨 악성 코드 봇 네트워크인 봇넷에서 시작되며 공격자가 제어할 수 있다. 오늘날에는 온도 조절 장치^{thermostat}, 냉장고, 자동차, 초인종, 헤어브러시 등 많은 유형의 장치가 인터넷에 연결되고 보안 취약점이 발생하기 쉬워 봇들이 숨을 곳이 많다.

의도하지 않은 서비스 거부 공격

인터넷 트래픽의 급증이 모두 악의적인 것은 아니다. 웹사이트가 입소문을 타고 단시간에 예상외로 많은 방문자를 경험하는 것은 흔한 일이며, 많은 양의 트래픽을 처리하려고 만들어지지 않았기 때문에 한동안 효과적으로 오프라인으로 전환한다. 레딧의 허그 오브 데스^{hug of death}는 작은 웹사이트들이 소셜 뉴스 사이트의 첫 페이지에 도달할 때 종종 오프라인으로 전환된다.

서비스 거부 공격 조치 방안

심각한 서비스 거부 공격에서 보호하는 것은 비용이 많이 들고 시간이 많이 소요된다. 다행히 2016년에 Dyn을 오프라인으로 전환한 공격 규모의 공격 대상이 될 가능성은 낮다.

그러한 공격은 광범위한 계획이 필요하며 소수의 적들만이 해낼 수 있다. 레시피 블로그에서 1초에 테라바이트의 데이터를 볼 수 있을 것 같지는 않다!

그러나 탈취 요청이 동반된 서비스 거부 공격은 더 적게 발생하므로 몇 가지 안전 조치를 취하는 것이 도움이 된다. 다음 절에서는 방화벽 및 침입 방지 시스템, DDoS 방지 서비스, 확장성이 뛰어난 웹사이트 기술 등을 사용해 고려해야 하는 몇 가지 대책을 설명한다.

방화벽 및 침입 방지 시스템

모든 최신 서버 운영체제는 방화벽firewall과 함께 제공된다. 방화벽은 미리 결정된 보안 규칙에 따라 들어오고 나가는 네트워크 트래픽을 모니터링하고 제어한다. 방화벽을 사용하면 들어오는 트래픽의 열려 있는 포트를 결정하고 접근 제어 규칙으로 IP 주소에서 트래픽을 필터링할 수 있다. 내부 서버에 도달하기 전에 손상된 트래픽을 필터링하려고 조직의 네트워크 경계에 방화벽이 배치된다. 최신 방화벽은 대부분의 ICMP 기반 공격을 차단하며 단일 소스에서 트래픽을 효과적으로 차단할 수 있는 개별 IP 주소를 블랙리스트에 올리는 데 사용할 수 있다.

애플리케이션 방화벽은 네트워크 스택의 상위 수준에서 작동하며 HTTP 및 기타 인터넷 트래픽이 네트워크의 나머지 부분으로 전달되기 전에 이를 검색하는 프록시 역할을 한다. 애플리케이션 방화벽은 들어오는 트래픽에서 손상되거나 악의적인 요청을 검색하고 악의적인 시그니처와 일치하는 모든 트래픽을 거부한다. 공급업체는 시그니처를 최신 상태로 유지하므로 애플리케이션 방화벽을 사용하면 여러 유형의 해킹 시도(예: SQL 인젝션 공격 시도)를 차단할 수 있을 뿐만 아니라 서비스 거부 공격을 완화할 수 있다. 모드시큐리티ModSecurity와 같은 오픈 소스 구현 외에도 상용 애플리케이션 방화벽 벤더(예: 노턴Norton 및 바라쿠다 네트웍스Barracuda Networks)가 존재하며, 일부는 하드웨어 기반 솔루션을 판매한다.

침입 방지 시스템IPS, Intrusion Prevention System은 네트워크 보호에 보다 전체적인 접근 방식을 취한다. 방화벽 구현 및 시그니처 일치 외에도 네트워크 트래픽의 통계 이상을 찾고 디스크의 파일을 검색해 비정상적인 변경 사항을 확인한다. IPS는 일반적으로 만만찮은 투자이지만 매우 효과적으로 사용자를 보호할 수 있다.

분산 서비스 거부 보호 서비스

정교한 서비스 거부 공격의 네트워크 패킷은 일반적으로 일반 패킷과 구분할 수 없다. 트래픽은 유효하며 트래픽의 의도와 크기만 악의적으로 전송된다. 이는 방화벽이 패킷을 필터링할 수 없음을 의미한다.

수많은 기업이 분산 서비스 거부 공격에서 대개 상당한 비용을 들여 보호 기능을 제공한다. DDoS 솔루션 공급자와 통합하면 들어오는 모든 트래픽이 데이터 센터로 라우팅되고, 여기서 악의적인 것처럼 보이는 모든 트래픽을 검색하고 차단한다. 솔루션 공급자는 악의적인 인터넷 활동의 전역 보기^{global view}와 대량의 사용 가능한 대역폭을 갖고 있기 때문에 경험적 접근 방식을 사용해 유해한 트래픽이 사용자에게 도달하지 못하게 할 수 있다.

DDoS 보호는 지리적으로 분산된 데이터 센터를 갖고 있으며 고객을 위해 이미 정적 콘텐츠를 호스팅하고 있기 때문에 CDN에서 제공하는 경우가 많다. 대부분의 요청이 CDN에 호스팅된 콘텐츠로 이미 제공된다면 나머지 트래픽을 데이터 센터로 라우팅하는 데 많은 추가 작업이 필요하지 않다.

규모별 건물

여러 가지 면에서 서비스 거부 공격의 대상이 되는 것은 웹사이트에 한 번에 많은 방문자가 방문하는 것과 구분할 수 없다. 대규모 트래픽 급증에 대처할 준비를 갖추면 많은 서비스 거부 공격에서 자신을 보호할 수 있다. 규모에 맞게 건물을 짓는 것은 큰 주제다. 모든 책이 이 주제로 쓰였고 활발하게 연구되는 영역이다. 가장 효과적인 방법은 정적 콘텐츠 오프로드, 데이터베이스 쿼리 캐싱, 장기 실행 작업의 비동기 처리 사용, 여러 웹 서버에 배포한다.

CDN은 이미지 및 글꼴 파일과 같은 정적 콘텐츠의 서비스 부담을 서드 파티에게 떠넘긴다. CDN을 사용하면 사이트의 응답성이 크게 향상되고 서버의 작업량이 줄어든다. CDN은 대부분의 웹사이트에서 쉽게 통합할 수 있고 비용 효율적이며 웹 서버가 처리해야 하는 네트워크 요청의 양을 크게 줄일 수 있다.

정적 콘텐츠를 오프로드하면 일반적으로 데이터베이스 액세스 호출이 다음 병목 현상이 된다. 효과적인 캐싱은 트래픽 급증 시 데이터베이스 과부하를 방지할 수 있다. 캐시된 데이터는 디스크, 메모리 또는 레디스 또는 멤캐시드와 같은 공유 메모리 캐시에 저장할 수 있다. 브라우저도 캐시에 도움이 될 수 있다. 리소스(예: 이미지)에 Cache-Control 헤더를 설정하면 브라우저에 리소스의 로컬 복사본을 저장하도록 지시하고 구성 가능한 이후 날짜까지 리소스를 다시 요청하지 않는다.

장시간 실행되는 작업을 작업 대기열job queue에 오프로드하면 트래픽이 급증할 때 웹 서버가 신속하게 응답하는 데 도움이 된다. 이는 장기간 실행되는 작업(예: 내용량 다운로드 파일 생성 또는 이메일 전송)을 백그라운드 작업자 프로세스로 이동하는 웹 아키텍처의 접근 방식이다. 작업자는 웹 서버와 별도로 배치돼 작업을 생성하고 대기열에 넣는다. 작업자는 대기열에서 작업을 제거하고 한 번에 하나씩 처리해 작업이 완료되면 웹 서버에 알린다. 해당 원칙을 기반으로 구축된 대규모 확장 가능한 시스템의 예를 들어 넷플릭스 기술 블로그(https://medium.com/@NetflixTechBlog/)를 살펴보면 된다.

마지막으로 웹 서버 수를 비교적 신속하게 확장해 사용량이 많은 기간 동안 컴퓨팅 성능을 높일 수 있는 배치 전략을 수립해야 한다. 아마존 웹 서비스AWS와 같은 IaaSInfrastructure as a Service 공급자는 로드 밸런서 뒤에 동일한 서버 이미지를 여러 번 쉽게 배치할 수 있다. 헤로쿠Heroku와 같은 플랫폼을 사용하면 웹 대시보드에서 슬라이더를 이동하는 것처럼 간단해진다! 호스팅 공급자는 트래픽 볼륨을 모니터링하는 몇 가지 방법을 사용할 수 있으며, 구글 애널리틱스와 같은 도구를 사용해 사이트에서 열려 있는 세션의 시기와 수를 추적할 수 있다. 그런 다음 모니터 임계 값이 도달될 때 서버 수만 늘리면 된다.

요약

공격자는 서비스 거부 공격을 사용해 사이트를 대량의 트래픽으로 가득 채워서 합법적인 사용자가 사용할 수 없도록 만든다. 서비스 거부 공격은 네트워크 스택의 모든 계층에서 발생할 수 있으며 서드 파티 서비스로 반사되거나 증폭될 수 있다. 종종 공격자가 제어하는 봇넷에서 분산 공격으로 실행된다.

간단한 서비스 거부 공격은 적절한 방화벽 설정으로 해결할 수 있다. 애플리케이션 방화벽 및 침입 방지 시스템은 보다 정교한 공격에서 사용자를 보호한다. 가장 포괄적인 (따라서 가장 비싼) 보호 기능은 분산 서비스 거부 공격 솔루션 공급업체에게서 제공되므로 네트워크에 도달하기 전에 모든 불량 트래픽을 걸러낸다.

새로운 방문자가 갑자기 급증한다면 무심코 발생하는 모든 유형의 서비스 거부 공격을 줄일 수 있다. 서비스 거부 공격은 사이트를 구축해 확장할 수 있다. 콘텐츠 전송 네트워크는 사이트에서 정적 콘텐츠를 제공해야 하는 부담을 덜어 주며, 효과적인 캐싱은 데이터베이스가 병목 현상이 되지 않도록 방지한다. 장기 실행 프로세스를 작업 대기열로 이동하면 웹 서버가 전체 용량에서 효율적으로 실행된다. 능동적인 트래픽 모니터링과 웹 서버 수를 쉽게 확장할 수 있는 기능은 바쁜 시기에 대비한다.

이 책에서 보게 될 모든 개별적 취약점을 정리할 수 있다! 18장에서는 주요 보안 원칙을 요약하고 개인의 취약점과 취약점에서 보호하는 방법을 다시 설명한다.

18

마치며

드디어 책의 끝에 도달했다! 여러분은 많은 자료를 다뤘지만 세상에 나가 안전한 방법으로 웹사이트를 만들 준비가 됐다고 느껴야 한다.

간단한 재점검으로 끝내자. 18장에서는 각 장의 주요 교훈을 기억하는 데 도움이 되는 21개의 웹 보안 명령을 제공한다. 아래의 간단한 단계를 따른다면 해킹당할 확률은 0에 가깝다.

릴리스 프로세스 자동화

단일 명령줄 호출로 코드를 작성할 수 있다. 코드를 소스 관리로 유지하고 분기 전략을 결정한다. 코드에서 구성을 분리해 테스트 환경을 쉽게 구축할 수 있다. 각 릴리스 전에 테스트 환경을 사용해 기능을 검증한다. 각 환경의 코드 배포를 자동화한다. 릴리스 프로세스가 신뢰할 수 있고 재현할 수 있으며 되돌릴 수 있는지 확인해야 한다. 각 환경에서 실행 중인 코드의 버전을 항상 파악하고 간단한 방법으로 이전 버전으로 롤백할 수 있다.

실행 코드 검토

릴리스 승인을 받기 전에 원본 작성자가 아닌 팀 구성원이 모든 코드의 변경을 검토해야 한다. 팀 구성원이 코드 변경을 비판적으로 평가할 시간을 갖도록 하고 코드를 작성하는 것만큼이나 코드를 검토하는 것이 중요하다는 점을 이해해야 한다.

코드 테스트(지루할 정도로)

유닛 테스트를 작성해 코드베이스의 중요한 섹션의 주장을 작성하고 빌드 프로세스의 일부로 실행한다. 각 변경 사항과 함께 연속 통합 서버에서 유닛 테스트를 실행한다. 유닛 테스트가 실행될 때 실행되는 코드베이스의 백분율을 측정하고 항상 코드베이스 범위 수를 늘린다. 버그를 수정하기 전에 소프트웨어 버그를 재현하기 위한 테스트를 작성한다. 두려움이 지루함으로 바뀔 때까지 시험해 봐라!

악의적인 입력 예측

HTTP 요청의 모든 부분을 해커가 조작할 수 있으므로 공격에 대비해야 한다. 인젝션 공격에서 보호되도록 매개 변수화된 구문을 사용해 데이터베이스 및 운영체제에 쿼리를 구성한다.

파일 업로드 무효화

사용자가 웹사이트에 파일을 업로드한다면 파일을 실행할 수 없는지 확인해야 한다. 파일을 콘텐츠 전송 네트워크^{CDN}에 업로드하는 것이 이상적이다. 파일의 세분화된 사용 권한이 더 필요하다면 콘텐츠 관리 시스템^{CMS}에서 호스팅해야 한다. 마지막으로 업로드된 파일을 별도의 디스크 파티션에 저장하고 실행 가능한 사용 권한으로 디스크에 기록되지 않았는지 확인한다.

HTML을 쓰는 동안 콘텐츠 이스케이프

공격자는 자바스크립트를 데이터베이스로 숨기거나 HTTP 매개 변수에 숨김으로써 웹 페이지에 악의적인 자바스크립트를 주입하려고 시도한다. 웹 페이지에 기록된 동적 콘텐츠가 모두 빠져 있는지 확인하고 HTML 제어 문자를 안전한 엔티티 인코딩으로 바꾼다. 이는 클라이언트 측과 서버 측에도 적용된다! 가능하면 Content-Security-Policy 응답 헤더를 사용해 인라인 자바스크립트 실행을 모두 비활성화해야 한다.

다른 사이트의 HTTP 요청 의심

다른 도메인에서 발생한 HTTP 요청은 악의적일 수 있다. 예를 들어 공격자는 사용자 중 하나를 속여 위장된 링크를 클릭하도록 했을 수 있다. 사이트의 GET 요청에 부작용이 없는지 확인해야 한다. GET 요청은 리소스를 검색하는 데에만 사용해야 한다. 로그인 시작에 사용되는 POST 요청과 같은 다른 유형의 요청은 HTML 양식에 위조 방지 쿠키와 자바스크립트로 시작된 HTTP 요청을 통합해 사이트에서 발생하는지 확인한다. Set-Cookie HTTP 응답 헤더에 SameSite 특성을 추가해 웹 도메인 외부에서 시작된 요청에서 쿠키를 제거한다.

암호 해시 및 솔팅

데이터베이스에 암호를 저장한다면 저장하기 전에 bcrypt와 같은 강력한 단방향 해시 함수로 암호화해야 한다. 솔팅^salting을 추가해 각 해시에 임의성 요소를 추가한다.

사용자가 누구인지 인정하지 않음

사용자가 사이트에 등록했는지 여부를 알 수 있는 유일한 사람은 사용자 자신이다. 로그인 양식 및 암호 재설정 페이지에서 해커가 사용자 목록을 얻으려고 사이트를 마이닝^mining할 수 없도록 해야 한다. 사용자 이름 유무에 관계없이 오류 및 정보 메시지를 일반으로 유지한다.

쿠키 보호

공격자가 쿠키를 훔칠 수 있다면 사용자의 ID를 가로챌 수 있다. 악의적인 자바스크립트에서 쿠키를 읽을 수 없도록 HttpOnly 키워드를 Set-Cookie 응답 헤더에 추가한다. HTTPS로만 쿠키를 전송하도록 보안 키워드를 추가한다.

중요한 리소스 보호(연결을 하지 않더라도)

HTTP 요청으로 반환하기 전에 사이트의 중요한 리소스에 액세스할 수 있는 권한이 있는지 확인해야 한다. 중요 리소스가 검색 페이지에 나열되지 않거나 다른 위치에서 연결돼 있는 경우에도 마찬가지다.

직접 파일 참조 사용 안 함

HTTP 요청에서 파일 경로를 전달 및 평가하지 않도록 한다. 웹 서버의 기본 제공 URL 해상도를 사용해 리소스의 경로를 평가하거나 불투명한 식별자로 파일을 참조한다.

정보 유출 금지

공격자가 기술 스택에 관해 배울 수 있는 정보의 양을 최소화한다. HTTP 응답에서 Server 헤더를 끄고 세션 매개 변수 이름이 Set-Cookie 헤더에 일반인지 확인한다. URL에 표시 가능한 파일 접미사를 사용하지 않아야 한다. 운영 환경에서 자세한 클라이언트 측 오류 보고 기능을 해제한다. 빌드 프로세스 중에 사용한 자바스크립트 라이브러리를 난독화한다.

암호화 사용(올바르게)

도메인의 보안 인증서를 구입해 개인 암호화 키와 함께 웹 서버에 설치한다. 모든 트래픽을 HTTPS로 전환하고 Set-Cookie 응답 헤더에 Secure 키워드를 추가해 쿠키가 암호화되지 않은 HTTP로 전송되지 않도록 한다. 웹 서버를 정기적으로 업데이트해 암호화 표준을 준수해야 한다.

종속성 보호(및 서비스)

패키지 관리자를 사용해 빌드 프로세스 중에 서드 파티 코드를 가져오고 각 패키지를 특정 버전 번호로 고정한다. 사용하는 패키지의 보안 권장 사항을 기반으로 정기적으로 업데이트한다. 구성을 소스 관리 외부에서 안전하게 저장하라! 호스팅하는 모든 광고에 SafeFrame 표준을 사용한다.

XML 구문 파서 제거

XML 구문 파서에서 인라인 문서 유형 선언 처리를 해제한다.

안전하게 이메일 보내기

도메인 레코드의 발신인 정책 프레임워크^{SPF} 레코드를 사용해 도메인에서 이메일을 보낼 수 있는 서버를 화이트리스트로 지정한다. 메일 수신인이 보내는 모든 이메일의 보낸 사람 주소를 확인하고 도메인 키 식별 메일^{DKIM}을 사용해 이메일을 변조하려는 시도를 탐지할 수 있다.

리다이렉션 확인(존재하는 경우)

예를 들어 사용자가 로그인한 후 HTTP 요청의 일부에 저장된 URL로 리다이렉션한다면 URL이 외부 웹사이트가 아닌 사용자의 도메인에 로컬인지 확인한다. 그렇지 않으면 열려 있는 리다이렉션이 이메일의 악의적인 링크를 숨기는 데 사용된다.

사이트 프레임 허용 안 함

특별한 필요성이 없는 한 웹사이트에 <iframe> 태그를 포함시키지 말아야 한다. Content-Security-Policy:frame-ancestors 'none'을 추가해 프레임을 사용 불가능으로 설정한다.

권한 통제

최소 권한 원칙을 따른다. 각 프로세스 및 소프트웨어 구성 요소가 필요한 최소 권한 수로 실행되도록 한다. 공격자가 시스템의 일부를 손상시킨다면 수행할 수 있는 작업을 곰곰이 생각해 보고 피해를 줄인다. 웹 서버 프로세스가 루트 운영체제 계정으로 실행되고 있지 않은지 확인한다. 웹 서버가 액세스할 수 있는 디스크의 디렉터리를 제한한다. 웹 서버에서 불필요한 네트워크 호출을 방지한다. 웹 서버가 권한이 제한된 계정으로 데이터베이스에 연결하도록 한다.

트래픽 급증 감지 및 대비

실시간 모니터링을 사용해 웹사이트의 높은 트래픽 볼륨을 탐지한다. CDN, 클라이언트 측 쿠키, 캐싱 및 비동기 처리를 사용해 확장할 수 있는 빌드를 제공한다. 사이트를 호스팅하는 서버 수를 쉽게 확장할 수 있다. 악의적인 트래픽이 문제가 된다면 방화벽 또는 침입 방지 시스템을 배포하거나 분산 서비스 거부 보호 등록을 고려해야 한다.

찾아보기

웹 개발자를 위한 웹 보안

실제 해킹 공격에서 적용할 수 있는 웹 보안 가이드

발 행 | 2022년 7월 22일

지은이 | 말콤 맥도널드
옮긴이 | 장 지 나

펴낸이 | 권 성 준
편집장 | 황 영 주
편 집 | 조 유 나
         김 다 예
         임 지 원
디자인 | 윤 서 빈

에이콘출판주식회사
서울특별시 양천구 국회대로 287 (목동)
전화 02-2653-7600, 팩스 02-2653-0433
www.acornpub.co.kr / editor@acornpub.co.kr